2025~2028 정치예보

우리정치 정상영업 합니다

세대별 투표함 전격개봉

2025~2028 정치예보

우리정치 정상영업 합니다

세대별 투표함 전격개봉

발행일 2025년 3월 17일
지은이 홍수민 함대건 윤승민 조형국 곽준영 장미희 고강섭 이정훈 김효태
펴낸이 모두출판협동조합(이사장 이재욱)
펴낸곳 모두북스
디자인 김성환 디자인플러스

등록일 2017년 3월 28일
등록번호 제 2013-3호
주소 서울 도봉구 덕릉로 54가길 25 (창동 557-85, 우 01473)
전화 02)2237-3301, 02)2237-3316
팩스 02)2237-3389
이메일 seekook@naver.com

ISBN 979-11-89203-57-3 (03340)

*책값은 뒤표지에 씌어 있습니다.

2025~2028 정치예보

우리정치 정상영업 합니다

세대별 투표함 전격개봉

독서 모임 "중상모략"

———

공저 : 홍수민 함대건 윤승민 조형국 곽준영 장미희 고강섭 이정훈 김효태

MODOOBOOKS

우리 사회의 올바른 토론 문화를 위하여

2024년 12월 3일, 대한민국에 두 번 다시 있으면 안 될 사건이 터졌다. 대한민국 국민의 피와 땀으로 일군 민주주의가 다시 몇십 년 뒤로 후퇴하는 결과를 가져오게 한 '비상계엄' 사태가 발생했다. 다만 차이가 있다면 기민하게 움직인 국회가 있었고, 민주주의를 체화한 국민이 발 빠르게 움직여 계엄 해제를 가져왔다는 것이다.

이후 탄핵 절차와 체포, 구속 과정 중에 수많은 싸움과 이념적 갈등들이 있었다. 국회는 탄핵 찬성과 반대의 문제를 이념적으로 풀어냈고, 정치의 본류인 협상과 합의가 아니라 다수의 결정 그리고 투표의 불참을 반복하는 '정치의 실종'이라는 민낯을 보여주었다.

정치의 실종은 대한민국 국민의 분열을 가져왔다. 광화문이 둘로 나뉘었고, 팩트가 아닌 가짜뉴스가 판치며, 그들끼리의 확증편향으로 세력을 강화하는 악순환의 연속이었다. 그리고 그 결과는 바로 정치 혐오와 외골수들의 탄생이었다.

그럼에도 불구하고 새로운 민주주의의 싹은 이곳저곳에서 나타나기 시작했다. 광장의 민주주의는 다양한 의견이 나오는 연대의 장으로 나타났고, 수많은 깃발은 자신의 의견을 표출하는 '상징'으로 발현되었다.

개인주의의 심화로 연대의 개념이 사라졌다고 생각한 사람들의 의견이 뒤집히는 현상들도 나타났다. 서로를 위로하고 응원하는 새로운 연대문화가 생겨났다. 시위 현장에서 먹거리나 음료 등의 선결제, 커피차, 난방 버스 등의 나눔 현상이 바로 그것이다. 이런 모습은 탄핵을 찬성하거나 반대하거나 상관 없이 시위 현장의 엇비슷한 연대 풍경이었다.

이처럼 민주주의는 상상하지 못했던 곳에서 새로운 형태로 싹트며 발현되고 있다.

토론 모임 '중상모략'에서 해석하는 세대 구도, 그리고 21대 대선과 연이은 선거 일정들

이 책을 함께 집필하는 이들이 모인 '중상모략(衆想謀略)'은 7년 전부터 대한민국에서 나타나는 정치 현상과 독서를 통한 지식을 함께 토론하는 공동체이다. 공연히 헐뜯고 트집 잡는 중상(中傷)이 아니라, 균형 잡힌 대중의 생각인 '중상(衆想)'을 찾아가는 구도(求道)의 집단인 셈이다.

선출직 공직자, 보좌진, 시민사회 활동가, 기자, 정치 컨설턴트, 변호사 등 직종의 다양성을 갖춘 20대부터 50대까지 폭 넓은 연령대의 모임이다. 그리고 각자의 세대와 직업에서 나오는 견해와 시각들은 모임을 이어가는 데 오히려 더 좋은 자극제가 되었다. 서로를 이해하고 토론하는 중상모략의 모임은 해를 거듭하면서 그 깊이가 더해졌다.

이 책은 그동안 함께 토론해 왔던 내용을 기반으로 주제를 설정하고 파트를 나누어 작성했다. 그러다 보니 집필을 맡은 필자의 개성과 스타일이 녹아들어 챕터마다 읽는 재미를 더할 것으로 생각한다.

우리는 이 책의 주제와 집필 방향을 세대 구도와 선거로 정하였고, 토론하는 과정에서 '세대'에 포커스를 맞추기로 했다. 서로 다른 연령층이다 보니 세대의 입장에서 제시하는 내용과 논조가 조금씩 다름을 서로 이해하고 존중하며 각자의 세대로 한국 사회를 읽어보자는 합의가 있었기 때문이다.

책의 구성은 첫째가 세대 구분론의 근거, 둘째가 세대에 대한 심층분석, 셋째는 정치의 실종으로 나눌 수 있다.

먼저 첫 번째 챕터에서는 왜 우리가 세대에 집중했는지 세대 구분론의 근거를 설명하며, 선거와 세대를 구분하여 분석하였다. 우리나라의 선거 구도는 이념과 지역으로 진행되다가 현재는 세대 구도로 지형이 바뀌었다. 이는 정치권에서 인위적으로 갈라놓은 구도를 유권자인 국민이 스스로 구도를 정했다는 의미인데, 그 요인을 Z세대의 등장으로 판단하였다. Z세대의 등장은 기존의 선거판과 정치 질서를 재편하는 계기가 되었다고 해석했다는 뜻이다.

우리는 세대를 Z세대부터 M세대, X세대, 86세대, 산업화 세대의 5개로 구분했다. 당연히 세대 구분에 대한 정의를 설명하였으며, 2000년도 이후 진행된 선거의 세대별 투표율과 득표율을 비교하며 각각의 세대가 어떻게 정치와 선거에 영향을 끼치는지 분석했다.

세대 구도론의 두 번째 챕터는 5개 세대를 대상으로 좀 더 심층적인 분석과 함께 앞으로 나타나게 될 성향을 예상하여 진단하는 방향으로 다루었다.

Z세대는 개인 지향적이며 상호 존중과 인정이 세대의 특징이다. 이런 특징으로 선거의 캐스팅보트 역할을 하고 있으며, 특정 정당이나 세력에게 절대적인 지지를 보이지 않으면서 상황에 맞게 선택하는 특징을 가지고 있다고 분석했다. 또한 SNS를 잘 활용하는 세대로 개인주의적이지만 공동의 목적 또는 목표에 함께 움직이는 경향을 보인다. 특히 부

정적인 지향성보다는 긍정의 마인드에 더욱 호응하며 움직이는 집단적 형태를 보이고 있음을 알려준다.

M세대는 경제와 공정에 매우 민감한 세대라고 진단하였다. M세대는 IMF, 외환위기 등 경제위기를 경험했을 뿐만 아니라 세월호 등 사회적 참사와 박근혜 탄핵, 촛불시위, 비상계엄, 윤석열 탄핵이라는 정치적 위기도 경험한 세대이다. 불평등과 불공정을 직접 경험한 세대이자 정치적 효능감도 체화한 세대로 분석한다.

X세대는 신(新)인류 세대라 불리며 군사독재의 구질서에서 새로운 질서로 전환기를 맞이한 세대이다. X세대부터 대학 진학률이 급격히 높아지며 문화 수준과 의식이 높아지고, 민주주의 의식과 다양성을 접한 특성을 공유한다. 또한 정치적으로는 보수 정권에서 진보 정권으로 이양되는 주역이었고, 저항 의식이 강한 세대로 그 영향은 지금까지도 이어진다고 분석한다.

86세대는 대한민국의 민주화와 사회 변화를 이끈 세대이다. 다수의 86세대는 민주화 투쟁을 경험하며 민주주의와 자유에 대한 지향성을 가졌으며, 이러한 목적을 달성하기 위한 경향들이 자연스레 체화된 세대이다. 그러나 이제는 자연스러운 연령 효과로 인해 보수화되었으며, 86세대는 전반적으로 중도적인 성향을 보인다고 분석한다.

산업화 세대는 대한민국 경제성장의 주역으로 보수진영의 확실한 지지기반으로 분석된다. 가족 중심의 전통적 가치관을 가졌으며, 반공이데올로기로 인해 강한 안보 의식을 가지고 있는 것이 특징이다. 반공주의와 권위주의 정부의 경험, 가부장제라는 배경을 통해 보수적 정치 성향의 세대로 분석한다.

마지막 챕터는 한국 정치의 실종을 내용으로 다루었다. 이런 와중에 치러지는 21대 대선과 잇단 지방선거, 총선거에 대한 승리 공식을 짚어 보고, 대한민국의 미래와 직결되는 과제인 '저출생' 문제에 대한 관점과 전략을 다루었으며, 정치 실종의 원인 가운데 하나인 가짜뉴스에 대해서도 다루었다.

정치가 토론과 합의, 협상의 예술이라는 상식에서 멀어진 지는 오래다. 작금(昨今)의 상황은 말 그대로 '정치 상실의 시대'이다. 협의와 협상은 눈을 씻고 찾아봐도 흔적조차 없는 이전투구(泥田鬪狗)의 진흙탕에서 견제와 비방, 고소와 고발이 난무하는 현상을 행위의 주체인 정치인이 아니라 유권자인 시민의 관점에서 분석했다.

정치의 양극화, 양극화의 산물인 극단적 집단들과 팬덤의 탄생, 제3의 완충지대 소멸, 정치의 사법화 등 다양한 주제로 이야기를 풀어냈다.

책의 마무리 부분은 우리 책에서 하이라이트라고 할 수 있다.

양당 체제라는 기존의 현실 속에서 21대 대선을 비롯한 선거에서 승리하기 위한 가 당이 '승리 공식'을 나름 객관적인 시각으로 제안했다. 전략이라는 관점은 주관적일 수밖에 없지만, 충분히 가능성이 있고 상식적이면서 이해와 납득이 가능한 분석과 방향성을 제시했다는 뜻이다.

민주당이 21대 대선 승리를 위한 방향으로는 '개혁 대연합'을 제시했다. 말하자면 연정이라는 전략이 필요하다는 의견이다. 역대 대선에서 문재인 정부를 제외한 두 번의 승리는 DJP연합, 노무현-정몽준 단일화 전략이 있었기에 승리했다는 분석을 근거로 삼았다. 민주당, 조국혁신당, 개혁신당의 대연합으로 연합정부를 구성한다면 대선에 필승할 수 있다는 전략을 제시했다.

반면 국민의힘이 21대 대선에서 승리하기 위해서는 '모든 것을 내려놔야 한다.'로 정리하였다. 윤석열 정부의 계엄 등 실책에 대한 철저한 사과와 재발 방지, 윤석열 대통령과의 손절을 통해 새로운 모습을 보여주는 기본값이 있어야 다시 시작할 기회가 생긴다고 분석했다. 이런 기회를 바탕으로 개혁신당이나 비명계 등과의 연합, 대통령 임기 단축과 개헌 등 기득권 내려놓기로 이어간다면 극적인 역전도 가능할 것이라는 전망을 제시한다.

이 책의 독자 여러분은 특히 이 챕터를 주의 깊게 보시길 권장하며, 유권자 독자들께서는 양쪽이 제시하는 청사진 중에서 어느 쪽이 대한민국의 미래를 위해 '살길'인가를 판단하는 지표로 삼을 수 있을 것으로 본다.

'저출생 문제의 해법'에 대한 이야기도 펼쳐냈다. 대한민국 미래를 위한 제1의 과제로 손꼽히는 저출생 문제는 진영을 불문하고 정치권에서 풀어가야 한다는 주장으로 작성하였다. 정부의 출생 장려 지원사업은 많지만, 출생률이 낮아지는 이유와 대안, 그리고 선진사례를 바탕으로 방향을 제시하였다.

마무리는 가짜뉴스가 우리 사회를 어떻게 망가뜨리고 있는지 알려주는 내용이다. 실제로 가짜뉴스와 관련하여 법정에서 다루어진 내용을 중심으로 그 판례와 가짜뉴스가 펼쳐지는 행태 등을 살펴봤다. 이어서 앞으로 우리 사회가 가짜뉴스에 대해 어떻게 대처해야 할지 함께 고민할 수 있도록 하였다.

다양한 주제에 대해 각 세대를 대표할 수 있는 분들이 저자로 참여했고, 함께 토론하며 만든 결과물이라는 점에서 이 책은 조금 각별하다. 정치나 선거로만 특화된 전문가는 아닐지라도, 다양한 직종과 경험에서 우러나온 시각과 해석의 틀을 바탕으로 제시하는 결과물을 통해 일반인도 쉽게 읽고 이해할 수 있도록 노력했다.

그럼에도 부족한 부분들이 있겠지만, 그 부족한 2%는 바로 이 책을 읽는 독자 여러분의 상상력과 참여 의지로 채워질 것이다. 우리 저자들의 생각과 의견을 펼쳐놓은 '민주주의 아고라'에 독자 여러분의 자발적 참여가 더해지면 아마도 대한민국이 조금은 더 행복한 나라로 전진할 수 있는 '시대정신'이 태어나지 않을까 생각한다.

다시 한번 이 책의 독자 여러분께 감사드리며 많은 학습과 경험을 통해 대한민국의 주인인 우리의 권리를 자신 있게 말할 수 있는 사회를 함께 만들었으면 하는 바람은 공동 저자들 모두의 희망 사항이기도 하다.

모든 저자를 대표하여 서울의 동북권 관문인 중랑구 봉화산 자락에서

고강섭 올림

차례

표 차례

\

제1부

세대 구도가 2020년대
대한민국 선거 좌우한다

세대란 무엇이고, 왜 세대인가?

공통의 경험을 지닌 사람들의 집합적인 자기주장

지금 우리 사회에서 '세대'가 뜨거운 이슈로 나타나게 된 현상에 대하여 독특하게 표현한 책이 있다. 『세대 게임(저자 전상진. 문학과지성사. 2018)』이라는 책이다. 책의 내용 중에 이런 표현이 있다.

"세대는 '시간의 동반자'이다. 두 사람 이상의 사람들이 같은 시간을 살아냈다는 단순한 사실을 넘어, '같은 시간에 소속되었다.'라는 점을 통해 무언가를 함께한다는 것을 의미한다. 특정 시간에 대한 공동의 소속감이다."

『세대 게임』의 저자는 "세대는 한편으로 공통 경험을 지닌 사람들의 집합적인 '자기수상'이지만, 다른 한편으로 외부 사람들이나 기관들이 그들을 하나의 세대로 부르는 것이다."라고 말했다.

그는 세대가 만들어지는 과정에서 표준적인 설명을 "엄청난 사건 → 강렬한 경험 → 특정 연령 단계의 사람들에게 영향 → 행동의 주체인 세대의 등장"으로 나누어 표현하면서, "엄청난 사건이 일어나면 사람들은 강렬한 경험을 하게 되고, 그것이 특히 어떤 연령 단계에 큰 영향을 미쳐서 그들이 하나의 공동체를 이루도록 하여, 결국엔 어떤 행동에 나서게 만든다. 세대에 관심이 있는 사람들이 거대한 사건과 세대 행동주의에 집중하는 경향이 있다."라고 정의하였다.

우리 책에서는 2025년을 기준으로 우리나라 유권자들을 △산업화 세대·베이비부머 세대 △86세대 △X세대 △M세대 △Z세대 등 세대를 다섯 단계로 나누었다. 이처럼 구분해 놓은 이유는 세대마다 특이한 연결성이 있기 때문이다.

우리 사회와 정치에 큰 소용돌이가 휘몰아쳤던 1980년대에 20대였던 86세대, 문화 황금기라고 표현되는 1990년대에 20대였던 X세대, IMF 사태의 여파가 여전했던 2000년도부터 전 세계를 강타한 금융위기의 기간에 20대의 연령으로 진입한 M세대, 그리고 태어날 때부터 디지털 세상에서 살고 있는 Z세대까지 『세대 게임』의 저자가 표현했던 '세대가 만들어지는 과정의 표준적인 설명'에 충분하게 부합한다고 할 수 있다.

우리 책은 정치와 선거의 관점에서 서술하므로 우리나라에서 정치적 성향을 구분하기에 더없이 적합한 세대 분류라고 할 수 있다. 각 세대는 연령 효과(age effect)와 동년배 효과(cohort effect)에서도 대부분 비슷한 경향을 보이며 동질감을 나타내는 모습이다. 실제로 정치적 성향과 선거에 대하여서도 세대별 특성에 따라 대체로 비슷한 경향을 보여주고 있다.

2020년대 대한민국의 정치선거는 세대 구도

이제 우리나라의 선거는 세대 구도로 바뀌었다. 우리 책에서 유권자의 형태를 세대별로 구분하고 분석하려는 이유이기도 하다.

우리 정치와 선거는 21세기가 시작된 2000년도만 해도 여전히 지역구도 중심이었다. 그러던 것이 2010년을 기점으로 하여 이념 구도로 전환되었다. 이후 그러한 구도는 빠르게 변하면서 2020년을 기점으로는 세대 구도가 확립되었다.

2020년에 가장 큰 정치 이벤트였던 21대 총선에서 확실하게 세대 구도로 재편되었다. 이미 그 직전 총선이었던 2016년 20대 총선부터 세대 구도의 경향이 크게 나타났다. 노년층과 장년층, 중년층 그리고 청년층 등에서 뚜렷하게 각기 다른 경향(선택)을 보여주었다.

그동안 우리 정치권이 지역으로 가르고 이념으로 갈라놓았던 구도를, 이제는 유권자인 국민이 알아서 세대 구도로 재편해 놓았다. 정치권이 인위적으로 나누어 놓은 구도를 국민이 스스로 재편해 놓은 것이다. 그런 영향으로 인해 정치권은 구도 형성을 위한 프로파간다보다는 각 세대에게 구애하는 형태로 방향을 잡아가고 있다.

2025년 현재는 민주당 우위의 정치 지형이 형성되어 있는 상태이다.

불과 10여 년 전만 해도 민주당의 일부 정치인들은 '기울어진 운동장'이라며 유권자 지형이 민주당에 불리하다고 불평했었다. 하지만 그런 불평은 선거에 패배한 이유가 자신들의 무능 때문이라는 점을 가리기 위한 변명에 불과했다. 왜냐하면 이미 2010년대부터 우리나라 유권자 지형은 보수 정당 우위에서 민주당 우위로 변하고 있었기 때문이다.

우리 국민은 정치권이 인위적으로 갈라놓은 구도를 거부하고, 국민이 스스로 잡아놓은 구도(세대 구도)에서 정치권이 어떻게 하는가에 따라 선택하고 평가하는 형태로 바꾸어 놓았다. 그렇게 된 결정적인 요인이 바로 Z세대이다. Z세대는 강력한 캐스팅보트이다.

현재는 완전하다 싶을 정도로 민주당 우위의 정치 지형으로 재편되어 있지만, Z세대가 그러한 판도를 흔들고 있다. 유권자의 전체적인 민심이 Z세대의 선택에 따라 민주당을 향한 견제로 나타나기도 하고, 어떨 때는 보수 진영에게 강한 회초리가 되기도 한다.

이제는 보수진영이 단독으로 국회 과반을 차지할 수 있는 시대는 끝났다. 반면 민주당은 국회 과반은 아닐지라도 최소한 원내 1당은 보장되어 있으며, 상황에 따라 얼마든지 국회 단독 과반도 가능한 시대가 되었다. 결과가 어떠할지는 해당 세대의 막내가 아직 투표권을 갖고 있지 않은 Z세대에게 달려있다.

아무리 민주당 우위의 정치 지형일지라도 민주당이 잘하지 못하면 언제든 정권을 보수진영에 넘겨줄 수도 있음을 보여준 것이 Z세대이다. 지난 2022년에 진행된 20대 대선이 아주 좋은 사례이다.

Z세대의 출현은 우리 정치를 포함해 우리 사회 전반에 매우 큰 변화를 가져와 '세대 구도' 또는 '세대별 전략'으로 재편시키도록 하였다. 그리고 다가올 모든 선거도 그렇게 될 것이다.

2020년대 대한민국 유권자 세대 구분

산업화 세대

흔히 각 세대를 분류할 때 △산업화 세대 △베이비부머 세대 △86세대 △X세대 △M세대 △Z세대 등으로 구분하여 표현한다. 산업화 세대는 1940년~1954년에 태어난 세대, 베이비부머 세대는 1955~1963년에 태어난 세대, 86세대는 1960~1969년에 태어난 세대, X세대는 1970~1980년생, M세대는 1981~1996년생, Z세대는 1997년생부터 2000년대에 태어난 세대를 통칭한다.

이러한 세대 구분법은 출생 연도에 있어 중복되는 부분이 있다. 베이비부머 세대의 일부와 86세대 일부가 1960년~1963년에서 겹친다.

우리 책에서는 86세대에 속하는 연령대 이전인 1959년까지 출생한 세대를 산업화 세대라고 통칭하겠다. 2025년 기준으로 만 66세 이상의 연령대를 산업화 세대라고 표현한다는 것이다.

86세대

86그룹과 80년대 학번의 운동권 출신은 정치적인 의미가 매우 크다. 우리 사회에서는 86세대라는 명칭을 정치권의 86그룹으로 이해하고 통용하기도 한다. 그만큼 정치권에 86그룹은 그 존재감이 상당하다. 우리 책에서는 86세대 정치인 또는 정치권의 86세대는 '86그룹'으로 칭할 것이며, 86세대라는 명칭은 철저하게 세대 구분의 의미로 사용하겠다.

86세대는 1960년생부터 1969년생에 속하는 인구이며, 80년대에 (고등학교 졸업 후) 사회에 진출했거나 대학에 입학한 사람들이다. 우리 책에서는 이들과 같은 출생자들을 86세대라고 표현하겠다.

일부 사회학자 사이에서는 60년대 후반에 출생한 사람들이 X세대에 속한다고도 하지만, 우리 책에서는 출생 연도가 60년대이면서 동시에 사회 진출(대학 입학 학번)이 80년대에 시작된 연령대 전부를 86세대라고 표현하겠다. 2025년 기준으로 본다면 만 56세부터 만 65세까지의 인구가 여기에 속한다.

X세대

미국에서는 1960년대 중후반부터 1970년대 후반 사이에 출생한 사람들을 X세대라고 지칭하지만, 우리 책에서는 1970년부터 1980년까지 11년의 기간에 출생한 사람들을 X세대라고 통칭하겠다. 2025년 기준으로 만 45세부터 만 55세까지의 인구이다.

X세대는 1990년대에 대부분 20대의 연령대로 진입했다. 1990년대는 우리나라 문화의 황금기이면서 경제적 호황기였으나 1997년 IMF 사태를 맞으며 급격한 사회 변화가 있었던 시기였다.

M(밀레니얼)세대

인구통계학자들은 1980년대 초반부터 1990년대 중반 또는 2000년대 초반까지의 출생자들을 M세대라고 지칭하기도 한다. 일반적으로는 1981년생부터 1996년생까지를 밀레니얼 세대로 분류한다.

우리 책에서도 1981년생부터 1996년생까지를 M세대로 통칭하겠다. M세대 대부분은 IMF 사태 여파가 여전하거나 세계적인 외환위기의 시기에 20대 연령으로 진입하였다. M세대의 대부분은 우리나라 경제가 좋지 못한 시기에 사회로 진출하게 됐다. 2025년 기준으로 만 29세부터 만 44세까지의 연령대이다.

참고로 M세대와 Z세대를 묶어서 'MZ세대'로 부르는 것은 매우 부적절하다. 두 세대가 비슷한 연령대에 겪은 우리나라의 경제·정치·사회적인 사건과 경험이 너무나도 다르기 때문이다. 더구나 두 세대를 합치면 무려 30년 동안에 출생한 사람들이 같은 세대로 묶이게 된다.

M세대의 큰 형 격인 1981년생과 Z세대의 막내 격인 2010년생은 '아버지와 아들' 사이만큼 큰 간격이다. 무려 30년에 가까운 격차가 존재한다. 그러므로 M세대와 Z세대를 함께 묶어서 이해하려고 해서는 안 된다. MZ세대를 함께 묶는 방식은 기성세대의 편의성에 기인할 수도 있다. M세대와 Z세대를 같은 세대로 묶어서 본다면 M세대와 Z세대 모두를 이해하지 못하는 우를 범할 것이다.

Z세대

1990년대 후반부터 2000년대 초반 사이에 출생한 세대를 지칭하며, 우리 책에서는 M세대와 Z세대, 그리고 이후의 세대(알파 세대)와 구분하기 위해 1997년부터 2010년 사이에 출생한 사람들을 Z세대라고 통칭하겠다. Z세대 이후의 알파(α) 세대는 2011년 이후 현재(2025년)에 태어난 세대를 의미하므로 2010년생까지 Z세대라고 표현할 것이다.

2025년 기준으로 만 15세부터 만 28세까지의 연령대에 속한다.

2025년을 기준으로 만 29세를 제외한 모든 20대의 연령대와 2026년부터 처음으로 투표권을 갖게 되는 10대 후반의 연령대 모두가 포함된다.

연령대가 높아질수록 투표율도 높아지는 특징

산업화 세대는 2000년 이후에 진행된 모든 대선과 총선에서 전체 투표율보다 항상 높은 투표율을 보였다. 16대 총선 당시에 산업화 세대는 최소한 40세 이상이었다. 어떠한 세대이든 나이가 40세 이상이 되면 투표율이 높아진다. 산업화 세대 역시 해당 세대의 막내까지 전부 40세가 넘어선 2000년도부터 시작하여 이후에 진행된 모든 선거에서 높은 투표율을 보여주고 있다.

2000년(16대 총선) 당시 해당 세대의 모두가 30대에 진입한 86세대의 경우는 전체 투표율보다 낮은 투표율을 보였다. 아직 40대의 연령에 이르지 않았기에 투표율이 높아질 만한 연령대가 아니었다.

이후 2004년(17대 총선)까지 투표율이 조금씩 높아지다가, 나이가 30대 후반(38세 이상)에서 40대 중후반(47세 이하)이 된 2007년(17대 대선)에는 전체 투표율보다 높은 투표율을 보였다. 86세대의 70% 이상이 40대의 연령대가 되었던 시기이다.

86세대는 해당 세대의 구성원 전체가 40대가 된 이후부터는 모든 선거에서 전체 투표율보다 높은 투표율을 나타냈다. 그러나 산업화 세대가 보여준 만큼의 높은 투표율은 아니다. 나이가 40이 넘어서면서부터 투표율이 높아졌지만, 86세대의 투표율은 산업화 세대의 투표율보다 상대적으로 높지 않았다.

우리정치 정상영업 합니다

[표1. 2000년 이후 진행된 총선·대선에서 각 세대의 투표율과 득표율 비교]

*만 나이 기준		16대 총선 (2000년)	16대 대선 (2002년)	17대 총선 (2004년)	17대 대선 (2007년)	18대 총선 (2008년)	19대 총선 (2012년)	18대 대선 (2012년)	20대 총선 (2016년)	19대 대선 (2017년)	21대 총선 (2020년)	20대 대선 (2022년)	22대 총선 (2024년)
전체	투표율	57.2%	70.8%	60.6%	63.0%	46.1%	54.2%	75.6%	58.0%	63.3%	66.2%	77.1%	67.0%
	비례선거 득표율 – 민주당 계열	35.9%	48.9%	38.3%	26.1%	25.2%	36.5%	48.0%	25.5%	41.1%	33.4%	47.8%	26.7%
	국힘 계열	39.0%	46.6%	35.8%	48.7%	37.5%	42.8%	51.6%	33.5%	24.0%	33.9%	48.6%	36.7%
	3위 정당	9.8%	3.9%	13.3%	15.1%	13.2%	10.3%	X	26.7%	21.4%	9.7%	2.4%	24.3%
	진보 계열	1.2%			3.0%	5.7%			7.2%	6.2%			2.1%
산업화 세대	투표율	72.4%	78.9%	77.0%	76.6%	60.3%	65% 이상	약81%	72% 이상	70.5%	약79%	85% 이상	약85%
	비례선거 득표율 – 민주당 계열		약45%	자료 없음	25% 이상	자료 없음	27~33%	약30%	11.7%	약23%	32.7%	30.0%	약16%
	국힘 계열		약50%	자료 없음	58% 이상	자료 없음	55% 이상	70% 이상	59.3%	약47%	59.6%	67.0%	약55%
	3위 정당			자료 없음	약13%	자료 없음	약5%	X	21.4%	약23%	X	X	약17%
	진보 계열			자료 없음	약1.5%	자료 없음			2.1%	3% 미만			1% 미만
	선거 당시 연령대	41세 이상	43세 이상	45세 이상	48세 이상	49세 이상	53세 이상		57세 이상	58세 이상	61세 이상	63세 이상	65세 이상
86 세대	투표율 (가)	50.6%	67.3%	60.0%	65.3%	47.9%	약53%	75.6%	약60%	67.7%	71.2%	약82%	약80%
	투표율 (나)			59.7%									
	비례선거 득표율 – 민주당 계열	자료 없음	59.3%	자료 없음	27.6%	자료 없음	42.6%	56.4%	19.6%	약37%	49.1%	약53%	약25%
	국힘 계열	자료 없음	33.9%	자료 없음	50.1%	자료 없음	33.0%	43.4%	39.9%	약27%	41.9%	약43%	약26%
	득표율 3위	자료 없음		자료 없음	13.3%	자료 없음	15.6%	X	28.0%	약25%	X	X	약39%
	진보 계열	자료 없음		자료 없음	3.3%	자료 없음			6.1%	약6% 이하	X	X	약1.5%
	선거 당시 연령대 (가)	30대	30대(일부 40대 진입)	35~44세 / 41.1~51.5%	38~47세	39~48세	43~52세		47~56세	48~57세	51~60세	53~62세	55~64세
	선거 당시 연령대 (나)			45.6~54.9%									
XX세대	투표율	38.6%	56.5%	자료 없음	약52%	20대 후반 24.2% / 30대 약34%	약45%	70.0%	약53%	약60%	63.5%	약75%	약73%
	비례선거 득표율 – 민주당 계열	자료 없음	62.1%	자료 없음	26.9%	자료 없음	46.8%	71.1%	약35%	약54%	64.5%	60.5%	약34%
	국힘 계열		31.7%	자료 없음	45.4%	자료 없음	23.7%	28.3%	약17%	약10%	26.9%	35.2%	약19%
	3위 정당			자료 없음	15.4%	자료 없음	20.4%	X	약29%	약20%	X	X	약39%
	진보 계열			자료 없음	6.1%	자료 없음			11.7%	약10%			약2%
	선거 당시 연령대	20대	20대(일부 30대 진입)	24~34세	27~37세	28~38세	32~42세		36~46세	37~47세	40~50세	42~52세	44~54세

M세대

		28~43세	26~41세	24~39세	21~36세	20~35세	19~31세	19~27세	19~27세	19~26세	19~23세	19~23세
투표율	남	약 59%	약 70%	약 58%	54.9%	48.9~55.3%	69.0%	약 42%	약 33%	약 51%	자료 없음	52.6%
	녀	약 34%	약 45%	약 60%	약 50%	약 40%	66.7%	46.7%				39.0%
비례선거 득표율	민주당 계열	약 25%	약 47%	약 30%	5% 미만	약 16%	32.5%	27.4%	자료 없음	21.8%	자료 없음	자료 없음
	국힘 계열	약 24%	X	X	약 18%	약 26%	X	13.1%		41.6%		
	3위 정당	약 3%			약 12%	약 10%				15.9%		
	진보 계열									3.5%		
선거 당시 연령대		28~43세	26~41세	24~39세	21~36세	20~35세	19~31세	19~27세	19~27세	19~26세	19~23세	19~23세 (일부 투표)

Z세대

		18~27세	18~25세	18~23세	18~23세	18~20세
투표율	남	약 55%	약 72%	약 67%	57.2%	53.6%
	녀	약 27%	약 35%	약 58%	약 47%	약 40%
비례선거 득표율	민주당 계열	약 51%	약 58%	약 58%	5% 미만	약 15%
	국힘 계열	약 31%	약 58%	약 31%	약 18%	약 25%
	3위 정당	약 17%	약 34%			약 8%
	진보 계열	약 18%			약 18%	
선거 당시 연령대		18~27세	18~25세	18~23세	18~20세	19세

(Z세대의 이전 선거 구간은 "투표권 없음")

※ 참고 자료. 16대 총선 투표율 분석(중앙선관위), 16대 대선 투표율 분석(중앙선관위), 17대 총선 투표율 분석(KBS-미디어리서치), 17대 총선 투표율 분석(중앙선관위), 18대 대선 투표율 분석(중앙선관위), 18대 총선 투표율 분석(중앙선관위), 19대 총선 투표율 분석(중앙선관위), 19대 대선 투표율 분석(중앙선관위), 20대 총선 투표율 분석(중앙선관위), 21대 총선 투표율 분석(중앙선관위), 22대 총선 투표율 분석(중앙선관위), 17대 대선 투표율 분석(MBC-KBS), 19대 총선 출구조사 자료(지상파 3사), 18대 대선 투표 정당 조사자료(한국갤럽 2012년 12월 예측 조사), 20대 총선 투표율 분석(중앙선관위), 20대 총선 출구조사 자료(지상파 3사), 19대 대선 투표율 분석(중앙선관위), 19대 대선 출구조사 자료(지상파 3사), 21대 총선 출구조사 자료(중앙선관위), 20대 대선 투표율 분석(중앙선관위), 20대 대선 출구조사 자료(지상파 3사), 22대 총선 출구조사 자료(지상파 3사)

X세대는 나이가 들면서 투표율이 점점 올라가기는 했지만, 산업화 세대와 86세대 등 앞선 세대와 비교하면 상대적으로 낮은 편이다. 산업화 세대와 86세대는 40대의 연령대가 된 이후부터는 전체 투표율보다 높은 투표율을 보였으나, X세대는 40대가 되어서도 전체 투표율에 미치지 못하는 투표율을 보였다. X세대 인구의 40% 정도가 50대가 된 22대 총선(2024년)이 되어서야 전체 투표율보다 높은 투표율을 보였다.

　　M세대의 투표율은 X세대와 비슷한 추이를 보인다. 2025년 현재 M세대의 일부가 40대에 진입하면서 점점 투표율이 높아지고 있기는 하지만, 바로 앞 세대인 X세대와 비슷하게 20대와 30대 연령대 당시에는 (산업화 세대와 86세대의 2030 당시 투표율과 비교해서) 상대적으로 낮은 투표율을 나타냈다.
　　산업화 세대와 86세대가 2030의 연령대일 때 보여줬던 투표율보다 X세대와 M세대가 2030일 때 보여준 투표율은 상대적으로 낮은 지수를 보였다. 이는 아마도 정치에 관한 관심이 선배 세대보다 약하기 때문일 것으로 보인다.

　　Z세대는 앞선 세대인 X세대 및 M세대와는 또 다른 경향을 보여준다.
　　2024년까지 Z세대는 해당 세대의 일부가 아직 투표권이 없는 상태이다. 그러므로 Z세대 전부가 투표권을 확보하게 되는 2028년 이후의 선거 때에 투표율을 확인해 봐야 최종적으로 알 수 있겠지만, 현재까지 Z세대가 보여준 정치 참여도(투표율)는 앞선 X세대와 M세대보다는 높은 편이다.
　　2020년에 진행된 21대 총선 당시 Z세대는 1997년생부터 2002년생 일부까지 투표권이 있었는데, 이들의 투표율은 전체 투표율과 비슷하거나 약간 웃도는 정도였다. 연령대를 고려하면 상대적으로 높은 편이라고 할 수 있다. 이들 대부분은 아마도 생애 첫 투표였기 때문에 그랬을 것으로 추정된다.

이후 2022년과 2024년 선거에서는 좀 더 많은 Z세대가 투표권을 갖게 되었는데 전체 투표율보다는 낮게 나왔지만, X세대와 M세대가 20대일 당시에 보여준 투표율보다는 상대적으로 높은 지수를 보였다.

X세대가 20대일 때는 전체 투표율보다 대략 15%p 정도 낮은 투표율을, M세대가 20대일 때는 전체 투표율보다 대략 12%p 가량 낮은 투표율을 보였다. 하지만 Z세대는 전체 투표율보다 7~8%p 정도 낮은 투표율을 보인다.

Z세대의 투표율은 X세대와 M세대보다 상대적으로 높은 편이라고 할 수 있다. 다만, 가장 최근 선거였던 2024년 22대 총선에서는 전체 투표율보다 12%p나 낮은 투표율을 보였기에 Z세대도 앞선 세대들(X세대와 M세대)처럼 낮은 투표율을 보이는 특성이 나타날 가능성이 전혀 없다고는 할 수 없을 것 같다.

산업화 세대, 보수 정당의 버팀목이지만 자연 감소 중인 세대

2000년부터 각 세대가 보여준 정치적 선택의 변화를 살펴보겠다.

산업화 세대는 2000년 이후 진행된 모든 선거에서 전체 투표율보다 훨씬 높은 투표율을 보였으며 2020년 이전까지 가장 많은 인구 비율을 보인 세대로서 막강한 투표 파워를 보유한 세대였다.

그런 산업화 세대는 항상 국민의힘 계열의 정당이나 후보에게 압도적인 지지세를 보여주었고 현재도 그러하다.

산업화 세대의 국민의힘 계열 정당(후보) 득표율을 민주당 계열 정당

(후보) 득표율과 비교하면 그 격차가 클 때는 47%p 이상이었고, 적어도 20%p 정도의 차이를 보였다. 그만큼 20년을 넘게 보수 정당의 든든한 지지층이 되어준 세대이다.

약간의 변화를 보일 가능성이 있다고 한다면, 양당 체제일 때는 보수 정당에 절대적인 버팀목이지만 강력한 제3당이 존재할 때는 조금 다른 경향을 보여줄 때도 있었다. 강력한 제3당(후보)이 존재할 때는 제3의 선택지에 상당한 지지 성향을 보여주었다. 국민의당 돌풍이 거셌던 20대 총선(2016년)과 다자구도로 진행됐던 19대 대선(2017년)에서 제3당(후보)에 모두 20%를 넘어서는 득표율을 보였다. 그리고 22대 총선(2024년)에서는 조국혁신당에게 약 17%의 득표율을 보였다.

이처럼 강력한 제3의 선택지가 존재할 경우, 국민의힘 계열 정당(후보)의 득표율은 50%대로, 민주당 계열 정당(후보)의 득표율은 10~20%대로 떨어졌다. 산업화 세대라고 해서 절대다수가 무조건 보수 정당만을 선택하지는 않는다는 것이다. 치열한 양당제 또는 양당 구도라면 어쩔 수 없이 보수 정당(후보)을 선택하겠지만, 산업화 세대의 입장에서도 양당제와 보수 정당에 대한 반발심이 적지 않다는 점을 보여준다.

양당을 대신할 강력한 대안 정당 또는 제3의 대안 세력이 존재할 경우 산업화 세대가 일방적으로 보수 정당에 쏠리는 경향이 줄어들고 있음을 알 수 있다.

그럼에도 여전히 보수 정당에 충성스러운 지지층임은 변함이 없다. 아무리 강력한 제3세력이 존재하더라도 세대 구성원 중에 절반 정도가 보수 정당 지지층으로 남아있다.

산업화 세대는 보수 정당(국민의힘)에는 든든한 기초 체력과 같은 역할을 해주는 세대이지만, 산업화 세대와 관련해서 국민의힘이 유념해야 할 한 가지가 있다.

산업화 세대는 시간이 갈수록 그 인구가 줄어들고 있으며 인구 비율 분포도 낮아진다는 사실이다. 다시 말해서 무턱대고 국민의힘만 지지하던 사람들은 점점 감소하고 있다. 그러나 그들을(산업화 세대) 대신해 줄 세대는 전혀 찾아내지 못하고 있는 것이 국민의힘의 고민거리일 것이다.

이미 2016년부터 시작됐지만 앞으로도 한동안은 국민의힘이 단독으로 국회 과반은 물론이고 원내 1당이 되는 것은 거의 불가능하다는 얘기이다. 대선 역시 이제는 국민의힘의 승리를 장담하기가 어려워졌다는 얘기이기도 하다.

기껏해야 지난 20대 대선처럼 아슬아슬하게 승리할 정도로 지금의 유권자 지형은 국민의힘에서 반대쪽으로 기울어진 운동장이 되어있다.

민주화의 기수 86세대, 뚜렷하게 나타나는 연령 효과

86세대는 연령대가 20대일 당시에 뜨거운 1980년대를 보내며 우리나라 민주화의 기수와 같은 상징이 되었다.

물론 86세대의 전부가 민주화 운동을 한 것도 아니며 대학생이 된 사람도 일부에 불과했다. 또한 86세대 전부가 민주 진영을 일방적으로 지지한 것은 아니다. 하지만 우리 사회의 분위기는 86세대를 민주화의 기수로 정의하도록 흘러왔다. 그래서인지 86세대는 20대의 시기에도 높은 투표율을 보였으며, 이는 30대와 40대에도 이어졌고, 당연히 50대의 연령대에서도 작용했다.

86세대는 세대 구성원의 일부가 60세에 접어들기 시작한 2020년 이전까지는 대체로 민주 계열 정당(후보)을 선택하였다. 단 한 번의 선거를 제외하고 말이다. 그때가 2007년에 진행된 17대 대선이었다. 2007년은 86세대를 상징하기도 했던 참여정부가 끝나고 10년 만에 보수진영으로 정권이 넘어가는 때였다. 이때 86세대조차도 참여정부에 대한 실망으로 다른 선택을 했다.

이후 다시 민주 계열 정당(후보)에 더 높은 득표(지지)율을 보인다. 그러다가 차츰 국민의힘 계열 정당(후보)과의 득표율 격차가 줄어들더니, 가장 최근 선거인 22대 총선(2024년)에서는 민주당보다 국민의힘에게 근소하게(약 1%p 격차) 높은 득표율을 주었다.

그런데 86세대가 가장 많이 선택한 정당은 국민의힘이 아니었다. 국민의힘을 선택한 비율보다 무려 13%p 가량 높게(득표율 약 39%) 선택한 곳이 있다. 바로 조국혁신당이다.

86세대 역시 산업화 세대처럼 강력한 제3의 선택지가 있을 때는, 양당을 거부하고 제3의 선택지에 투표하는 경향을 보인다. 20대 총선(2016년)과 19대 대선(2017년)에도 20%대 중후반의 득표율을 제3당(후보)에 주었다. 특히 20대 총선 당시에는 민주당 득표율보다 18%p가 넘는 득표율을 제3당(국민의당)에 주었다.

어떻게 보면 강력한 제3의 세력이 존재할 때는 제3의 선택지를 선택하는 점에서 산업화 세대와 비슷한 모습을 보인다고 할 수 있으나, 그 쏠림 정도는 산업화 세대보다 훨씬 강하다. 그동안 지지해 왔던 민주 계열 정당을 외면하고 철저하게 제3의 선택지에 '몰빵'하는 모습을 보이기도 했다. 그러면서 국민의힘 계열 정당을 선택하는 비율이 조금씩 올라가고 있기도 하다.

86세대는 연령대가 50대 중반을 넘어 60대 중반에까지 걸치면서 보

수적 성향으로 변하는 일명 '연령 효과'를 뚜렷하게 보여주고 있다. 86
세대는 급작스럽게 보수화되는 것이 아니라 제3의 선택지인 제3당(후
보)을 선택했다. 진보적인 스탠스에서 보수적인 스탠스로 바로 이동하
는 것이 아니라, 중간에 경유지와 같은 곳을 지나면서 서서히 보수화되
는 것으로 해석할 수 있다.

전반적으로 보면 2025년 현재에는 86세대를 중도성향으로 분류해야
할 것이다. 진보, 중도, 보수 성향이 각각 고르게 분포하면서 여론조사
나 주요 선거에서 특정 정당의 우위나 승리를 가늠해 주는 저울의 추 같
은 역할을 하고 있다.

민주 계열 정당이 잘하면 민주당을, 국민의힘 계열 정당이 잘하면 국
민의힘을, 양당제에 이력이 난 상태에서 새롭고 강력한 제3의 선택지가
나타나면 제3당을 선택하는, 전형적인 스윙 보트의 모습이자 중도성향
을 보여주고 있다.

86세대는 산업화 세대보다는 디지털과 AI시대에 상대적으로 유연하
게 적응할 수 있었다. 아직은 연령대가 산업화 세대보다는 디지털 생활
에 적응하기에 수월하기 때문이다. 그러기에 생활적인 면에서 보수화되
는 속도가 그리 빠르지는 않을 수 있다.

보수진영에 숨어있는 과거 군사 정권과 친일 세력에 대한 반감으로 인
하여 무턱대고 보수진영을 선택하는 것에 거부감을 가진 사람들도 86세
대 중에 아직 제법 많이 있는 편이다.

그러면서도 연령 효과를 뚜렷하게 보여주고 있다.

2024년 22대 총선에서 86세대는 제3당에 40% 가까운 지지세를 보이
고 있으며, 절반 정도의 사람들이 양당을 선택하는(양당에 각 25~26%
정도의 득표율을 보이는) 경향을 보여주고 있다.

정치와 선거에 대한 높은 참여도와 함께 전형적인 스윙 계층이자 중도 성향의 모습을 보여주고 있는 것이 86세대의 현재 모습이다.

민주당 핵심지지 기반,
보수 정당에 대한 뿌리 깊은 불신을 보이는 X세대

X세대는 2030 시절에 앞선 세대들이 보였던 투표율보다 상대적으로 낮은 투표율 보였다. 그냥 낮은 편이 아니라 매우 낮은 투표율을 보였다. 그러다가 40대의 연령에 진입하면서 차츰 높아졌으나 산업화 세대와 86세대가 40대일 때보다는 역시 상대적으로 낮은 편이다.

X세대의 30% 이상이 50대 연령에 진입했던 2024년 22대 총선이 되어서야 전체 투표율을 웃도는 투표율을 보였다. 앞선 세대와 비교하면 투표율 상승세가 늦은 편이다. 여러 가지로 해석할 수 있으나 이에 대한 자세한 견해는 뒷부분에서 다루겠다.

X세대의 정치적 선택은 시종일관 민주 계열 정당(후보)이었다. 이 역시 86세대와 비슷하게 2007년 17대 대선 때는 예외였다. 17대 대선에서 다른 선택을 한 것은 86세대가 그랬던 것과 유사하다고 볼 수 있다.

눈여겨볼 점은 X세대는 86세대보다 민주 계열 정당에 더 확실한 지지세를 보여주고 있다는 것이다. 어느새 X세대는 민주당의 핵심 지지 기반이 되었다. 민주당이 승리하거나 존재할 수 있도록 해주는 절대적인 존재가 되어있다.

그러던 X세대가 가장 최근 선거인 22대 총선(2024년)에서 86세대와 마찬가지로 제3당에 가장 높은 득표율(약 39%)을 보였다. 86세대는 민주당에 세 번째로 높은 득표율(25%)이자 20%대의 득표율을 주었지만,

X세대는 민주당에 34%라는 높은 득표율을 주었다. 그런데 국민의힘에는 20%에도 미치지 못하는 득표율을 주었다.

이는 양당제에 대한 반감보다는 국민의힘이라는 보수 진영에 대한 반감이 훨씬 높다는 점을 알려주는 셈이다. 민주당 계열 정당(후보)과 국민의힘 계열 정당(후보) 간의 득표율 격차를 비교해 보면 최소 15%p 차이이며, 최고 격차는 44%p에 달한다.

제3당 돌풍이 거셌던 20대 총선에서 X세대는 제3당에 29%의 득표율을, 그리고 진보정당에는 11.7%의 득표율을 보이며 민주당과 국민의힘 계열 정당을 선택하지 않은 경우만도 40%p가 넘었다. 그럼에도 민주당 계열 정당과 국민의힘 계열 정당의 격차가 18%p나 될 정도로 국민의힘 계열 정당에 대한 반감이 매우 크다. 민주당 계열 정당을 포함해 강력한 제3당과 진보정당 등에는 고르게 지지를 해주지만 국민의힘 계열 정당은 철저하게 외면한 것이다.

역시 다자구도였던 19대 대선 당시 제3당 후보에게 20%, 진보정당 후보에게는 10% 등 합해서 30% 정도가 민주당을 선택하지 않았음에도 X세대의 절반이 민주당 후보(득표율 50%)를 선택했다. 국민의힘 계열 후보는 득표율이 10%에 불과할 정도로 보수 진영 정당(후보)에 대한 불신이 매우 뿌리 깊게 잡혀 있다.

그러한 경향은 X세대의 투표율이 상대적으로 낮을 때(2030 시절)나 나이가 들어 4050의 연령대에 들어선 때나 변하지 않고 있다. 그러기에 X세대는 민주당 존립에 기반이 되는 세대라고 할 수 있는 것이다.

앞선 세대인 산업화 세대와 86세대는 정치·선거와 생활의 모든 부분에서 '연령 효과'를 확실하게 보였지만, 유독 X세대는 연령 효과가 크게 나타나지 않고 있다. 그러면서 동년배 효과(cohort effect)가 여전히 강력하게 작용하고 있음을 볼 수 있다.

86세대는 연령 효과를 통해 중도성향에 스윙 계층이 되면서 선거의 승패를 판가름하는 균형의 추와 같은 역할을 하기 시작했지만, X세대는 그런 균형자로서의 입장보다는 반(反)보수의 경향을 강하게 나타내며 절대적으로 민주당 계열 정당을 선택하고 있다.

그렇다고 해서 '민주당이 잘하든 잘하지 못하든, 민주당에 충성만 하는 세대가 X세대이다.'라고 봐서는 안 된다.

거꾸로 X세대는 민주당이 절대적으로 눈치를 봐야 하는 집단으로 자리매김하고 있을지도 모른다. 이와 관련해서는 뒤에 이어지는 세대별 특성 분석에서 자세하게 다루겠다.

88만 원 세대, Y세대, 새천년 세대, 에코붐 세대 등 여러 명칭이 따라붙는 M세대

밀레니얼세대(M세대)는 세간에서 MZ세대라고 하면서 Z세대와 붙어서 표현하기도 한다. 그만큼 Z세대의 특징을 공유하기도 하지만, 정작 정치선거에서는 바로 윗세대인 X세대의 경향과 비슷한 모습을 보인다.

M세대이든 Z세대이든 'MZ'로 묶어서 불리는 것에 어색함이 있기도 하다. 이에 대해서는 뒤에서 자세하게 다루기로 하고, 지금은 2000년 이후 주요 선거에서 나타난 M세대의 경향을 살펴보겠다.

2025년 현재 M세대는 빠르면 40대에 진입한 사람도 있으나 아직도 20대의 연령에 있는 사람도 있다. 86세대와 X세대보다는 출생 연도의 범위가 5세 정도 더 넓게 분포해 있기 때문이다. 86세대와 X세대의 출생 연도 범위는 약 10년 정도인데, M세대는 15년 정도의 기간에 걸쳐 있다. 그런 이유로 86세대와 X세대보다는 많은 인구수 덕분에 강력한 투표 파워를 갖고 있는 세대이다.

M세대는 앞선 세대와 비슷하게 2030일 때의 투표율은 전체 투표율에 미치지 못했다. X세대도 그러했는데 M세대는 X세대보다도 더 낮은 편이다. 같은 2030 연령대일 때의 X세대보다 M세대의 투표율이 (전체 투표율과 비교했을 경우) 상대적으로 낮다.

일부가 40대 연령에 진입했던 2024년 22대 총선에서도 전체 투표율보다 8%p 가량 낮은 투표율을 보인다. M세대의 일부가 여전히 20대에 있기도 한 점이 작용했을 것이다. 투표율이 낮게 나타나는 연령대가 아직 남아있기 때문이다.

M세대의 정치적 선택(정당 득표율)을 보면 86세대와 X세대처럼 2007년 17대 대선을 제외하고 대부분 민주 계열 정당을 선택했다. 예외가 있다면 2020년 20대 대선이다. M세대는 대부분의 선거에서 민주당 계열 정당(후보)에 압도적 지지 의사를 보였다. 그런데 유독 20대 대선에서 국민의힘 후보를 더 많이 선택했다.

비록 2%p가 근소한 격차이기는 하지만, 다른 때와 비교하면 엄청난 사건이라고 할 수 있다. 20대 대선을 제외한 다른 선거에서 M세대는 민주당 계열 정당(후보)에 국민의힘 계열 정당(후보)보다 적게는 20%p, 크게는 45%p의 차이를 보여 X세대를 능가할 정도로 민주 계열 정당에 절대적인 지지 의사를 보였었다.

22대 총선(2024년)에서 86세대와 X세대는 제3당을 가장 많이 선택했지만, M세대만큼은 여전히 민주당을 가장 많이 지지했다. 그런데 유독 2022년 20대 대선에서는 국민의힘 후보를 선택했다. 2024년 22대 총선의 결과를 보면 2022년 20대 대선 당시에 보여준 M세대의 선택은 일시적인 경로 일탈로 볼 수도 있지만, 민주당이 겸허하게 받아들여야 할 부분이기도 하다.

참고로 20대 대선 당시에 M세대의 선택은 여성과 남성이 각기 다른 결과를 보였다. 여성은 민주당 후보를, 남성은 국민의힘 후보를 각각 더 많이 선택했다. 최근 Z세대에서 보이는 젠더 갈등의 양상이 M세대에서 부터 시작되었음을 의미하는 결과이다. 이러한 M세대의 특성에 대해서는 뒤에서 자세히 다루겠다. 어쨌든 M세대는 X세대에 버금가는 민주당 지지 경향을 보여주고 있다. 특히 M세대 여성이 더욱 그러하다.

앞서 언급했듯이 86세대와 X세대조차 제3당을 더 많이 선택했던 22대 총선에서 M세대는 민주당을 가장 많이 선택했다. 반면 제3당에는 세 번째로 높은 득표율을 주면서 상대적으로 제3당에 대한 지지세가 크지 않음을 보여줬다.

이는 '조국'이라는 인물에 대한 반감이 남아있어서인지, 또는 앞선 세대들보다 양당제 거부감이 덜 해서인지, 아니면 민주당에 대한 충성도가 X세대를 넘어설 정도로 강해서인지는 차후 선거들을 보면서 유추해야 할 것 같다. 이에 대해서도 뒤에 자세히 다루겠다.

M세대는 88만 원 세대, Y세대, 새천년세대, 에코붐 세대 등 여러 이름으로 불리기도 한다. 그만큼 특징이 많은 세대라고 할 수 있지만, 반대로 앞선 세대들처럼 어떤 하나의 강력한 특징으로 공동체를 설명할 만한 요소가 없는 세대라고도 할 수 있다.

Z세대, 선거의 승패를 결정하는 신세대, 심각한 젠더 갈등으로 세대 공동화에 의문

현재 Z세대는 해당 세대의 일부가 아직 투표권을 갖고 있지 못하다. 2027년에도 2009년 5월 이후에 출생한 Z세대는 투표권이 없다. 이처럼 해당 세대의 일부가 여전히 투표권을 갖고 있지 못한 상태이지만, 2022년 대선은 Z세대의 선택이 승패를 갈랐다. 이는 Z세대 인구가 많아서가 아니라, 기존 세대와는 분명하게 다른 기준으로 정치와 선거를 바라보고 있기 때문이다.

Z세대에서 가장 형님 격인 1990년대 출생자들(1997~1999년에 출생)조차도 (2025년 현재) 아직 20대 연령대에 속해있다.

차기 총선이 진행되는 2028년에도 Z세대의 대부분은 여전히 20대 이하의 연령대에 머물고 있다.

Z세대가 지금까지 보여준 투표율을 보면 앞선 세대인 X세대와 M세대가 20대 연령대일 때 보여준 투표율보다 상대적으로 높다. 전체 투표율과 각 세대의 투표율 차이를 보더라도 X세대와 M세대가 보여준 것보다 높은 투표율을 보여준다. 투표율에서 나타난 바대로 Z세대는 앞선 세대들과 비교해서 정치 참여도가 매우 높다. 정치 분야뿐만 아니라 어지간한 사회 분야에서도 공통으로 나타나는 현상이다. Z세대는 사회 참여에 매우 적극적인 세대이다.

2024년 12월에 발생한 윤석열 대통령의 비상계엄 사태 초기에 탄핵을 주장하며 거리에 모인 시민 중에서 가장 많은 수를 차지했던 세대가 Z세대였다고 한다(10대, 20대). 그럴 정도로 사회 이슈에 대해 Z세대는 민감하게 반응하고 있다.

Z세대의 부모 세대는 일부가 86세대이며 대부분이 X세대이다. 개성을 존중하고 자신의 취향과 주장을 숨기지 않는 세대였던 X세대가 부모 세대이다. 그러한 부모 세대의 특성이 자식들 세대인 Z세대에도 고스란히 전달되어 있다.

다양성과 공정에 대한 가치 판단, 그리고 결혼·연애에 대한 유연한 사고, 인류와 지구 환경을 생각하는 정체성 등 부모 세대가 이상으로 삼던 자유로우면서 리버럴하며 진보적인 가치관을 물려받은 세대이다.

그런 Z세대의 정체성은 투표 결과에도 드러난다. 어느 하나의 정당이나 이념에 얽매이지 않는다. 그때마다 최선을 선택하려고 노력한다. 2020년 21대 총선까지 Z세대가 판단하고 선택한 최선은 민주당이었다. 21대 총선 당시 Z세대는 약 58%가 민주당을 선택했다. 그러나 불과 2년 만에 Z세대의 선택은 바뀌었다.

그럴 정도로 Z세대는 어느 특정 정당, 어느 특정 이념에 종속되기를 거부한다. 그런데 자세히 들여다보면 Z세대에게서도 심각한 갈등이 있고 서바다 다른 선택을 하고 있다. 바로 Z세대 남녀 간의 차이이다.

2022년 20대 대선에서 Z세대 여성과 남성은 딱 반대의 선택을 했다. Z세대 남성의 약 58%가 국민의힘 후보를, 그리고 여성의 약 58%는 민주당 후보를 선택했다. 그리고 Z세대 남성의 약 35%가 민주당 후보를, 여성의 약 34%가 국민의힘 후보를 선택했다. 마치 약속이라도 한 듯이 비슷한 지수의 득표율을 양대 정당을 '크로스'하며 보여주었다. 그런 만큼 Z세대 여성과 남성의 정치적 견해가 확연하게 달랐다.

20대 대선이 끝나고 2년 후에 진행된 2024년 22대 총선에서 Z세대 여성은 민주당에 51%, 국민의힘에 17%, 조국혁신당에는 19% 정도의 득표율을 보였다. 남성은 민주당에 27%, 국민의힘에 31%, 조국혁신당에는 18%의 득표율을 보였다. 진보정당에는 남녀 모두 5% 이하였다.

22대 총선만 본다면 Z세대 여성의 절반 정도가 민주당을 선택했고 국민의힘을 가장 낮게 선택했다. 그들의 부모 세대인 X세대보다도 더 노골적으로 '친(親)민주·반(反)국힘' 경향을 보였다. 또한 부모 세대인 X세대와 86세대가 많은 지지를 해주었던 조국혁신당에는 상대적으로 낮은 득표율을 보여주었다.

그렇다면 Z세대 여성은 진보적일까?

답은 '아니다'이다. 왜냐하면 진보정당에 대한 지지세가 매우 빈약하기 때문이다. 현재 Z세대는 심각한 젠더 갈등을 겪고 있지만, 정작 페미니즘을 외치는 진보 계열 정당은 외면했다.

지금까지의 결과로만 본다면, 진보적이라기보다는 평등과 공정에 무감각한 정당에 대한 Z세대 여성의 저항이라고 볼 수 있을 것 같다. 이에 대해 뒤에서 자세하게 다루도록 하겠다.

반면, Z세대 남성이 보여준 선거 결과는 또래 여성의 경우와 크게 달랐다. 21대 총선과 20대 대선 사이에서 보여준 결과도 달랐지만, 22대 총선에서는 또 다른 결과를 보여주었다.

21대 총선에서는 대체로 민주당을 선택했으나 불과 2년 만인 20대 대선에서는 일방적이다 싶을 정도로 국민의힘을 지지했다. 그런데 다시 2년 만에 국민의힘에 대한 지지를 어느 정도 거두었다.

Z세대 남성은 22대 총선에서 민주당에 27%, 국민의힘에 31%, 조국혁신당에 18% 정도의 득표율로 지지를 보였다. 그리고 20대 대선까지 보여주었던 높은 투표율은 22대 총선에서 다소 낮아졌다. 자신들이 지지했던 윤석열 정권에 대한 실망으로 인해 투표 포기와 함께 지지를 일부 철회했다. 22대 총선에서는 여당을 선택한 사람들보다 야당인 민주

당과 제3당들을 선택한 사람의 비율이 14%p나 높았다.

Z세대 남성들은 변화된 선택을 거듭하고 있지만, 보수화되었다고 할 수는 없다. Z세대 남성은 상황에 따라 유연한 선택을 하는 스윙 계층이라는 점을 보여준다. 국민의힘과 민주당을 고정적으로 지지하는 Z세대 남성은 각 30% 정도로 86세대가 보여준 것과 유사하다.

Z세대 남성은 선거 결과에 대한 방향키와 같은 역할을 하고 있다. 전형적으로 스윙 보트 성향의 계층이 보여주는 형태이다. 다시 말해, 지금까지 선거에서 보여준 Z세대 남성은 중도적인 성향에 스윙 계층의 모습을 보여주고 있다.

Z세대는 Z세대의 주류인 2000년생들이 선거에 본격적으로 참여한 21대 총선부터 매번 다른 선택을 해왔다. 그러한 Z세대가 과연 다음번에는 어떤 선택을 할 것인지 자못 궁금하다.

2027년 세대별 예상 인구분포

[표2. 2027년 기준 세대별 예상 인구분포]

구분		예상 유권자 수	예상 유권자 비율
전체 인구	계	48,806,947	100.0%
	남자	23,666,370	48.5%
	여자	25,140,577	51.5%
산업화 세대	계	13,523,599	**27.7%**
	남자	5,630,272	11.5%
	여자	7,893,327	16.2%
86 세대	계	8,412,298	**17.2%**
	남자	4,206,192	8.6%
	여자	4,206,106	8.6%
X세대	계	9,104,554	**18.7%**
	남자	4,614,454	9.5%
	여자	4,490,101	9.2%
M세대	계	11,098,524	**22.7%**
	남자	5,757,135	11.8%
	여자	5,341,389	10.9%
Z세대	계	6,667,973	**13.7%**
	남자	3,458,317	7.1%
	여자	3,209,656	6.6%

※ 자료 출처: 통계청 국가통계포털 데이터 재가공. 2023년 12월 주민등록연앙인구에서 발췌. 1세 단위의 수치를 세대별로 통합하고 2027년(21대 대선)도에 맞추어 예상되는 유권자 수(비율) 산출. 2027년은 2009년 5월 초순에 출생한 사람까지 투표할 수 있으므로 이를 적용하여 예상 유권자 수(비율) 산출. [인구의 자연 증가와 감소 수(비율)는 적용하지 않음]

2027년에 예상되는 세대별 유권자 수

산업화 세대는 1960년 이전 출생자 전원이 대상이기에 유권자 수가 가장 많다. '표2'에 있는 인구수와 분포 비율은 인구 자연 감소분을 적용하지 않은 데이터이므로, 2027년에 산업화 세대의 실제 유권자 수와 유권자 비율은 다소 낮아질 것으로 예상한다.

86세대 역시 인구 자연 감소분이 적용되지 않아 2027년에 실제 유권자 수와 유권자 비율은 낮아질 것으로 예상되지만, 산업화 세대의 인구 감소분보다는 상대적으로 적을 것이다. 86세대는 1960년부터 1969년까지 9년 사이에 출생한 사람들을 대상으로 하였다.

X세대는 1970년부터 1980년까지 10년 사이에 출생한 사람들을 대상으로 하였으며, 10년의 기간이 추가된 관계로 X세대는 86세대보다 유권자 수와 비율에서 모두 약간 높다. M세대는 1981년부터 1996년까지 16년 사이에 출생한 사람들이 대상이므로 유권자 수와 비율에서 산업화 세대 다음으로 높다.

Z세대는 1997년생부터 2009년 4월생까지를 대상으로 하여 약 12년 사이에 출생자들을 대상으로 하였다. 그럼에도 86세대와 X세대보다도 훨씬 낮은 유권자 수와 비율을 보인다. 2000년대부터 시작된 저출생 영향이다.

남녀 인구의 비율을 보면 X세대는 남자가 여자보다 약 12만 명 많고, M세대는 남성이 40여만 명 많으며, Z세대는 약 24만 명 정도 많다. 남녀 성비 비율은 M세대에서 특히 차이가 크게 나고 있다. M세대가 태어난 시기는 신생아의 성비에 있어서 자연 성비가 아닌 남아선호 사상이 강하게 작동했던 시절의 영향으로 보인다.

절대적인 국민의힘 지지 성향을 보이는 산업화 세대, 민주당 성향이었으나 중도 성향으로 변화한 86세대, 민주당에는 지지기반이나 다름없는 X세대, X세대보다 더 적극적인 민주당 지지층이 되어버린 MZ세대 여성, 중도성향인 MZ세대 남성 등 인구분포 비율에 따른 세대 구도를 보면 과거와 달리 민주당에 매우 유리한 유권자 지형이 형성되어 있다. 이미 2010년대부터 민주당에 유리한 유권자 지형이 형성되기 시작했다. 2020년대에는 더욱 확실하게 민주당이 우세한 운동장이 되었다.

다음 장부터는 세대별로 제각기 다른 특징이 형성된 배경, 그리고 각 세대가 다가올 주요 선거에서 어떤 선택을 할지 좀 더 구체적으로 알아보기로 한다.

※ 우리책은 세대별 분석과 특징을 언급할 때 하나의 원칙을 마련했다. 가능하다면 '긍정적이고 발전적인 면면을 찾아내고 표현'하자는 포지티브 원칙이다. 만약 이런 기준과는 반대로 부정적이고 네거티브한 자료나 설명이 필요하거나 보고 듣기 원한다면, 극단적·부정적 표현이 난무하는 관련 커뮤니티나 유튜브를 찾기 바란다.

보기 차례

제2부

Z세대-"나락도 락이다!"

Z세대 종합, 긍정(포지티브)을 찾고 만들며 공유한다

\

'긍정 찾기'에 탁월한 세대

이런 특징은 성장기 내내 겪었던 부정적인 사회 분위기를 극복하면서 얻어낸 반대급부일 수도 있다. Z세대의 생애 중에는 국가 경제가 좋았던 적이 없었고 정치 사회적 분위기가 괜찮은 편도 아니었다. 그러한 분위기가 오히려 역설적인 상황을 만들었을까? Z세대는 그들의 생애 동안 겪었던 경제·정치·사회 분위기와는 다르게, 긍정과 포지티브를 애써 찾아내고 장려하며 공존하고 공유하는 데 탁월한 세대가 되어 있다.

Z세대 중에 가장 일찍 태어난 사람들은 1997년생인데, 이들이 태어난 직후 우리나라는 IMF 외환위기를 맞았다. IMF 외환위기가 Z세대로서는 교과서를 통해서나 알 수 있는 일이지만, 우리 경제를 송두리째 흔들어버린 큰 사건이었고, 그 여파는 Z세대는 물론이거니와 국민 모두에게 매우 엄청났다. 또한 2000년대 후반에 있었던 세계 금융위기, 그리고 코로나 팬데믹까지 Z세대의 일생에 걸쳐 우리나라는 어려움의 연속이었다.

경제뿐만 아니라 정치 사회적으로도, Z세대의 대부분이 초중고 시절에 세월호 참사, 촛불혁명과 박근혜 대통령 탄핵 등을 경험했다. Z세대 일부가 성인이 된 이후에는 이태원 참사, 윤석열 대통령의 비상계엄 사태와 탄핵 등을 겪었다. 또 Z세대 일부가 직접 참가하여 선택한 윤석열 정권은 공정과 정의를 내세웠지만, 오히려 공정과 정의를 무너뜨리며 실망을 안겨주기도 했다.

Z세대의 관계 형성 과정을 보면, 개인 지향을 중시하는 경향이 특징이다. 그러면서도 상대방을 비판 중심으로 평가하기보다는 상대를 존중하고 인정해 주는 방식으로 평가하는 편이다. 이러한 Z세대의 특성은 정치적 경향에서도 비슷하게 드러난다.

Z세대는 강력한 캐스팅 보트 그룹

정치에 대한 Z세대의 평가 방식은 어떨까?

특정한 정권(정부)의 무능이나 실책에 대하여 비평·비판적 시각으로 여론을 몰아가기보다는 선거(투표)에 적극 참여해서 선거를 통해 철저하게 외면하는 방식으로 정치적 의사를 보여주고 있다.

2024년 22대 총선에서 민주당의 승리와 야당들의 선전으로 나타난 결과는 그러한 Z세대의 방식을 보여준 대표적인 사례이다.

Z세대는 지난 2018~2020년에도 비슷한 선택을 하였다. 그래서 당시 민주당이 압승할 수 있었다.

반면 2021~2022년에는 반대 진영인 국민의힘과 국민의힘 후보에게 승리를 안겨 주었다. 이는 2021~2022년 당시에 정권을 갖고 있던 민주당에 대한 Z세대 방식의 평가이자 선택이었다.

Z세대는 앞선 세대들처럼 무능한 정치세력이라 하더라도 비판하는 수준을 넘어서 비난과 증오를 퍼붓는 정도까지 수위를 끌어올리지 않는다. Z세대의 입장은 "정권이 무능할 경우, 우리가 선택하지 않으면 그만"이다. 무능하더라도 그들의 존재와 정체성은 그대로 인정하고 존중해 준다.

Z세대는 어느 특정한 정치 세력에게 충성하거나 강한 팬덤을 형성하지도 않으면서, 반대로 극렬하게 반대하지도 않는다. 그리고 시기에 따라 '선택의 최선'을 지향한다. '선택의 최선'은 주로 무능한 집권 세력을 외면하는 방식이다.

Z세대는 특정한 하나의 정치 세력에게 지속적인 선택을 보여주지도 않았다. 그러면서 기존의 정부 또는 주도권을 가진 정치세력에 대해 심판하는 선택을 해왔다. Z세대 남녀 전체의 선택은 결과적으로 전형적인 캐스팅 보트로서 선거를 좌우하는 역할을 하고 있다.

'표1'에서 나타났듯이, Z세대의 맏이 격인 1997년생 일부가 생애 첫 투표를 하게 된 2016년 20대 총선부터 2020년 21대 총선까지는 대체로 민주당 계열 정당(또는 후보)을 선택했다.

그러나 21대 총선이 지나고 바로 1년 후인 2021년 서울시장 재·보궐선거와 2022년 대선에서는 전혀 다른 선택을 했다. 보수 정당인 국민의힘(국민의힘 후보) 지지로 돌아섰다. 그런데 더 놀라운 것은 불과 2년 만인 2024년에는 다시 민주당(민주당 후보)으로 선택을 바꿨다. 세부적으로 보면 Z세대 여성과 남성 간의 선택이 확연하게 다른 점이 있다. 이에 대해서는 뒤에서 자세하게 다룰 것이다.

Z세대는 특정 정당과 정치세력에 대하여 절대적으로 지지해 주는 모습을 보여주지 않는다. Z세대는 선거가 있는 시기마다 그때그때 당시의 상황에 맞는 선택을 하는 특성을 보여줬다. 그래서 정치선거에 있어서 Z세대는 매우 강력한 캐스팅 보트 그룹으로 존재하고 있다.

뒤에 나올 '보기7. 2022 사회 통합 실태조사 내용 중. 한국행정연구원' 사례를 보면 알 수 있듯이 Z세대는 자신들이 중도성향이 강하다고 생각한다. 모든 세대는 10~20대 시절에 진보적인 경향이 강하다고 생각하는 편인데, Z세대는 앞선 세대들과 비교하면 20대의 연령대임에도 불구하고 자신들이 중도성향이 매우 강하다고 생각하고 있다.

이는 Z세대들의 특징과도 비슷한 면이 있다. Z세대는 미래나 내일보다는 현재와 오늘에 집중하고, 과거와 어제에도 집착하지 않는다. 그렇다고 해서 과거와 어제의 콘텐츠와 교훈까지 외면하는 것은 아니다. 어떨 때는 애써 과거의 콘텐츠를 찾아내어 활용하는 유연성과 효율성을 갖추고 있다. 바로 그러한 유연성과 효율성, 이 두 가지는 실용성과 맞닿아 있는 전형적인 중도 지향의 형태이다.

개인화 세대, 그러나 공유·공감·공존에 탁월한 세대

개인화의 첫 세대였던 X세대를 부모로 둔 Z세대는 부모 세대의 영향에 더해서 사회적 분위기 등에 의해 완전하게 개인화 세대로 나아갔다.

'하이퍼-퍼스낼리티'라는 말처럼 자신만의 가치관과 철학, 취미, 선명성 등으로 설명할 수 있을 만큼 개인화를 추구하는 세대이다.

그래서인지 효율성을 매우 중시하고, 효율적인 측면을 직접 실천하며, 개인화된 자신의 기준을 만들고 지키기 위해 어떠한 영역이든 본질적인 부분을 중요하게 생각한다.

자신들의 감성이나 만족을 위해서라면 구(舊)시대의 아날로그적 콘텐츠도 마다하지 않을 정도로 유연성을 갖고 있으며, 그만큼 효율을 중요하게 여긴다.

Z세대는 개인화된 세대라고 하지만, Z세대의 개인화는 '삭막하고 적막하고 배타적인' 개인화가 아니다. Z세대는 긍정적이며 즐김을 공유하

고 공감하는 세대이다. 그런 과정에서 개인마다 각자 방식의 개인화가 있고, 그런 개인화는 Z세대 전체의 긍정적 공감대의 원천이다.

두 가지의 예를 들어 설명해 보겠다.

첫 번째는 최근 유행하는 '크루(crew)'이다. 이 '크루' 형식의 모임에는 Z세대의 특징이 묻어있다. 과거의 동호회 방식이 아니다. 모임이라는 형식보다는 목적에 집중하는 것이 특징이다. 크루는 동호회보다 개인적 특성에 맞춰 특화된 모임 형태이다. 가입비, 필수동참, 모임 규칙, 모임 내 회원 간 인간관계, 뒤풀이 문화 등에서 자유로운 모임이다. 모이는 목적 그 순수한 이유를 위해서 사람들과 함께하는 것이다. 개인화와 '함께하기'가 적절하게 융합된 형태이다.

이런 형식에는 효율을 중시하는 Z세대의 특성이 아주 잘 드러난다. 개인의 목적을 달성하고자 하는 사람들과 공감·공유하며 목적 달성을 극대화한다. Z세대는 동호회라는 더 크고 규제가 강한 틀을 매우 어색해하고 본능적으로 피한다. 그것은 효율적이지 못하다고 생각하기 때문이다. 그래서 요즈음 Z세대가 주도하는 모임은 '크루'가 유행이고 대세가 되었다.

Z세대의 소통 공간 '인스타그램'

두 번째, Z세대의 특징을 보여주는 다른 하나의 예는 바로 인스타그램이다. Z세대를 거론하면서 인스타그램이라는 SNS 플랫폼을 빼놓을 수 없다. 최근 Z세대가 주도하는 각종 트렌드의 확장에는 인스타그램이라는 온라인 플랫폼이 큰 몫을 차지하고 있다.

기성 사회와 기성세대는 인스타그램을 어떻게 생각할까? '인스타그램은 남에게 보여주려고 화려한 콘텐츠에 집중되어 있으며, 그런 것만 보게 됨으로써 보는 사람들이 상대적인 박탈감을 느낀다.' 기성세대는 이런 식

[보기1. 성별·연령별 소셜네트워크 이용률 조사. 한국갤럽 자료 캡처]

2023년 2~7월	모바일 메신저	네이버 밴드	카카오 스토리	유튜브	페이스북	인스타 그램	트위터 (현 X)	틱톡	챗GPT
				1년 내 '이용한 적 있다' - 성·연령별					
전체	93%	47%	37%	93%	31%	39%	15%	19%	7%
남성 13~18세	98%	34%	35%	97%	50%	59%	23%	39%	12%
19~29세	98%	51%	42%	99%	56%	78%	35%	41%	17%
30대	99%	57%	45%	99%	51%	65%	28%	30%	14%
40대	97%	58%	40%	97%	35%	38%	17%	14%	6%
50대	96%	57%	36%	95%	20%	17%	6%	9%	4%
60대 이상	84%	32%	20%	84%	9%	6%	2%	5%	1%
여성 13~18세	98%	40%	40%	96%	53%	67%	28%	44%	13%
19~29세	99%	50%	47%	99%	58%	86%	37%	40%	15%
30대	97%	57%	50%	97%	49%	68%	28%	29%	10%
40대	98%	56%	52%	96%	32%	42%	12%	15%	4%
50대	95%	58%	43%	96%	18%	20%	5%	9%	3%
60대 이상	80%	29%	25%	79%	5%	5%	1%	3%	0%

- 모바일 메신저: 카카오톡 등
- 전국(제주 제외) 만 13세 이상 5,202명 면접조사. 한국갤럽 마켓70 2023 www.gallup.co.kr

※ 한국갤럽 자료. '마켓70 2023 (2) 미디어·콘텐츠·소셜 네트워크 서비스' 조사/ 조사 기간: 2023년 2월 10~28일, 5월 12일~6월 8일, 7월 11일~8월 3일. 층화 집락 확률 비례 추출. 면접조사원 인터뷰 (CAPI). 전국(제주 제외) 만 13세 이상 5,202명. 표본오차: ±1.4%포인트(95% 신뢰수준). 응답률: 29.5%

으로 특유의 비판적 사고, 또는 '그놈의 잘난 분석적 평가'를 내리곤 한다.

과연 Z세대도 그렇게 느낄까?

오히려 Z세대는 자신의 인스타그램 계정의 보여주기를 통해(또는 보여주기 위해) 긍정적인 요소를 더 탐구하고 찾아내서 자랑하며 포지티브 요소를 양껏 끌어올린다. 비단 보여주는 사람뿐만 아니라 보는 사람들도(인스타그램을 보는 Z세대도) 다른 사람의 긍정적인 활동을 보며 그것을 모방하거나 함께 찾고 만들어 가면서 동조한다. 그리고 이런 과정에서 밈이 형성되기도 한다.

Z세대는 인스타그램에서 자신의 콘텐츠를 보여주거나, 다른 사람 계정의 콘텐츠를 보고 나서, 이를 공유하며 긍정적인 활동에 동참한다. 기성세대가 비판하고 걱정하는 바와 달리 Z세대는 인스타그램의 활동(팔로잉, 포스팅, DM, 공유하기 등)을 통해 긍정의 범위를 확대하고 있다.

인스타그램은 직접 통화를 꺼리는 Z세대의 또 다른 소통 공간으로 활용되고 있기도 하다. 다수의 기성세대는 직접 말을 주고받는 '전화 통화'를 자연스러워하고 선호하지만, Z세대는 인스타그램 플랫폼 안에 있는 메신저(DM) 기능을 통해 소통을 나눈다. 현실 공간(오프라인)에서 마음에 드는 이성이 있으면 휴대 전화 번호를 묻지 않고 인스타그램 아이디를 묻는 것이 요즘 Z세대 방식이다.

Z세대는 인스타그램 플랫폼 안에 스토리, 릴스, 매거진 계정, 각자의 취향이 비슷한 계정 등의 팔로잉을 통해 얻은 정보와 콘텐츠를 인스타그램 DM으로 지인들과 공유한다. 그리고 그런 콘텐츠를 재생산하거나 자기의 삶과 생활에 적용하며 즐긴다.

인스타그램을 운영하는 '메타'의 한국 담당자는 "우리나라 Z세대는 인스타그램에서 라이프-스타일 콘텐츠를 가장 많이 사용하고, 인스타

[보기2. 세대별 소셜네트워크 이용률 조사. KISDI, 미디어 패널 조사 '세대별 SNS 이용률' 자료 캡처]

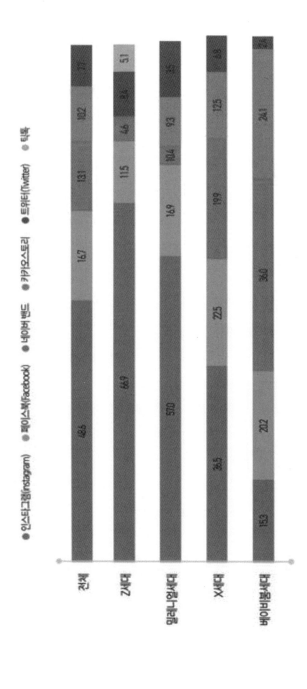

● 인스타그램(Instagram) ● 페이스북(Facebook) ● 네이버 밴드 ● 카카오스토리 ● 트위터(Twitter) ● 틱톡

	인스타그램	페이스북	네이버 밴드	카카오스토리	트위터	틱톡
전체	48.6		16.7	13.1	18.2	7.7
Z세대	66.9			11.5	4.6	8.4	5.1
밀레니얼세대	57.0		16.9	10.4	9.3	3.5
X세대	36.5	22.5	19.9	12.5	4.8
베이비붐세대	15.3	20.2	36.0	24.1	2.4

※ 2024년 5월 21일에 공개된 정보통신정책연구원(KISDI) 보고서 내용 일부 캡처

우리정치 정상영업 합니다

그램을 소통의 공간으로 활용하고 있다."라고 전했다.

이런 특성을 갖춘 Z세대와 인스타그램을 이해하지 못하는 기성세대는 인스타그램을 그저 홍보 도구 정도로만 생각하기 일쑤다. 그런 관점에서라면 기성세대는 영원히 Z세대를 이해하지 못할 것이다.

여기서 다시 한번 따져볼 것이 있다.

기성세대의 비판과 분석처럼 인스타그램이 인스타그램을 사용하는 사람들에게 부정적인 영향을 끼칠까? 이런 인식은 어디까지나 기성세대의 이해 부족에 따른 근거 없는 상상일 뿐이다. 인스타그램을 보면 콘텐츠 대부분이 즐겁고 재미있고 희한하고 흥미로우며 또한 좋은 글귀나 교훈이 될 만한 것들로 가득 차 있다. 그러므로 인스타그램이라는 플랫폼을 향해 상대적 박탈감을 준다거나 부정적 영향을 끼친다고 평가하는 관점은 기성세대 특유의 침소봉대인 셈이다.

인스타그램 플랫폼의 운영자인 메타 측에서도 악성 콘텐츠 등에 대해 지속적인 검열을 하고 있으며, 청소년의 이용 시간을 제한하는 등의 노력을 기울이고 있다. 설사 나쁜 콘텐츠를 즐겨보거나 올리는 사람이 있어도 소수일 뿐이다. 그런 소수는 어느 사회, 어느 커뮤니티, 어느 플랫폼에서든 조금씩은 존재한다.

긍정의 세대, 포지티브 제너레이션

Z세대는 개인화된 세대이지만, 긍정을 앞세우는 세대이다.

Z세대의 앞선 세대인 M세대가 부정적 의미의 유행어를 많이 만들어 낸 것과 달리 Z세대의 유행어는 긍정적인 의미가 다수를 이룬다. Z세대는 '헬-조선'이 아니라 "오히려 좋아!"를 외치고, '이생망'이 아니라 "나

락도 락이다."라고 이야기한다.

　2024년 12월 3일 비상계엄 사태 직후 거리에 모인 시민들 속에서 함께 시위하면서도 기성세대의 방식이 아니라 신선하고 새로운 방식의 시위 문화를 만든 것도 Z세대이다.

　살벌한 문구와 폭력적인 시위보다는, 다양한 응원봉을 흔들며 축제를 즐기는 사람들처럼 밝고 긍정적인 방식으로 시위 문화를 주도하며 시위 현장에 K-팝까지 끌어들였던 세대가 Z세대이다. Z세대는 수십 년간 이어오던 시위 문화를 단번에 바꿔버린 긍정의 세대이다. 이를 두고 감히 누가 생뚱맞다고 할 수 있을까?

　12.3 비상계엄 이후부터 대통령 탄핵 소추가 있기까지 매일 여의도 일대에서 진행된 시위에서 가장 많이 모인 인원이 10대와 20대 여성이라고 알려졌다. 시위 문화의 확산 역시 인스타그램 및 X(트위터)와 같은 Z세대가 자주 사용하는 온라인 플랫폼을 통해 자신을 알리고 공유하면서 완성된 것이다.

　그 엄중한 사태를 두고 벌어지는 시위조차도 과격하게 결기를 보여주는 식의 네거티브 방식이 아니라, 반짝이는 응원봉을 들고나와서 유행곡을 함께 부르고 함께 즐겨 가며 진행하는 포지티브(긍정적인) 방식으로 바꾼 것이 Z세대이다.

　Z세대는 기성세대가 바라보는 것처럼 비판 중심의 자세가 아니라 유연함을 기초로 긍정적인 사고와 행동을 지향하며, 그런 노력을 실제로 체화하고 있는 세대이다. 앞으로 전개될 선거에서 Z세대가 어떤 태도를 보일 것인가에 대한 전망은 이어지는 'Z세대 여성' 편과 'Z세대 남성' 편에서 각각 설명해 나가기로 한다.

우리정치 정상영업 합니다

Z세대 여성, "우리는 '가만히 있으라'는 말을 듣지않기로 결심한 세대야!"

활발한 사회참여, 집단행동 경험으로
사회적 파워 스스로 높이다

Z세대는 그 어느 세대보다 여성과 남성 간의 성별 정치 성향 차이가 극명하게 두드러진다. 그 중심에는 '성평등'이라는 의제에 대한 뚜렷한 관심사와 현존하는 '성차별'에 대한 상반된 인식이 존재하고 있다.

Z세대 여성은 2021년 서울시장 재·보궐선거, 2022년 20대 대통령 선거, 2024년 22대 총선 등에서 민주당 지지 성향을 상당히 강하고 일관되게 보여주고 있다.

2024년 12.3 비상계엄 사태 이후 10대와 20대 여성들이 윤석열 대통령 탄핵 찬성 집회에 가장 많이 참여했다는 점이 대두되기도 했다. 10대 후반부터 20대 중후반까지는 정확하게 Z세대 여성들이다. 그로 인해 Z세대 여성의 정치참여 양태에 관심이 급증하고 있다.

비상계엄 직후 단일한 일자를 기준으로 윤석열 대통령 탄핵 찬성 집회에 모인 인원은 200만여 명으로 추산(주최 측 추산)되는데, 그중에서 Z세대 여성은 최소한 60만~70만 명 정도일 것으로 추산된다. 그 정도의 인원이 모이려면 비슷하게 생각하는 사람들이 그 수십·수백 배는 되어야 가능한 일이다.

Z세대 여성은 전부 300여만 명으로 추산된다. 그중에서 서울·수도권

에만 절반 이상이 있다고 가정한다면, 거리 시위에 직접 참여한 사람들의 의지와 생각에 동의하는 Z세대 여성의 숫자는 상당히 많을 것으로 가늠해 볼 수 있다.

응원봉은 Z세대 여성들에게 투쟁의 역사이자 도구

K팝 아이돌 팬덤 문화의 주류 소비자인 Z세대 여성은 단순히 수동적인 소비자로만 남지 않았다. 연예계 산업 행태의 개선이나 윤리적인 문제에 적극적으로 목소리를 내는 주체였다. 그런 점은 정치참여에서도 그대로 드러나고 있다. 응원봉으로 표상되는 2030여성들의 'K-팝 팬덤'은 굉장히 정치적이다.

세상은 2030여성들을 '빠순이'라는 이름의 '무지성·몰지각한 소비자'로 격하했다. 하지만 2030여성들은 매번 K-팝 콘텐츠의 생산자이자 적극적인 감시자이며 정치적 발화를 하는 주체로 활약해 왔다.

소비자들을 향한 엔터테인먼트사의 횡포나 소속 아티스트들을 향한 노동력 착취, 아티스트의 범죄나 혐오 발언들에 대해 이들의 팬덤은 계속해서 책임을 촉구했다.① 그러한 관점에서 본다면 2030여성들이 '윤석열 탄핵'의 선두에 섰던 것은 너무나도 당연한 일이다.

Z세대 여성은 젠더 문제뿐만 아니라 분배·노동·환경 등 사회 전반에 대한 비판 의식을 갖는 한편 정치 참여도 활발하게 벌였다. 사회적 약자를 돕기 위한 연대 활동에도 적극적으로 참여한다. 이는 차별에 대한 Z세대 여성들의 또 다른 형태의 저항이라고 할 수 있다.

이점은 2024년 12월 21일 농민들의 트랙터 상경 행렬을 가로막은 경찰의 '남태령 길막' 대치를 풀기 위해 달려간 2030여성들의 행동으로 다시 한번 확인되었다.

2024년 12월 17일자 여성신문에 기재된 '이슬기의 무기가 되는 글들'이라는 기사에서 "강한 페미니즘 성향의 20대 여성 4명 중 1명은 사회의 소수자가 겪는 일을 '내 일'처럼 느낀다. 구조적 성차별을 온몸으로 겪는 당사자로서, 소수자에 대한 공감이 체화됐기 때문이다."라는 표현이 나온다. 구조적 문제와 차별에 대하여 민감하고, 그런 갈등에 대해서는 '참지 않는' Z세대 여성의 탄생을 의미한다고 할 수 있다.

주 소비자가 2030여성인 K팝 문화 안에는 그들 각자가 겪은 투쟁의 역사가 존재한다고 할 수 있다. 그들이 맞서는 상대는 다양했다. 지나치게 상업적 마케팅을 벌이는 기획사, 도덕적 문제를 일으키는 아티스트, 비윤리적 콘텐츠, 인권을 침해하는 경호업체, 그리고 이 모든 사실에 골몰하는 자신들을 하찮게 바라보는 세간의 시선까지 다양하다. K팝 팬들은 이처럼 '자기 자신'을 부단히 사회와 연결하며 싸워왔다.

자기 자신의 자리와 의미를 확장하는 것이야말로 큰 싸움에 필요한, 준비된 투쟁심이라고 할 수 있다.

2024년 12월 8일자 경향신문 '슬픔의 K팝 집회'라는 제목의 기사는 이런 말을 남겼다. "그로부터 훈련된 '흥', 어찌 모든 것을 냉소하는 태도보다 비장하지 않을 수 있겠는가?"라고 말이다.

성평등, 성차별 해소, 젠더 폭력 관련 의제에 높은 관심과 의지

Z세대 여성은 자라면서 받은 성평등 교육에 비해 구조적인 성차별이 엄연히 실재하는 현실을 보고 그 괴리를 가장 심각하게 느낀 세대이다.

그 괴리만큼, 그래서 오히려 Z세대 여성은 성평등에 대한 의지가 가장 높은 세대가 됐다.

　스스로 자기 자신을 '페미니스트'로 생각하는 20대 여성의 비율은 상당한 수준에 이른다. 그들은 투표와 정치참여에 있어서 '성평등' 의제는 매우 중요한 판단 기준이라고 밝히고 있다.

　그러한 경향은 2016년 강남역 여성혐오 살인사건, 불법 촬영 문제, 2019년 N번방 성 착취물 제작 및 유포 사건, 2021년 스토킹 '세 모녀' 살인사건, 2022년 신당역 스토킹 살인사건, 2023년 신림동 너클 성폭행 사건, 2024년 강남 의대생 여자 친구 살인사건 등 끊임없이 발생하는 여성 대상 살인·성폭력·디지털 성범죄와 관련이 있다.

　우리 사회는 과거에 비해 스토킹 범죄에 대한 인식이 높아졌으며, 교제 폭력(소위 '데이트 폭력')이나 성 착취물에 대한 인식, 불법 촬영의 심각성 등과 관련한 인식이 높아진 상태이다. 그런 상황 인식 속에서 여성을 대상으로 한 젠더 폭력이 여전히 만연하다는 점은 Z세대 여성들의 본질적인 문제의식과 접점을 갖도록 해주었다.

　아무리 한국의 치안이 좋고 안전한 나라라고 해도, 하루가 다르게 쏟아지는 성폭력 범죄 뉴스를 보면서 Z세대 여성들은 '안전하게 살고 싶다.'라는 주장으로 스토킹 범죄 처벌, 불법 촬영 엄중 처벌 등과 같은 정치적 의제를 요구했다.

　여전히 OECD에서 최악의 수준에 자리하고 있는 유리천장, 승진 및 임금 차별이나 고용 차별, 임신·출산으로 인한 경제활동의 어려움 등 구조적 성차별 전반을 심각하게 인지하고 있는 세대가 Z세대이다. Z세대 여성은 사회의 차별 양상이 '내 일상과 내 삶을 위협한다.'라는 인식하에 차별과 갈라치기를 조장하는 정치세력은 '나를 배제하려 한다.'라고 느끼게 되었다. 그 결과 보수 정당에 대한 일관적인 비토 경향을 보인다.

시사 주간지 '시사IN 759호' 편에서 '다음 정당이나 후보가 나를 정치·사회적으로 배제하려 한다고 생각하는가?'라는 질문을 던졌는데 20대 여성의 반응이 가장 강하게 나왔다.

전체 평균을 보면 각 정당과 후보는 비슷한 정도의 평가를 받았다(민주당 34.2%, 국민의힘 35.3%, 이재명 31.6%, 윤석열 35.1%). 그런데 20대 여성은 윤석열 후보에 대해 63.4%가 '나를 배제하려 한다.'라고 응답했다. 20대 남성의 이재명 후보에 대한 '나를 배제하려 한다'라는 응답 40.0%보다 23.4%p나 높았다. 막판 20대 여성들의 이재명 후보로의 결집이 '어떤 두려움'에서 기인했는지 짐작하게 한다.

['시사IN 759호' 기사 내용 중에, '연령별·성별 선호하는 정치세력'(단위:%)]

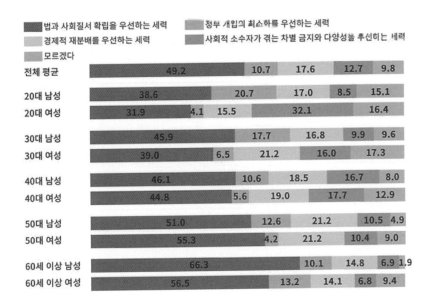

Z세대 여성은 정책선호 전반에 있어 모든 세대 중에 가장 진보적인 세대로 거듭나고 있다. '일상의 차별'을 몸소 겪으며 사회적 소수자로서의 위치와 차별의 경험이 몸에 새겨진 까닭이다.

이에 대해 신진욱 중앙대 사회학과 교수는 2021년 4월 8일 한겨레신문 기사를 통해 "2030 여성층은 젠더 이슈뿐 아니라 노동·복지·경제·남북 관계, 심지어 외교 안보에서도 한국 사회에서 가장 진보적인 층"이라며, "젠더 측면에서 발달한 불평등 감수성이 다른 영역의 불평등까지 통찰하는 능력으로 발달한 것 같다."라고 분석한 바 있다.

다시 한번 '시사IN 728호' 편을 참고해 보면, Z세대 여성이 우선하고 선호하는 정책과 정치세력은 기성세대의 경우와 비교하면 그 차이가 확연하다.

20대 여성과 20대 남성 모두 전체 순위와 다른 지지 세력을 1, 2위로 꼽았다. 20대 여성이 가장 선호하는 정치세력은 '사회적 소수자가 겪는 차별 금지와 다양성 우선' 세력(32.1%)이었다.

전체 연령별·성별 집단 중 유일하게 '법과 사회질서 확립 우선'에 1위를 내주지 않았다. 20대 남성은 지지 세력 순위 2위에 '정부 개입의 최소화를 우선하는 세력'을 꼽았다.

데이터를 살펴본 국승민 미시간주립대 정치학과 교수는 "정치세력을 도식화하는 다소 도전적이고 무리한 시도임에도 불구하고, 20대 여성과 남성에게 보이는 새로운 정치적 경향을 포착하기 위해 설계한 질문이었다. 20대 여성은 '사회적 소수자 차별 금지와 다양성'을, 20대 남성은 '정부 개입의 최소화'를 선호할 거라는 가설이 정확하게 맞아서 적잖이 놀랐다. 한국 사회를 20년 넘게 설명한 진보·보수의 이념 지형에 새로운 균열이 생기고 있다는 사실을 보여주는 단초다."라고 말했다.

성장 우선	복지 우선	모르겠다
19.9	66	14.1

경제성장 정책 우선	환경보호 정책 우선	모르겠다
28.8	61.9	9.2

차별금지법 찬성	반대	모르겠다
67.5	19.4	13.1

동성혼 법제화 찬성	반대	모르겠다
64.1	16.5	19.4

국승민 교수의 언급대로 정치세력을 도식화하는 다소 무리한 시도이기는 하지만, 정책에 대한 선호를 알아보는 세부적인 조사를 보면 Z세대 여성들의 진보적 경향을 더욱 확실하게 확인할 수 있다.

20대 여성들은 성장보다는 복지를 우선하고, 경제성장 우선하기보다는 환경보호 우선하기를 선호하며, 차별금지법에 대해서는 '찬성 〉 반대' 성향, 동성혼 법제화에 대해서는 '찬성 〉 반대' 의사를 보이는 등 모든 정책에 있어서 선호(우선)하는 방향이 진보적인 경향임을 분명하게 보여주고 있다.

어떠한 사람(세력)에 대한 이념적 경향을 자신이 진보인지 보수인지 중도인지에 대해 직접 묻고 응답한 결과로 진단하는 것은 비교적 정확하지 않을 수 있다. 이념적 경향을 정확하게 알려면 정책에 대한 선호나 호불호에 대한 의견을 종합적으로 취합해서 나온 결과를 토대로 하여야 한다. 그러므로 위의 조사는 Z세대 여성의 진보적 경향을 자세히 알아볼 수 있는 조사라고 할 수 있다.

확고한 Z세대 여성의 투표 성향

'표1'에서 볼 수 있듯이 지난 20대 대선에서 나타난 Z세대 여성의 투표 성향은 매우 뚜렷하다.

윤석열 후보의 "여성가족부 폐지"라는 일곱 글자 공약으로 '젠더 선거'의 막을 열었던 지난 20대 대선에서 20대 남성과 여성은 정확하게 교차하는 투표 성향을 보여주었다. 20대 여성의 58%는 이재명 후보에게, 20대 남성의 58.7%는 윤석열 후보에게 투표했다. 특히 20대 여성의 경우는 선거 직전 N번방 사건을 공론화했던 '추적단 불꽃' 소속 박지현의 영입으로 젠더 이슈를 가져간 민주당 이재명 후보에게 선거 막판에 지지세를 결집하는 모습을 보여주었다.

선거 직전 '이재명으로 마음을 돌린 2030여성 7,431명 공개 지지 선언' 내용을 살펴보면, "소수자와 여성을 배제하거나 혐오하지 않는 사회를 위해 이재명 후보를 지지한다."라고 밝히는 등 윤석열 후보와 국민의힘의 '여가부 폐지', '무고죄 처벌 강화' 등 소위 '남초 커뮤니티 발 공약'을 비판하며, 이를 저지하기 위한 투표로써 이재명 후보를 지지하기로 선택했음을 밝혔다.[2]

Z세대 여성과 남성의 성별 투표 성향 차이는 20대 대선에서 처음 나타난 것은 아니었다. 2021년 서울시장 재·보궐선거는 Z세대 여성의 정치 성향을 그대로 드러낸 결과를 보여주고 있다.

20대만 놓고 볼 때 여성은 민주당 박영선 후보에게 44%, 국민의힘 오세훈 후보에게 40.9%, 기타 후보에게 15.1%를 투표했다. 그에 반해 남성은 박영선 후보 22.2%, 오세훈 후보 72.5%, 기타 후보에게 5.2%씩 투표했다. 20대 남성의 경우 60세 이상 남성보다도 높은 비율로 오세훈 후보에게 투표했고, 20대 여성의 경우 민주당과 기타 후보에게 투표한 합이 60%에 가까웠다.

당시 선거는 박원순 전 서울시장의 성 비위로 인해 치러진 재·보궐 선거였다는 점, 그리고 기타 후보에서 페미니즘 의제를 내세운 후보가 다수 등장했다는 특징이 있었다. 이러한 환경에서 다른 세대는 '민주당에 대한 심판' 성격이 높았으나, 유독 20대 여성은 그 '심판'을 위해 민주당의 반대편인 보수 정당을 선택하지 않고 사표를 감내해 가면서라도 소수 진보정당에 투표하는 모습을 보였다.

비교적 젠더 이슈가 대두되지 않았던 2024년 22대 총선에서도 Z세대 여성의 민주당 지지 비율은 높은 편으로 유지됐다. (이하 '표1' 참조) 진보정당인 녹색정의당에 투표한 비율도 5.1%로, Z세대 남성에 비하면 3배에 달하는 비율을 보였다. 그에 비해 Z세대 남성은 정당투표에서 민주당 계열 정당에 투표한 비율은 26.6%로 Z세대 여성의 절반 정도에 그쳤다. Z세대 여성이 국민의힘 계열 정당에 투표한 비율은 16.7%로 Z세대 남성의 절반 정도에 그쳤다.

지역구 투표에서는 Z세대 여성의 민주당 선택 경향이 더욱 강하게 나타났다. Z세대 남성은 민주당 후보 46.6%, 국민의힘 후보 47.9%로 그 차이가 소폭에 불과했다. 반면 Z세대 여성은 민주당 후보 70% 정도, 국민의힘 후보에는 25.3%로 압도적인 대비를 보이며 민주당 후보를 선택했다. 2022년 20대 대선에서 보인 Z세대 여성의 선택은 그 2년 후인 총선에서도 계속 유지되고 있었다.

Z세대 여성의 민주당 선호는 더 강하게, 더 확실하게 계속될 것

최근 선거 결과는 물론이고 각종 여론조사 상에 나타난 Z세대 여성의 민심을 들여다보면, 보수 정당 후보의 당선만은 막아야 한다는 의지가 단적으로 드러난다. 그렇다면 '진보적인' Z세대 여성은 왜 진보정당이나 소수정당이 아닌 '민주당'에 지지를 보내는 것일까? 아마도 '보수 정당 비토'라는 설명이 가장 적합할 듯하다. 이 점에 대해서는 Z세대의 부모 세대인 X세대의 경향과 비슷한 결과라고 할 수 있겠다. 그러나 그렇게 된 과정과 원인은 다르다.

X세대의 반국힘 경향은 1990년대부터 이어온 보수 진영의 무능(IMF 사태)과 기득권, 무리한 욕심 등에 기인하여 수십 년에 걸쳐서 차곡차곡 쌓여온 반발심 때문이다. 그래서 X세대는 주로 민주당을 선택해 왔지만, 강력한 제3세력(제3당)이 존재할 경우, 이념 지형 여부를 떠나서 제3세력도 함께 선택해 주었다.

그러니까 X세대는 국민의힘 계열 보수 정당만 아니라면 민주당뿐만 아니라 제3세력도 선택했다.

상황에 따라서는 민주당에 대한 선택을 보류하기도 했다.

Z세대 여성의 경우는 X세대와 다르다.

Z세대 여성은 젠더 갈라치기와 여성혐오를 선거 전략으로 이용하는 보수 정당에 확실하게 대응해야 했고, 그러기 위해서는 양당제에서 확실하게 자리 잡은 민주당이 대안이라고 보고 있다. 민주당을 선택해야만 사표를 만들지 않으면서 '최소한 정부 여당에 의해 위협받고 배제되지 않을 것'이라는 판단하에 전략적인 선택을 한 것이다.

실제로 20대 대선 당시 젠더 갈라치기와 젊은 남성들을 향한 선동을 서슴지 않았던 당시 이준석 국민의힘 대표를 향한 Z세대 여성들의 공포감은 상당했다. Z세대 여성들은 당장 직면한 자신들의 위험과 위기감에 반응하며 민주당(후보) 지지로 빠르게 결집했다.

Z세대 여성들의 그러한 움직임은 X세대의 '반국힘' 성향이 만들어지는 과정과 비교하면 매우 짧은 기간에 형성된 것이다.

앞서 언급한 주제들과 흐름을 고려한다면 Z세대 여성들의 민주당 선호, 그냥 선호도 아니고 민주당에 대한 압도적인 선호가 당분간 이어질 수밖에 없어 보인다. 그러한 경향은 오프라인에서의 직접적이고 적극적인 참여, 그리고 높은 투표율과 일방적인 민주당 선택이라는 결과물로 계속해서 확인되고 있다.

국민의힘과 보수 진영은 젠더 문제에 대한 해결은 고사하고 젠더 갈등을 더욱 심화시키기만 하고 있다. 비단 젠더 문제뿐만 아니라 우리 사회의 정의와 공정이라는 측면에서도 턱없이 부족한 모습을 보이기 때문에 Z세대 여성의 민주당 선호는 더욱 공고해지고 있다.

그렇지만 민주당이라고 해도 긴장을 놓아서는 안 될 것으로 보인다.

2021년 재·보궐 선거에서는 Z세대 여성이 민주당에 압도적인 지지를 보여주지 않았음을 기억해야 한다. Z세대 여성은 보수 정당 비토를 위한 도구로 민주당을 지지했을 뿐이다. 2021년 재·보궐 선거처럼 다시 당내 성범죄를 일으키거나, 국민의힘의 젠더 갈라치기 전략에 끌려가는 모습을 보인다면 언제든 잃어버릴 수 있는 지지임을 기억해야 한다.

우리정치 정상영업 합니다

Z세대 남성, 대한민국 유권자 중에서 가장 큰 캐스팅 보트 집단

\\

남아 선호가 사라진 시대에 태어난 Z세대

자연 상태에서 신생아의 성별 비율은 '여성 100 : 남성 106~109' 정도라고 하며, 우리나라의 경우는 대체로 '여성 100 : 남성 105'로 본다고 한다.

통계청 인구 동향 조사(KOSIS)의 공개 자료를 보면, 우리나라는 2011년도부터 2023년까지 대체로 '여성 100 : 남성 105' 정도의 비율이 계속 유지되고 있다. 2011년부터는 '100:106' 비율이 깨지고 여성 100명 당 남성 105명대로 들어섰으며, 2017년 한해를 제외하고 남성 105명대를 유지하고 있다.

우리나라는 2010년대부터 자연 성비로 들어섰다. 2020년과 2022년의 경우, 남성 105명대까지 깨지며 104명대를 보이기도 했다. 지금의 추세를 보면 2020년대 중후반기에는 '여성 100명 : 남성 104명대(105명 미만)'로 형성될 수도 있을 것 같다.

다시 말해 남아 선호에서 자연 성비를 거쳐 여아 선호로 '크로스'가 이루어지는 현상이 나타날 수도 있어 보인다.

신생아 성비는 우리나라에서 매우 큰 변화를 시사한다. 그놈의 지긋한 남아 선호 사상이 사라졌음을 의미한다.

2000년도까지는 남성이 110.1명으로 여전히 자연 성비를 넘어서 있

[표3. 1990년 이후 우리나라 신생아 성비]

여성 신생아 100명 당 남성 신생아 비율
(*2023년은105.1명)

1990년	116.5명	2001년	109.0명	2012년	105.7명
1991년	112.4명	2002년	109.9명	2013년	105.3명
1992년	113.6명	2003년	108.6명	2014년	105.3명
1993년	115.3명	2004년	108.2명	2015년	105.3명
1994년	115.2명	2005년	107.8명	2016년	105.0명
1995년	113.2명	2006년	107.6명	2017년	106.3명
1996년	111.5명	2007년	106.2명	2018년	105.4명
1997년	108.2명	2008년	106.4명	2019년	105.5명
1998년	110.1명	2009년	106.4명	2020년	104.8명
1999년	109.5명	2010년	106.9명	2021년	105.1명
2000년	110.1명	2011년	105.7명	2022년	104.7명

※ 자료 출처 : 통계청 국가통계포털 데이터 재가공. 1990년 이전 자료는 없음.

었다. 남아를 선호하는 사회적 현상이 유지되었음을 알 수 있다. 2001년부터는 110명대가 깨지면서 남아 선호 현상이 서서히 감소하고 있음을 알 수 있다. 2010년도까지는 남성 106~107명대였다.

2011년도가 되어서 105명대로 진입했다. 이는 우리나라가 2010년대에 들어서서야 자연 성비로 맞춰지기 시작했다는 의미이다. 그 전인 2000년대는 비록 자연 성비보다는 남성의 비율이 높기는 했지만, 남성

우리정치 정상영업 합니다

110명대가 깨지면서 남아 선호가 눈에 뜨이게 감소 중인 기간이었다. 우리나라의 신생아 성비가 자연적인 수준으로 맞춰지는 과도기였다고 할 수 있다. 그런데 1990년대만 하더라도 우리나라는 남아 선호 사상이 여전히 강하게 잔재했음을 알 수 있다.

요즘은 아이를 낳으려고 하는 젊은 부부나, 그 젊은 부부의 부모들(양가의 부모)조차도 아들보다는 딸을 선호한다고 한다. 하지만 불과 15년 전까지 잔재해 있었던 남아 선호 사상만큼 여자아이를 낳기 위해서 애써가며 노력하는 것은 아니다. 다시 말해 여자아이면 좋다는 것이지 굳이 성별을 가리지는 않을 뿐이다. 여자아이를 낳기 위해 특별하게 별다른 노력을 하는 것은 아니기 때문이다.

Z세대 남성 이야기를 하면서 갑자기 무슨 신생아 성비를 얘기하는지 궁금할 것이다. 우리 사회는 이제 남자아이라고 특별하게 생각하거나 남자아이를 더 필요로 하는 시대가 아니라는 사실을 설명하기 위해서이다. 그만큼 우리 사회는 (최소한 유년기와 초등학생 및 중·고등학생들이 모여 있는 장소에서는) 성별에 구분을 두거나 차별을 두지 않고 있다는 의미이다. 그런데 유년기와 아동기, 청소년기에 속한 아이(학생)들을 가르치고 지도하는 사람들과 학부모들은 남아 선호가 잔재해 있던 시절에 성장했던 세대들이다. 그들은 최소한 M세대 또는 그 이전에 출생한 사람들이다.

그들 기성세대는 남아 선호, 양성 불평등 시대를 경험했고, 그 시대에 성장하고 살아왔던 사람들이기 때문에 지금 자라나는 아이들을 포함하여 Z세대들에게 '남자의 양보'와 '우리 사회가 억눌러 왔던 여성의 우월성' 등을 좀 더 강조하며 알리는 훈육을 했을 가능성이 크다. 실제로 이

점을 제기하는 Z세대 남성들이 제법 있다.

Z세대 남성들의 항변, '우리는 역(逆)차별받고 있다.'

Z세대 남성들은 이렇게 항변하고 있다.

"우리는 이미 양성평등 시대에 살고 있고, 그것이 익숙하다, 그런데 우리 사회는 남성들에게 그러한 점을 더욱 부각하기도 하면서 때로는 '남자에게는 양보'를 요구하고, '여자에게는 추가 혜택과 우선권'을 줌으로써 오히려 남자가 역차별을 겪는다."

물론 그런 주장을 하는 사람이 일부이기는 하다. 그러한 주장은 강하게 하는 곳은 남성 중심의 특정 커뮤니티에서 많이 볼 수 있다.

Z세대 남자들이 볼 때, 양성평등은 이미 이루어져 있는데도 사회와 어른들은 오히려 여자들에게 더 혜택을 주고 기대도 더 많이 하는 듯해 보일 것이다. 더불어서 아이들과 학생들을 훈육하는 부모나 교사들로서는 유전적으로 여성보다는 다소 '와일드'한 남자아이들이 더 다루기 힘들고 까다로울 수 있다. 그래서 훈육 현장에서 남자아이보다 여자아이를 더 선호할 수도 있다.

이처럼 이러저러한 경우가 누적되면서 젊은 세대, 특히 Z세대 남성들에게는 젠더 갈등이 잠재되어 있을 수도 있다. 그렇게 자라온 Z세대가 이제 성인이 되었다. Z세대 남성은 성인이 되어서도 성장기에 경험했던 것보다 더 큰 여성들의 목소리에 직면한다. 예를 들면 극단적인 페미니즘의 주장 등이다. 그것 말고도 Z세대 남성의 관점에서는 어딜 가나 여성이 더 많아 보이고, 여성이 앞서 있는 것처럼 느껴질 수 있다.

Z세대 일부 남성의 시각으로 보면 여자나 남자나 차별이 없는 상태

에서 좋은 곳, 좋은 자리는 여성들이 더 많이 차지하고 있는 것으로 보일지도 모른다.

그런데 사회에서는 여전히 '양성평등이 부족하다.', '여성에게 기회를 더 줘야 한다.', '남자들이 이해해야 한다.', '남자들은 뭐하냐?' 등의 얘기를 들어야 하는 것이 Z세대 남성들의 현실이다.

그런 와중에 정치적으로 '양성평등', '여성 우선' 등을 넘어 아예 페미니즘적인 성격을 노골적으로 보이는 정당까지 나타났다. 그중에 원내 정당도 있었다. 정의당이 그랬다.

민주당의 경우는 현재 우리나라 정당 체제에서 양당제를 유지하고 있는 거대 정당이니 Z세대 남성 일부가 지지하지 않아도 타격이 크지 않지만, 정의당처럼 군소정당은 달랐다. 군소정당은 소수일지라도 전통적인 지지층의 절대적인 지지세가 없다면 버틸 수가 없다.

정의당은 그 정체성이 노동자들의 권익이 아니라 페미니즘으로 비치면서 노동자는 물론이고 Z세대 남성을 포함해 전 연령내의 남성에게서 외면을 받게 됐다. (정의당은 Z세대 여성으로부터도 외면을 받았다.) 그리고 Z세대 남성들의 눈에 들어온 정치세력은 바로 '이준석'이었다.

젊은 남성 중심의(더 정확하게 말하자면 남성 편향 중심의) 어느 커뮤니티를 통해 진행된 이준석 의원의 '프로파간다'는 Z세대 남성들의 눈에 확 들어올 수밖에 없었다.

Z세대 남성은 보수화된 것이 아니다

2024년 12월 비상계엄과 대통령 탄핵 추진 국면에서 Z세대 여성의 적극성과 활약으로 인해, 상대적으로 Z세대 남성의 비적극성이 화제가 되기도 했다. 어느 언론에서는 그런 현상을 두고 Z세대 남성의 보수화 경향 때문이라 보도하는 편향된 해석을 내놓기도 했다.

과연 그럴까?

누차 말해온 바이지만 Z세대 남성은 보수화된 것이 아니다. 물론 일부는 그럴 수도 있다. 하지만 대체로 Z세대 남성은 중도 성향으로 봐야 한다. 한때 Z세대 남성의 다수가 보수 정당과 보수 정당 후보를 선택했다고 해서 Z세대 남성이 보수화되었다고 진단하는 것은 엉터리 해석이다.

중도 성향 유권자들은 중도 정당(후보)이 없을 땐 어쩔 수 없이 양당 가운데 하나를 선택해야 한다. 중도 성향이란 사안에 따라 진보 정당(후보)을 선택할 수도 있고, 혹은 보수 정당(후보)을 선택할 수 있는 경향을 의미한다.

진보 성향이나 보수 성향의 유권자들은 자신의 성향과 비슷한 정당만을 선택하겠지만, 중도 성향의 유권자는 그러지 않는다.

그러므로 일시적으로 보수 정당(후보)을 선택했으니 보수화되었다고 하는 해석은 잘못된 진단이다. 참고로 Z세대 남성 대부분은 2020년도까지 민주당을 선택했다.

윤석열 대통령 탄핵 찬성 집회에 Z세대 남성이 적게 참석했다고 해서 탄핵에 반대하는 것만도 아니다. 이는 여론조사에서 잘 나타난다.

2024년 12월 27일에 공개된 한국갤럽의 '데일리 오피니언 2024년 월별·연간 통합 조사 편'을 보면, 12월 통합 결과에서 대통령 평가에 대한 전체 응답은 긍정 13%, 부정 80%였지만, 18~29세 남성은 긍정 7%, 부정 83%였다.

대통령 평가에 있어 Z세대 남성은 전체 여론보다 훨씬 좋지 않게 나타났다. 30대와 40대, 50대도 비슷한 지표였다. 참고로 (같은 조사 12월 통합 결과 기준) 무당층은 긍정 7%, 부정 79%였으며 중도성향 층은 긍정 9%, 부정 85%였다. Z세대 남성의 지표는 무당층 또는 중도층과 매우 비슷하게 나타난 것이다.

같은 조사인 12월 통합 결과 중에 정당 선호에서 Z세대 남성은 민주당 25%, 국민의힘 22%라는 결과를 보였다. 오히려 민주당을 더 많이 지지하고 있었다. 참고로 Z세대 남성은 2024년 중에 대부분의 기간 국민의힘을 지지하는 경우가 더 많았는데, 12월에 그처럼 변한 것은 대통령의 비상계엄과 탄핵 추진 등의 영향이 있었기 때문이다. 그만큼 Z세대 남성들도 대통령의 비상계엄에 대해 분노하였고, 대통령 탄핵 추진에 적극적으로 동의한 것이다.

다른 대부분의 조사에서도 비슷했다. 대통령의 탄핵을 찬성하거나, 비상계엄에 대해 잘못되었다고 하거나, 윤석열 대통령의 내란 관련 조사 및 체포에 대한 긍정 의견 등을 묻는 응답에서 18~29세의 답변은 전체 응답자보다 훨씬 강하게 나타났다.

각 조사에서 성별을 나누어 공개하지 않았기에 Z세대 남성과 여성의 차이를 알 수는 없지만, Z세대 남성의 의견이 여성의 의견과 크게 다르지 않았기에 18~29세에서의 결과가 그토록 강하게 나올 수 있었을 것이다.

한마디로 Z세대 남성이나 여성이나 윤석열 대통령의 탄핵에 대하여 압도적으로 찬성하고 있으며, 우리나라와 우리 사회의 정상화를 바라는 마음은 똑같다는 의미이다.

단지 광장에서의 집회에 많이 나오지 않은 것으로 Z세대 남성이 보수화되었다거나 비상계엄과 같은 사건에 동조하고 있다는 시각은 그 근거를 어디에서도 찾아볼 수 없는 엉터리 해석인 셈이다.

과거처럼 운동권 모임이 많이 존재하지 않기에 조직화한 움직임이 없을 수밖에 없다. 더구나 Z세대의 특성이 '크루' 형식의 모임은 해도 동호회 형식은 거부한다. '크루' 모임도 정치적 의제나 광장의 집회를 주제와 목표로 하는 '크루'가 딱히 존재하는 것은 아니다.

Z세대 여성의 경우처럼 차별에 대항하기 위해 조직화할 만한 특별한 계기가 있지도 않았다. 군대 생활로 인해 그나마 존재했던, 사회생활에서의 모임이 단절되었을 수도 있다.

이처럼 이러저러한 이유로 인해 Z세대 남성의 집회 참가율이나 오프라인에서의 적극성이 상대적으로 낮아졌다고 할 수 있다. 그렇다고 해서 우리 사회가 나아가야 할 바람직한 방향에 동참하지 않는다고 할 수는 없다. Z세대 남성도 Z세대 특유의 성향대로 공정과 정의, 상식에 대하여 민감한 편이며 합리적인 선택을 하는 세대이다.

길 잃은 Z세대 남성들의 표심, 'Z세대 남성들의 국민의힘 지지는 지나간 얘기'

'표1'을 보면 비록 Z세대 중 일부만 투표권이 있었던 시기이기는 해도 2020년에 진행된 21대 총선까지 Z세대는 여성과 남성의 구분 없이 대체로 민주당(민주당 후보)을 선택하는 기류였다. 그러나 정치인 이준석이 본격적으로 정치의 중심에서 활동하던 2021년부터 Z세대 남성과 여성 간의 선택이 갈라지기 시작했다.

2022년에 진행된 20대 대선에서 Z세대 남성은 58%가 윤석열 후보를 선택했고, 34%가 이재명 후보를 선택했다. Z세대 여성은 58%가 이재명 후보를, 35%는 윤석열 후보를 선택했다.

Z세대 남성과 여성은 완전하게 정반대로 선택하는 결과를 보여주었다. 이런 결과는 정치인 이준석의 영향이었다.

Z세대 남성은 정치인 이준석을 선택했다. 정확하게 말한다면, 이준석 당시 국민의힘 대표를 따라서 여당 후보인 윤석열을 선택했다. 반면에 Z세대 여성은 완전하게 반대의 선택을 했다.

정치인 이준석의 영향으로 20대 대선에서 국민의힘 후보(윤석열)가 Z세대 남성들의 대거 지지를 얻어낼 수 있었지만, 반면 2030여성의 대부분에게서 극심한 반대를 일으키기도 했다.

단순하게 숫자로만 비교하자면 Z세대와 30대 남성 일부의 강한 지지세보다 더 많은 2030여성의 지지세를 반대편(민주당)에 넘겨주기도 한 결과였다.

이후 이준석이 국민의힘을 탈당하고 새로운 정당을 만든 다음에 진행된 22대 총선에서 Z세대 남성은 민주당 27%, 국민의힘 31%, 제3정당 18%(이준석 대표의 개혁신당에는 16.9%)의 득표율로 지지를 보였다.

대선 당시에 정치인 이준석을 따라 국민의힘 후보를 지지했던 Z세대 남성 중 절반에 가까운 수가(약 47%p 정도) 22대 총선에서는 국민의힘 지지에서 이탈한 것이다. 20대 대선에서 민주당 후보를 지지했던 Z세대 남성 중에서는 20%p 정도가 민주당 선택에서 이탈하였다. 그리고 그렇게 양당에서 이탈한 Z세대 남성은 제3당으로 쏠렸다.

'윤석열 정권 심판론'으로 진행된 22대 총선에서 Z세대 남성은 지난 대선에서 자신들이 지지한 후보(윤석열)가 속한 정당(국민의힘)에 절반 조금 넘게(약 53%p 정도) 남아있었고, 이탈한 대부분은 정치인 이준석을 따라갔으며(개혁신당의 Z세대 남성 득표율 16.9%), 일부 소수는 조국혁신당 등 다른 정당을 선택한 것으로 보인다. Z세대 남성들은 정치적으로 다시 유동층이 되었다.

Z세대 남성 중 30%(±3~4%p) 정도는 기본적으로 민주당 고정 지지
층으로 보인다.

여전히 이준석을 따르는 분포는 15~20% 정도로 볼 수 있다. 그리고
절반을 조금 넘었던 국민의힘 지지층이 어디로 갈지가 관건이다.

일단 여전히 국민의힘 지지층으로 남기는 어려워 보인다. 왜냐하면 12.3 비상계엄 사태를 통해 자신들이 지지했던 윤석열 대통령 및 국민의힘의 무능과 지리멸렬함을 너무나도 분명하게 목격했기 때문이다. Z세대는 남성이든 여성이든 무능하고 거짓을 일삼았던 정치세력을 계속 지지하는 세대가 아니다. Z세대는 남자든 여자든 기본적으로 Z세대만의 특징을 갖추었고 Z세대만의 감성을 공유한다.

개인화 세대이면서 효율성을 중시하며, 부정보다는 긍정을 우선하고, 중도적 성향을 보이는 세대이다. Z세대는 남자나 여자나 어느 하나의 정치 세력에게 충성을 보이거나 팬덤화된 모습을 보이지 않는다. 특히 Z세대 남성은 민주당 선호 현상을 뚜렷하게 보여주는 Z세대 여성보다는 상대적으로 중도적인 캐스팅-보트의 모습을 확연하게 보여주었다.

Z세대 남성이 지난 대선에서 이재명 후보를 선택하지 않았다고 해서 계속 그럴 것인지도 알 수 없다. 정치인 이준석을 따라갔지만, 이미 그 팔로잉 대열에서 이탈한 Z세대 남성이 이준석을 따라간 사람보다 더 많다. 하지만 다시 정치인 이준석을 따라갈 수도 있다.

또는 이준석을 대신하여 Z세대 남성을 이끌어갈 만한 뉴-페이스가 국민의힘에서 나타난다면 그를 따를 수도 있다.

지금으로선 민주당 지지 30% 정도 말고는 나머지 Z세대 남성 70%의 선택은 알 수가 없다. 그들의 선호는 한 달이 멀다 하고 변화할 수도 있기 때문이다.

현재의 정치적 선택에 있어서 가장 불투명하면서 선택이 어떤 곳으로 몰릴지 알 수 없는 세대가 바로 Z세대 남성들이다. 전체 유권자 중에서 Z세대 남성의 분포 비율은 2027년을 기준으로 7.1% 정도가 될 것으로 보인다. 비록 이들의 숫자가 많지는 않더라도 만약에 선거가 불과 3~5%p 정도의 차이로 승부가 갈린다면 Z세대 남성들의 표심은 중요한 변수가 될 것이다.

지난 20대 대선은 불과 0.73%p 차이로 승부가 갈렸다. 그렇게 박빙이었던 선거에서 Z세대 남성들의 선택이 얼마나 큰 위력을 발휘했는지 우리는 모두 알고 있다.

강력한 캐스팅-보트 그룹인 Z세대 남성의 선택은 앞으로도 선거에서 중요한 균형추가 될 수 있다.

제3부

M세대, 경제와 공정에
매우 민감한 세대

M세대, 캐스팅-보트가 되다

최악의 국가 경제 상태에서 사회에 첫발을 내디디다

M세대는 우리 책에서 1981~1996년에 태어난 세대이다.

M세대는 고등학교를 졸업하고 사회로 진출하기도 전에 IMF 사태의 폭풍 세례를 받았다. 이후 우리나라는 IMF 여파를 겨우 극복해서 회복하는 듯해 보였으나, M세대의 다수가 한참 20대의 나이로 진입하던 2000년대 후반에 세계 금융위기라는 또 한 번의 경제 위기가 들이닥쳤다. 10년 정도의 간격을 두고 우리나라에 밀어닥친 경제 위기는 빈부격차의 증대를 불러왔고, M세대는 그런 현실을 직접 몸으로 부딪쳐 왔다. M세대의 학령기와 청소년기, 그리고 청년기 당시는 우리나라의 국가 경제가 매우 어려운 시기였다.

그 바람에 M세대 내면에 자리 잡은 빈부격차에 대한 불만은 계속 쌓여갔고, 국가정책과 정치에 대한 부정적인 견해가 극대화되었다. 경제적 어려움으로 인해 사회문제는 더욱 심화하여 M세대의 개인주의적 성향이 더욱 강해졌다. 국가의 정책 기조는 효율성을 강조하는, 수정자본주의를 반영한 정책으로 변했으며, M세대는 이런 변화에 따른 국가정책의 격랑을 경험하며 자랐다.

M세대가 20대의 연령대로 진입하던 시기는 2000년대부터 2010년대 중반까지인데, 당시의 사회구조는 M세대를 경제적 효율성과 합리성이 강조되는 사회정책에 적응하도록 해주었다.

[보기7. M세대 일생에 일어난 주요 사건, 당시의 M세대 연령대]

년도	1997	2008	2014	2016	2020	2024
주요 사건	IMF 사태	금융위기	세월호 참사	촛불시위, 대통령 탄핵	코로나 펜대믹	비상계엄, 대통령 탄핵
M세대 연령대	2~17	13~28세	19~34세	21~36세	25~40세	29~44세

불평등·불공정을 여러 번 경험한 세대

M세대는 베이비부머 세대의 자녀인 에코 세대라고도 불린다.

부모 세대가 은퇴를 앞두게 되어 경제적인 불안정성이 가족의 시한폭탄처럼 여겨졌다. 이와 연결하여 2000년대 중반부터 강조된 노후 준비는 세대 간 갈등을 촉발하였다. 국민연금과 건강보험 등의 정책은 세대간 불균형을 안겨주었고, M세대는 국가정책에 대한 불안과 불만을 표출하기 시작했다.

우리나라는 M세대가 학령기와 청소년기에 속해있을 시기부터, 성평등과 젠더에 대한 논의가 활발하게 이루어지기 시작했고, 학교에서 본격적인 성교육이 시행되었다. 성교육은 학생들에게 성(性)과 젠더에 관한 새롭고 다양한 시각을 제공하면서 기존의 성 역할에 대한 의문을 제기하도록 만들었다.

그러한 변화는 남성과 여성 간의 역할과 권리에 대한 갈등을 촉발했고, 그 반응은 '구성애 신드롬'③으로 대표되었다. 성평등 관련 이슈는 군 가산점 문제와 같은 사회적 논란으로 확장되기도 했다. Z세대 여성과 남성 사이에서 대두되고 있는 젠더 갈등은 M세대에서부터 시작된 셈이었다.

M세대는 취업 문제에 대해서 민감한 세대이다. M세대가 성장하던 시기에 국가 경제 상황은 M세대로 하여금 경제적 안정성을 우선할 수밖에 없게끔 하였다. 그런 영향으로 인해 M세대는 대학 진학에서 취업률을 가장 중요한 기준으로 삼게 되었다.

얼마 전까지만 하더라도 신입생을 맞이하려는 대학들의 중요 홍보 포인트는 자기 학교의 졸업자 중에 취업자 비율이 얼마인지를 알리는 것이었다. 신입생이던 M세대 역시 취업이 잘 되는 학과와 전공에 몰렸다.

M세대는 경제적 불안정성 때문에 정책과 정치에 관한 관심보다는 취업과 같은 먹고사는 문제에 몰입하였다. 그러한 현상으로 인해 국가 공무원(공공기관 포함) 경쟁률이 매우 높아졌다. 20대의 연령대가 전부 M세대로 구성되었던 시기가 2010년대였는데, 그 당시에 공무원 시험의 경쟁률이 역대 가장 높았다.

우리나라에서 수능시험과 공무원 시험은 학력, 지역, 인맥 등과 상관없이 공정한 경쟁에 따라 성취가 가능한 유이한 기회였다. M세대는 공

[보기8. 20대와 30대 자녀 세대의 계층 상승 인식 조사. 서울연구원 자료]

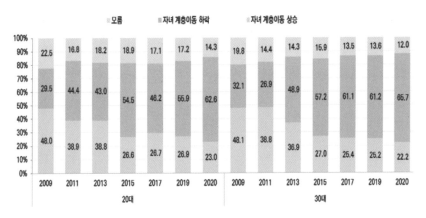

자료: 통계청, 「사회조사」; 서울연구원, 「서울 청년 불평등 인식조사」

무원(공공기관 포함) 취업을 최고의 직장이자 기회로 받아들였다.

2010년대에는 M세대의 어려운 경제 상황을 반영한 용어들이 많이 등장했다. 2011년 삼포세대*에 이어 2015년 N포세대**, 수저계급론***이라는 표현이 유행했다.

> *삼포세대: 연애, 결혼, 출산을 포기하는 세대를 뜻하는 대한민국의 신조어이다.
> **N포세대: N가지의 일들을 포기한 세대를 뜻하는 신조어이다.
> ***수저계급론: 부모가 자식을 뒷받침해 주는 경제적 능력에 따라 다이아몬드 수저, 금수저, 흙수저와 같이 다른 사회경제적 계급으로 분류될 수 있다는 생각을 뜻하는 개념이다.

이러한 현상은 우리 사회가 개인의 노동으로 부를 축적하기가 점점 어려워졌기 때문이다. 부모 세대의 자본을 이전받아 부의 세습이 이루어졌고, 부를 이용한 교육 수준, 사회경제적 지위 등이 대물림되었기 때문이다.
그러한 사회 현상으로 인해 M세대는 소득, 자산, 교육, 노동시장, 주거, 가족 형성 등의 영역에서 불평등하고 불공정하다는 인식을 더욱 쌓아가게 됐다.

정치를 불신하는 세대

M세대는 2014년 세월호 참사에서 나타난, 대통령을 비롯한 국가기관의 대처에 대해서 '국가가 국민의 생명을 지켜주지 못한다.'라는 사실에 분개하였다. 2014년이면 M세대의 연령대가 30대 중반에서부터 (고등학교를 졸업하고) 갓 사회에 진출했을 때이다. M세대 대부분이 성인이 되어 투표권을 확보했을 시기이다.

M세대는 어려운 경제 상황에 이어 정치적 불신이 쌓여가던 차에 대형 사고를 대하는 국가기관과 국가 지도층의 실망스러운 모습까지 목격하게 되었다. 이어서 2016년에 터진 최순실 게이트는 공정과 상식이라는 사회의 어젠다를 무너뜨리면서 M세대의 분노를 더욱 부채질하였다. 국정농단 사건은 사회적 문제에 대한 M세대의 능동적인 참여를 부추겼고, 광화문을 가득 채운 촛불혁명으로 이어졌다.

그렇게 촛불의 정신을 이어받은 문재인 정부는 M세대로부터 많은 기대를 받았으나, '조국 사태'는 문재인 정부 역시 불공정하다는 인식을 주면서 M세대의 큰 반발을 불러왔다. 이는 2022년 제20대 대선에서 민주당(후보)의 패배에 직접적인 영향을 끼쳤으며, 공정과 상식을 강조한 국민의힘 윤석열 대통령 후보가 당선되는 결과로 이어지게 되었다.

20대 대선 이전까지는 민주당에 압도적인 지지세를 보여주었던 M세대가 20대 대선에서 국민의힘 후보에게 더 많은 득표율을 안겨준 것이다. 20대 대선에서 보여준 M세대의 변화는 어찌 보면 민주당 후보보다는 문재인 정부에 대한 반감이 만든 결과라고 할 수 있었다. 그런데 정권을 바꾸어 놓았더니 윤석열 정부는 한술 더 떴다.

무능한 것은 차치하더라도, 자신들이 강조한 공정과 정의를 스스로 무너뜨리는 모습을 보였기 때문이다. M세대의 관점에서는 정권을 잡는 세력마다 공정과 정의에 부합하지 않는 모습만 계속 보여주게 되는 셈이었다. 정치를 불신할 수밖에 없는 상황이 계속되었다고 할 수 있다.

M세대의 높아진 정치 관심, 이유는 '심판'

M세대는 저마다 개인의 경제적 어려움과 정치권에 대한 불신이 중첩되어, 2007년 17대 대선에서 51%의 투표율을 보인 이후 2008년 18대

총선에서 33%, 2012년 19대 총선에서는 42%라는 낮은 투표율을 계속 보여주었다.

정치권에서는 한때 90년대 운동권 세대들을 영입했던 것처럼, M세대의 정치 불신을 타파하기 위해 M세대 청년 정치인을 앞세우기 시작했다. 이로 인하여 이준석, 박지현과 같은 청년 정치인이 등장하는 계기가 되었다.

청년 정치인의 등장은 자신과 비슷한 세대의 정치인이 자신들을 대변해 주길 바라고, 정치문화를 바꿔 달라고 요구하는 M세대를 비롯한 청년세대의 요구에 부응하기 위한 정치권의 선택이었다. 하지만 정치권은 청년 정치인에게 기대치를 충족시킬 정도로 많은 기회를 주지 않았다.

정치권이 행했던 청년 정치인의 입문은 보여주기식 이벤트에 그쳤다. 청년 정치인의 유입이 세대교체 등과 같은 노력으로 자연스럽게 이어지지 않았다. 게다가 일부 청년 정치인의 여러 구설수는 다른 청년 정치인의 유입을 어렵게 하는 요인이 되기도 하였다.

그러한 영향은 거대양당에 대한 불신으로 이어졌다. M세대는 2024년 22대 총선에서 (비례선거 기준) 민주당 34%, 국민의힘 25%, 제3당 24%씩 득표율을 나누어 주었다. M세대는 양당에 치우치지 않도록 대안 정치 세력에 투표하는 양상을 보였다. 거대양당을 언제든 떠날 수 있다는 점을 보여준 것이다.

현재 M세대는 캐스팅-보트가 되었다.

2026년은 M세대의 막내 격인 1996년생이 30세가 되므로 M세대 전부가 30대 이상이 되는 시기이다. 30대가 되면 대부분이 직장생활을 경험한다. 결혼과 가족에 대해 본인의 견해를 결정하는 시기이기도 하다. 올라가는 소득에 따라 세금을 내고, 가정을 꾸리기 시작할 때이다.

다양한 사회활동은 국가정책에 관한 관심이 더 높아지게 만든다. 정책의 방향에 따라 내 삶에까지 영향을 미친다는 것을 경험하게 된다. 이러한 관점은 M세대가 경험했던 불평등·불공정한 사회(정권)를 직접 심판하고, 정치와 정책에 대한 견해를 적극적인 투표를 통해 표현하게끔 만든다.

실제로 M세대는 투표를 통해 집권 세력을 심판할 수 있고, 정치권이 자신들의 말에 귀를 기울일 수 있다는 점을 확인해 가고 있다. 2020년도까지는 X세대를 능가할 정도로 민주당을 지지하는 경향이 강했던 M세대가 2022년 20대 대선에서 국민의힘 후보에게 민주당 후보보다 더 높은 득표율을 안겨주었다.

공정할 줄 알았던 문재인 정부에 대한 실망감을 투표로 보여준 것이었다. 또한 경제적 상황에 민감한 M세대는 문재인 정부의 부동산 정책 실패 등에 대한 반감을 직접 표현한 것이다.

그렇게 해서 정권을 잡게 해주었던 윤석열 정부인데, 윤석열 정부는 아예 공정 자체를 무너뜨려 버렸다. 그래서 M세대는 2024년 22대 총선에서는 '정권 심판론'으로 쏠릴 수밖에 없었다.

'캐스팅-보트'로 작용하고 있는 M세대

역대 선거에서 M세대의 경향을 보면 몇 가지 특징이 나타난다('표1' 참조).

먼저 한껏 높아진 정치에 관한 관심이다.

어떠한 세대이든 연령대가 높아지면 투표율도 올라간다. M세대도 마찬가지이다. 그럼에도 M세대의 투표율 상승은 선배 세대인 X세대보다 더 빨리 올라가는 추세를 보인다.

X세대와 연령대 차이가 대략 10년 정도임에도 X세대의 투표율 상승 못지않게 M세대의 투표율도 상승하고 있다.

M세대가 선거 때마다 특이한 점을 보이는 또 하나는 캐스팅-보트로 변했다는 것이다. 2020년도까지 M세대는 X세대보다 더 확실하게 '민주당 지지, 국민의힘 반대' 성향을 보였다.

2017년 19대 대선에서 국민의힘 계열 정당의 후보에게는 5%에도 미치지 못하는 득표율을 안겨주었을 정도였다.

그런데 20대 대선에서는 국민의힘 윤석열 후보(47%)에게 민주당 이재명 후보(45%)보다 더 높은 득표율을 안겨주었다. 그야말로 대이변이 생긴 것이다. 흔히 우리가 20대 대선은 Z세대 남성의 선택이 승부를 갈랐다고 하지만, 실상은 M세대의 변심이 더 결정적이었다고 해야 한다.

아마도 그런 결과의 내면에는 M세대 여성과 남성 간의 큰 차이가 존재할 것으로 추정된다. Z세대가 그러했듯이 M세대도 비슷한 양상이었을 것으로 보인다. 어쨌든 20대 대선에서 M세대의 변심은 대단했다. 그런데 불과 2년 후인 2024년 22대 총선에서는 또 다른 결과를 보여줬다.

국민의힘 계열 정당에(비례선거 기준) 25%의 득표율을 안겨주며 지지세가 대폭 낮아졌다. 그렇다고 해서 원래대로 민주당 지지로 돌아간 것도 아니다. 제3당(조국혁신당 + 개혁신당)에 24%의 득표율을 안겨주었는데, 그중에 상당수가 조국혁신당을 선택한 것이었다. 그리고 민주당에는 34%의 득표율을 안겨주었다.

22대 총선에서 보인 M세대의 선택은 잘 분석해 봐야 한다.

일명 '조국 사태' 당시 가장 많은 불만을 표출했던 세대 중의 하나가 M세대였다. 그런데 '조국 사태'의 당사자인 조국 전 대표가 만든 정당에 M세대는 꽤 많은 득표율을 안겨주었다.

왜 그랬을까? 양당에 대한 반감이 작용했던 것과 더불어, 20대 대선 당시 국민의힘 후보를 지지했던 일부가 차마 민주당으로 다시 돌아가기 힘들었기에 경유지처럼 선택한 것으로 볼 수도 있다.

또한 M세대 중에서도 연령대가 가장 높은 측에 드는 일부는 X세대와 공감하는 지점이 비슷했을 수도 있다.

22대 총선에서 M세대는 비록 20대 대선 당시의 득표율보다는 낮지만, 민주당에 가장 높은 득표율을 안겨주었다. 그런 결과는 민주당에 절대적인 지지 의사를 지속해서 보여주고 있는 30대 여성의 영향력 때문으로 추정된다. 2025년 현재 2030여성들은 가장 강력한 민주당 지지층으로 존재하고 있기 때문이다.

국민의힘을 지지한 약 25% 정도의 M세대는 주로 남성들일 것으로 보이며 20대 대선에 이어 계속해서 국민의힘을 지지하는 계층으로 보인다. 아마도 2030여성과 심각한 젠더 갈등을 겪는 사람들로 보인다. 일부는 보수화되었을 것이고, 일부는 민주당에 대한 반발을 아직 거두지 않은 사람도 있어 보인다. 또한 윤석열 정부가 청년층을 향한 나름의 노력에 대한 성과로도 볼 수 있다.

20대 대선에서 국민의힘 후보를 지지했던 M세대 중에 절반 가까이가 22대 총선에서 이탈하였다. 민주당을 지지했던 M세대 중에는 4분의 1 정도가 이탈하였다. 국민의힘 지지에서 이탈한 일부는 개혁신당으로 이동하였으나 3분의 2 정도는 조국혁신당으로 갔을 것으로 보인다. 민주당 지지에서 이탈한 대부분은 조국혁신당으로 이동했을 것으로 보인다.

민주당으로서 그나마 다행인 것은, 국민의힘을 지지했던 상당수의 M세대가 국민의힘 지지를 거두기 시작했다는 점이다. 하지만 민주당으로 돌아오지는 않았다. 추후라도 민주당으로 돌아올 것이라는 보장이 없고, 딱히 그럴 가능성이 있는 것 같지도 않다.

국민의힘으로서는 20대 대선 당시에 보였던 M세대의 지지세가 대거 이탈한 것을 심각하게 받아들여야 한다.

이러한 추세라면 2020년도 이전의 수준으로 추가 하락이 우려된다. 국민의힘은 M세대의 지지세 없이 치를 경우, 차기 대선은 해보나 마나이다. 그야말로 초비상이 걸린 셈이다.

그나마 민주당은 기대해 볼 만한 사안이 있다. 2025년 1월을 기준으로 M세대는 30대 전부와 40대 절반 정도의 인구에 속해있다. 각종 여론조사마다 민주당을 가장 많이 지지하고 있는 연령대가 40대인데 30대 역시 40대 못지않게 민주당에 높은 지지율을 보여주고 있다.

이는 M세대 여성의 민주당 지지세만으로는 가능한 추세가 아니다. 말하자면 M세대 남성들도 상당수가 민주당 지지로 돌아가고 있음을 알려주는 것이다.

실제로 한국갤럽의 정례 조사에서 2024년 12월 통합 결과를 참조해보면 30대 남성의 민주당 지지율은 27%, 국민의힘 지지율은 26%, 개혁신당은 8%, 조국혁신당은 5%였다. 30대 여성은 민주당 36%, 국민의힘 18%, 조국혁신당은 5%였다. 같은 조사에서 18~29세 남성은 여전히 국민의힘 지지율이 민주당보다 높았지만, 30대는 다시 변하고 있음을 보여주었다. M세대 남성에서 민주당 지지세가 상승하는 것이다.

국민의힘을 지지했던 M세대는 선호 정당을 빠르게 다시 재정리하고 있다. 공정과 경제에 매우 민감한 M세대 특유의 성향이 반영된 것이다. M세대 하나만 본다면 민주당과 국민의힘, 개혁신당 등 모두에게 기회가 열려있기도 하고, 모두에게 위기이기도 한 상황이다.

정치에 무관심했던 M세대가 정치를 다시 보기 시작했고, 점점 더 높은 관심과 참여도를 보여주고 있다. 일방적이다 싶을 정도로 민주당을 지지했으나 불과 2년 만에 국민의힘을 더 많이 선택했고, 또다시 2년 만에 변했다. 조국 사태에 크게 실망했던 세대이지만, 2024년에 조국혁신당을 선택한 이가 적지 않다.

1980년대 초반에 출생한 M세대는 X세대와 비슷하지만, 1990년대 초중반에 출생한 사람들은 Z세대와 더 가깝다.

여성과 남성 간 갈등의 시작을 알린 세대이지만, Z세대와 비교하면 지금은 잠잠해 보인다. 공정에 민감하지만, 경제적 부분 역시 M세대의 의식에 깊게 박혀있는 중요한 사안이다.

에코 세대, 88만 원 세대, 밀레니얼 세대, 모바일 세대, N세대, N포세대, Y세대 등 불리는 명칭도 많다. 그만큼 다양한 특색이 있지만, 역설적으로 어느 하나로 귀결될 강렬한 특징이 없는 세대라고도 할 수 있다.

M세대는 2020년대에 진행된 선거에서 (2년 주기로) 매번 다른 선택을 해왔다. 그리고 그러한 M세대의 선택에 따라 선거의 향방(승부)이 판가름 났다. 2020년대에 진행된 모든 선거는 M세대의 선택에 따라 승부가 갈렸다고 해도 지나친 말이 아니다. 2025년 현재의 M세대는 캐스팅-보트로서 승부의 향방을 정해주는 세대가 되었다.

제4부

X세대, 문화 향유 1세대

X세대, 뿌리 깊은 반(反)국힘(한나라당) 정서

사회 구조가 새로 정립되던
1990년대에 청년 시절 보낸 신인류

    1970년부터 1980년 사이에 태어난 X세대는 1980년대에 초·중·고교 시절을 보내며 군사정권 하에서의 질서를 경험했고 1990년대에 스무 살의 나이로 진입했다.

    대한민국 사회에서 1990년대는 의미가 매우 크다.

    정치적으로 보면 30여 년 만에 문민정부가 탄생했다. 1990년대 후반에는 대한민국 정치 역사에서 첫 번째 정권교체가 있었다. X세대의 모두가 스무 살이 넘었을 때인 2000년도에는 역사적인 첫 번째 남북 성상회담이 있었다. 그만큼 90년대는 정치적 격변이 심했고, 민주주의가 안착하는 시기였다.

    1990년대 경제 관련 내용을 보자. 대한민국이라는 나라가 개도국으로서 완전하게 안착했고, 선진국 진입을 앞두고 있던 시기였다. 한국이 OECD에 가입한 해가 1996년이었다. 한국 경제는 80년대 말부터 시작된 버블경제가 이어지다가 1990년대 말에는 IMF 사태라는 초유의 경제 시련기를 겪기도 했다.

    1990년대는 문화의 황금기라고 불릴 정도로 문화 분야 대부분에서 큰 발전이 있었다. 사회 분위기는 군사정권과 관치 중심의 사회가 시민과 민간 중심으로 이동했다.

유난히 굵직한 사건·사고가 많았던 시기이기도 했다. 1994년에는 성수대교가 1995년에는 삼풍백화점이 무너졌고, 같은 해에 김일성이 사망하였으며, 북핵 위기가 처음으로 시작된 해이기도 했다.

수천 년 이어오던 남성우월주의 사회가 1990년대부터 양성 평등화의 사회로 변하기 시작하였다. 의미가 퇴색된 동성동본 금혼제도는 1997년에 폐지되었으며, 2000년대 호주제 폐지의 정당성이 사회적으로 인식되던 시기가 90년대였다.

이처럼 1990년대는 구체제 질서에서 새로운 질서로 구조적인 완료가 이루어지는 시점이었다. 기존 질서에서 바뀌어야 한다는 인식이 강하게 태동했다. 그런 시기에 20대 나이로 진입하여 변화하는 사회 분위기를 직접 체험했고, 때로는 사회에 새로운 질서를 능동적으로 만들어 갔던 세대가 바로 X세대였다.

그런 영향으로 X세대는 다양한 가치관을 갖추었으며, 후진국 개념에서 벗어난 선진적인 문화 의식을 보유했고, 자본주의 체제에 철저하게 적응했다. 그럴 수 있었던 결정적인 요인을 찾아보면 높아진 대학 진학률 덕분이었다.

X세대의 높은 대학 진학률, 그리고 X세대의 트라우마 'IMF'

통계청 자료에 따르면 1990년도에 33.2%에 불과했던 대학 진학률이 1995년 51.4%, 2000년 68%로 급상승하였다. 1980년대까지만 해도 겨우 30% 정도였으나 1990년대 중반에는 절반 이상으로 높아졌다. 세대 인구의 절반 이상이 고등교육을 넘어 대학 교육을 받음으로써 문화 수준과 의식이 높아질 수밖에 없었다. 대학에 진학하지 않은 사람들도 있었지만, 대학을 진학한 친구들을 통해 문화 의식은 동반 상승할 수 있었다.

높은 대학 진학률은 X세대에게 많은 것을 부여해 주었다. 자본주의 체제, 민주주의 의식, 양성평등과 여성의 적극적인 사회참여, 문화사업의 발전 등 대부분의 사회 분야에서 변화를 자연스럽게 받아들일 수 있었다. 무엇보다 사회질서를 위한 문화 의식의 발전에 큰 영향을 끼쳤다.

그런 높은 의식 수준을 보여준 대표적인 사례가 바로 2002년 월드컵이었다. 1988년 서울올림픽에서는 볼 수 없었던 엄청난 수준의 문화 의식을 보여주었다. 당시 월드컵에서 광장에 모인 백여만의 인파는 X세대가 주도했으며, 질서정연한 모습으로 국내는 물론이고 해외에도 큰 인상을 남겨주었다.

2002년 월드컵 당시 광장에서 보여준 엄청난 에너지와 선진적인 문화 수준을 주도했던 세력은 X세대였다. 2002년도에 X세대는 세대 구성원 모두가 20대에 진입했으며 일부는 30대 초반이었다.

2002년 7월 22일 한국갤럽에서 조사한 자료에 따르면('한국인이 보고, 참여한 월드컵' 종합 편 조사 결과) 13세부터 20대까지 응답자의 70% 이상이 거리 응원을 했다고 한다. X세대가 거리 응원을 주도했음을 알 수 있는 자료이다.

X세대가 주도했던 2002년 월드컵의 축제 분위기는 우리 사회에 많은 것을 남겼다. '꿈은 이루어진다.'라는 슬로건은 힘든 IMF 시절을 극복했음을 전 세계에 알려주었다. 우리나라가 선진국으로 진입했고, 또한 우리 사회가 선진사회로 진입했음을 알리는 상징과 같은 메시지였다.

IMF 외환위기에 대한 트라우마는 당시 20대의 나이였던 X세대에게 엄청난 사건이었다. X세대에게 IMF 체제는 '구체제(보수적인 체제)로는 우리가 버틸 수 없고, 그들(기득권 정치)을 믿을 수가 없다.'라는 공통의 경험과 인식을 하게 된 중요한 사건이었다.

그런 가운데 2002년 월드컵은 X세대에게 '우리가 직접 나서면 가능하다.'라는 자신감을 불어넣을 수 있는 계기가 되어주었다. 문화 황금기인 1990년대를 보냈지만, 힘들었던 IMF를 건너오며 눌려왔던 X세대의 에너지를 2002년 월드컵을 통해 힘껏 외칠 수 있었다.

2002년 월드컵의 폭발력과 2002년 대선에서의 에너지가 20년을 이어오다

2002년 월드컵에서 보여준 폭발력은 그 5개월 뒤에 진행된 16대 대선으로 이어졌다.

2000년도 16대 총선 당시 38.6%에 불과했던 X세대의 투표율은 2년 후인 2002년 16대 대선에서는 56.5%의 투표율을 보이며 급격하게 높아졌다. 그리고 당시 X세대(20대)는 62.1%가 노무현 후보를 선택했다('표1' 참조). X세대 일부가 포함된 30대는 59.3%가 노무현 후보를 선택했다.

16대 대선 당시 '노풍'의 진원지가 바로 2030이었다. 실제로 당시 '노사모'는 2030세대가 주축이었다.

여기까지만 해도 X세대가 지금처럼 절대적인 '반국힘' 성향은 아니었다. X세대가 반국힘, 반보수 성향을 더욱 공고하게 구축하게 된 상징적인 사건은 노무현 대통령 탄핵이었다.

국민이 뽑은 대통령을 국회에서, 특히 보수 정당이 주도한 탄핵에 대한 반감이었다. 임기 말에 국회의원들이 국민의 의중은 묻지도 않은 채 자신들의 정치적 유불리만 생각하며 일방적으로 밀어붙인 탄핵을 X세대는 납득하며 받아들일 수가 없었다.

이미 세상은 21세기에 접어들었고 1990년대부터 새로운 질서가 잡혀가고 있었지만, '기득권 보수 정치는 여전히 구체제에 머물고 있으며 새로운 질서를 거부하는 구태'라는 인식을 X세대에게 아주 확실하게 심어준 사건이었다.

세상은 '변화, 발전, 진보'를 향해 가는데 기존 정치권과 기득권 정당들은 여전히 '지금 이대로'를 추구하는 데 대하여 X세대는 강렬하게 거부한 것이다. 그리고 이러한 정치 성향과 정치적 선택은 20년이 지나도 변하지 않고 있다.

X세대는 시대와 사회의 변화에 스스로를 주체로 삼으며 변화를 거부하지 않았다. 그러한 과정에서 X세대가 정치적으로 선택한 것은 노무현 전 대통령의 유산이 남아있는 민주당이었다.

X세대의 정치 성향이 '진보적'이라서가 아니다. X세대는 수구적 형태를 벗어나지 않는 정치세력에 대한 반감을 유지하고 있을 뿐이다. '반국힘', 이것이 X세대의 성향이지, '진보'가 X세대의 정체성은 아니라는 말이다.

X세대는 '진보 성향'이 아니라 '반(反)국힘' 경향

한국행정연구원이 우리 사회의 사회 통합 수준을 정량적으로 측정하고자 매년 실시하는 사회 통합 실태조사를 참고해 보면, X세대는 그리 '진보적'이지 않다.

2023년 사회 통합 실태조사(2024년 1월 발표)를 보면 ('보기9' 참조) 잘 알 수 있다. 2023년 기준으로 X세대는 만 43세에서 만 53세이다. 40대 인구 가운데 70%가량, 50대 인구 중 40%가량이 X세대이다.

40대는 중도성향이 53.5%로 가장 많으며, 진보라고 응답한 비율은 27.5%, 보수는 19.0%이다. 50대는 중도성향이 46.8%, 진보는 21.1%, 보수는 32.1%라고 응답했다.

진보 성향만 본다면 2030 연령대보다 약하다. 중도성향은 2030 연령대와 비슷하게 50%대를 보인다. 실용적인 세대로 알려진 MZ세대는 중도성향이 강한 편인데, 40대도 만만치 않다는 점을 보여준다.

아마도 50대 연령대 중에서 중도라고 답한 이들은 X세대가 다수를 점하고 있을 것으로 추정된다.

[보기9. 2023 사회 통합 실태조사 내용 중. 한국행정연구원]

21. 이념적 성향

단위 : %

구　　　　　　분	매우 보수적	다소 보수적	중도적	다소 진보적	매우 진보적
2 0 2 2 년	4.7	23.4	48.7	21.1	2.2
2 0 2 3 년	4.8	25.1	46.7	21.0	2.4
동 · 읍 면 부					
도 시 (동 부)	4.7	24.9	46.9	21.5	2.0
농 어 촌 (읍 면 부)	4.9	26.3	46.1	18.7	4.0
성　　　　별					
남　　　　자	5.4	25.6	43.3	23.3	2.4
여　　　　자	4.1	24.6	50.1	18.8	2.4
연　　　령					
1 9 ~ 2 9 세	1.0	7.4	56.9	30.7	3.9
3 0 ~ 3 9 세	0.6	10.9	54.6	31.5	2.4
4 0 ~ 4 9 세	1.1	17.9	53.5	24.9	2.6
5 0 ~ 5 9 세	3.0	29.1	46.8	19.1	2.0
6 0 세 이 상	11.7	41.9	34.2	10.4	1.8
6 5 세 이 상	14.6	43.8	31.3	8.4	1.9

우리정치 정상영업 합니다

X세대는 후배 세대 못지않게 실용적이고 어느 특정 이념에 치우치지 않은 세대이다.

X세대가 온전하게 40대일 당시의 조사였던 2020년 사회 통합 실태조사를 보더라도('보기10' 참조) '중도'라고 응답한 비율이 50%가 넘는 세대는 X세대인 40대와 2030 연령대였다. 86세대와 산업화 세대에서 중도 응답 비율은 40%대와 30%대로 떨어진다. 진보 성향을 살펴보면 86세대인 50대 이상의 연령대보다는 높은 편이지만, 이 역시 2030 연령대보다는 낮은 비율이다.

X세대도 나이를 먹으면서 보수 성향이 많아지고, 진보 성향은 적어지고 있다. 다만 선배 세대인 86세대와 산업화 세대만큼 보수화의 속도가 빠르지 않다는 점을 엿볼 수 있다. 그러면서 여전히 중도성향이 두텁게 형성되어 있다.

[보기10. 2020 사회 통합 실태조사 내용 중. 한국행정연구원]

25. 이념적 성향

단위 : %

구 분	매우 보수적	다소 보수적	중도적	다소 진보적	매우 진보적
2 0 1 9 년 (Ⅰ)	3.8	20.9	47.2	24.9	3.1
2 0 2 0 년 (Ⅰ)	1.8	18.8	50.3	26.3	3.0
2 0 2 0 년 (Ⅱ)	3.6	22.1	47.6	24.0	2.8
동 · 읍 면 부					
도 시 (동 부)	3.2	21.2	48.2	24.6	2.7
농 어 촌 (읍 면 부)	5.2	26.1	44.6	20.8	3.2
성 별					
남 자	3.2	22.1	46.4	25.0	3.3
여 자	4.0	22.0	48.7	23.0	2.3
연 령					
1 9 ～ 2 9 세	0.4	5.3	57.8	32.4	4.1
3 0 ～ 3 9 세	0.8	7.4	53.6	35.8	2.5
4 0 ～ 4 9 세	1.2	15.5	51.7	28.9	2.7
5 0 ～ 5 9 세	1.8	27.2	48.1	19.9	3.1
6 0 세 이 상	9.8	40.9	35.0	12.0	2.2
6 5 세 이 상	12.8	43.9	31.6	9.5	2.2

연령별 선호를 나타내는 다른 각종 조사를 보면 대체로 X세대의 응답은 50대와 30대의 선택 사이에 걸쳐있다. X세대 역시 사회적으로 '연령효과'가 어느 정도 나타나고 있는 셈이다. 단지 정치적 선택에서만큼은 조금 다르게 나타나고 있다.

X세대는 MZ세대와 비슷하게 대체로 실용적인 중도성향이 두텁게 형성되어 있다. 하지만 정당 선호에서는 확연하게 차이를 보이며 민주당을 선택하고 있다. 국민의힘을 지지하는 비율은 매우 낮다.

한국갤럽 정례 조사(2024년 6월 통합 조사)인 '보기11'을 참고하면, 연령별/성별 인구에서 40대 남성은 18~29세 남성 다음으로 국민의힘을 가장 적게 지지(20%)하고 있다. 30대 남성보다 낮은 수치이다.

[보기11. 한국갤럽 데일리 오피니언 제588호 2024년 6월 4주 내용 중. 한국갤럽]

2024년 6월(2~4주) 통합	조사완료 사례수 (명)	가중적용 사례수 (명)	정당 지지도 (현재 지지하는 정당)									
			더불어민주당	국민의힘	조국혁신당	개혁신당	진보당	기본소득당	사회민주당	새로운미래	이외정당	무당층 無黨層
전체	3,004	3,004	29%	31%	10%	4%	1%	0%	0%	1%	1%	23%
지역별 서울	519	561	27%	31%	8%	7%	0%			0%	2%	25%
인천/경기	977	960	33%	27%	10%	3%	1%		0%	1%	1%	24%
강원	99	91	27%	29%	13%	2%	1%	1%	1%	1%	1%	24%
대전/세종/충청	323	322	29%	30%	8%	6%	2%		0%	1%	2%	23%
광주/전라	294	292	49%	12%	19%	4%	3%	0%		0%		13%
대구/경북	303	291	12%	52%	6%	2%	0%			1%	3%	24%
부산/울산/경남	445	449	22%	40%	10%	3%	1%	0%	0%	1%	0%	22%
제주	44	38	-	-	-	-	-	-	-	-	-	-
성별 남성	1,573	1,488	28%	31%	11%	6%	1%		0%	0%	1%	22%
여성	1,431	1,516	30%	31%	9%	2%	1%	0%	0%	1%	2%	23%
연령별 18~29세	483	484	30%	16%	4%	8%	1%	0%	0%	0%	2%	39%
30대	455	447	29%	23%	8%	6%	1%			2%	0%	31%
40대	509	537	37%	20%	14%	4%	2%		0%	1%	1%	22%
50대	602	589	34%	26%	18%	3%	1%	1%	0%	1%	1%	15%
60대	513	518	23%	48%	9%	3%	1%	0%		0%	1%	14%
70대 이상	442	430	19%	57%	3%	1%	1%		0%		2%	17%
성/연령별 남성 18~29세	257	252	23%	22%	4%	12%	1%	0%			2%	36%
남성 30대	253	232	26%	27%	6%	11%	1%			0%	0%	27%
남성 40대	270	273	40%	19%	13%	5%	1%	1%		0%		21%
남성 50대	328	297	33%	25%	22%	4%	1%	0%			1%	12%
남성 60대	269	255	23%	41%	12%	4%	1%	0%			1%	18%
남성 70대 이상	196	179	17%	59%	3%	2%	0%				2%	17%
여성 18~29세	226	231	37%	10%	4%	3%	2%		0%	0%	2%	42%
여성 30대	202	214	32%	19%	9%	1%	1%	1%		4%	0%	34%
여성 40대	239	264	35%	20%	16%	2%	2%		0%	1%	2%	22%
여성 50대	274	292	35%	26%	14%	3%	1%	0%	0%	2%	0%	19%
여성 60대	244	263	24%	54%	7%	1%	1%			1%	0%	10%
여성 70대 이상	246	251	20%	56%	3%	1%			0%		3%	17%

40대 여성 역시 국민의힘 지지율이 20%로 이는 18~29세와 30대 여성 다음으로 낮은 수치인데 30대 여성의 국민의힘 지지율이 19%이므로 30대 여성과 큰 차이가 없는 편이다.

반면 민주당 지지 여부를 보면 남성 중에는 40대 남성이 가장 높은 비율로 민주당을 지지하고 있으며(40%), 여성 중에는 40대 여성이 18~29세 여성 다음으로 높은 35%가 민주당을 지지하고 있다.

1990년대부터 함께 특정한 시간을 동반하며 보내온 X세대들의 매우 특별한 경험이 그러한 정치 성향을 보여준 것이다. 실용적인 선택을 하는 첫 번째 세대인 X세대는 진보 성향은 아니지만, 정치적 선택만큼은 매우 견고하게 '반 국힘' 정서가 형성되어 있다. 그러한 경향은 20년이 넘도록 바뀌지 않고 있다.

20대 대선의 승부를 가른 결정적인 원인, X세대의 투표율과 득표율

X세대는 20년 넘게 정치와 선거에서 '반국힘' 성향을 보여 왔다. 동시에 분명하게 할 부분이 있다. X세대가 '반국힘' 성향인 것은 확실하지만, 그렇다고 '친민주당' 성향이라고 할 수는 없다.

앞서 언급했듯이, 주요 선거에서 존재감이 확실한 제3당(후보)이 존재했을 경우, X세대는 민주당과 제3당을 나눠서 선택했다. 그러면서도 국힘 계열 정당은 철저하게 외면하고 있음을 보여준다.

최근 10년 동안에 선거들을 보면, 제3당(후보)에게 X세대는 최소한 20%의 득표율을 안겨주었다. 가장 최근 선거인 22대 총선에서는 제3당인 조국혁신당에 39%나 되는 득표율을 안기기도 했다.

이는 민주당(34%)보다 더 높은 득표율이었다. X세대는 강력한 제3당(후보)이 존재하는 선거라면 국힘 계열 정당에 대체로 10%대의 득표율(최고 19%)을 안기면서 더 확실한 '반(反)국힘' 경향을 보여주었다.

다만, 제3당(후보)이 존재하지 않았던 양자 구도에서는 국힘 계열 정당(후보)에 20%대의 득표율을 안겨주었고, 민주당에는 60%를 초과하는 모습(최고 71.1%대)을 보여주었다.

특이한 점은 2022년 20대 대선에서 보여준 X세대의 선택이다. X세대가 국힘 후보에게 35%가 넘는 득표율을 안겨주었다. 2007년 대선 이후 국힘 계열 정당(후보)에 안겨준 득표율 중에 가장 높은 수치였다.

20대 대선에서 민주당 후보에게는 60.5%의 득표율을 안겨주었는데, 20대 대선이 있기 2년 전인 2020년 21대 총선과 비교하면 5%p나 낮은 수치이다.

20대 대선 당시 전체 투표율은 77.1%였고 당시에 X세대의 투표율은 75%에 그쳤다. 전체 투표율보다 약 2%p 정도 낮았다. 2022년 당시 X세대의 연령대가 40대 초반부터 50대 초반으로 형성되어 있음을 고려하면 20대 대선에서 X세대의 투표율은 낮은 편이었다.

연령대를 고려한다면 X세대는 20대 대선에서 80%에 가까운 투표율이 나와야 했다. 또한 20대 대선에서 X세대는 국힘 후보에게 과거와 비교하면 높은 득표율을 안겨주었고, 민주당 후보에게는 상대적으로 낮은 득표율을 안겨주었다. 민주당 후보에게 최소한 65% 이상의 득표율을 안겨주었어야 했고, 국힘 후보에게는 30% 미만의 득표율이 나와야 했지만, 결과는 그렇지 않았다.

문재인 정부에 대한 심판이란 대선의 성격도 X세대에게 어느 정도 영향을 준 것으로 보인다. 20대 대선 당시는 X세대가 40대 초반에서 50대 초반에 연령대였는데, 20대 대선은 문재인 정부의 부동산 정책에 대한 반발이 매우 심했으며, 그 중심에는 4050연령대가 있었다. 또한 20대 대선은 일명 '비호감' 대선이라 불리며 양대 정당의 후보들에 대한 비호감이 매우 높았다. 그러한 몇 가지 요소로 인해 X세대의 투표 참여와 후보 선택에 영향을 미쳤을 것으로 보인다.

　　인구수가 많은 X세대의 투표율이 애당초 예상했던 만큼 5%p 정도 높았고, 5%p 정도의 득표율이 평소만큼 민주당 후보에게 더해졌다면, 20대 대선의 결과는 완전하게 달라졌을 것이다. 20대 대선은 0.73%p(24만 7천여 표) 차이로 승부가 갈렸기 때문이다.

　　X세대의 적극적이지 않은 투표 참여와 예상보다 낮은 X세대의 민주당 후보 득표율, 그리고 예상을 뛰어넘은 X세대의 국민의힘 후보 득표율이 20대 대선에서 승부를 가른 것이다.

　　X세대는 2012년 18대 대선만 하더라도, 전형적인 구체제의 모습을 보인 MB 정부와 박근혜 후보에 대한 강한 반감으로 인해 당시 민주당 문재인 후보에게 71%가 넘는 득표율을 안겨주었다.

　　2012년 18대 대선은 전형적인 양자 구도였기에 '반국힘=반한나라당' 후보에게 표가 몰렸다. 국힘 계열 정당에 대한 반감이 극도로 고조되었던 시기이었기에 그럴 수가 있었다. 그리고 대통령 탄핵 후에 진행된 2017년 19대 대선에서 같은 문재인 후보에게 X세대는 약 54%의 득표율만 안겨주었고, 제3당 후보에게 20% 정도의 득표율을 할애해 주었다. 합쳐서 74%가 넘는다.

　　2017년 19대 대선 5년 후인 2022년 20대 대선에서는 보수 정당(국힘) 후보에게 2007년 이후 가장 높은 득표율(약 35%)을 안겨주었다. 민주당 후보에게는 약 60%의 득표율을 안겨주었다. 이는 다자구도였던 19대 대선 당시 민주당 후보에게 안겨준 득표율에서 불과 약 6%p 정도만 상승한 수치였다.

X세대는 '민주당 성향' 또는 '진보적'이라고 단정할 수 없으며, 그저 '반(反)국힘 성향'일 뿐임을 잘 설명해 준 사례이다. 다시 말해서 X세대는 마냥 민주당만을 선택하는 세대가 아니다.

그렇다고 국민의힘 계열 정당(후보)을 쉽게 선택하지는 않겠지만, 민주당(민주당 후보)이 마음에 들지 않거나 잘하지 못할 때는, 이에 대응하여 보여줄 수 있는 카드가 아주 없는 것만도 아니다.

상황에 따라 제3의 후보(정당)를 선택할 수도 있고, 투표를 포기할 수도 있으며, 일시적이나마 국민의힘 계열 정당(후보)을 선택할 수도 있다. 그런 사례를 잘 보여준 경우가 20대 총선(제3당 다수 선택)과 19대 대선(제3당 다수 선택), 20대 대선(국힘 후보 선택 비율 높아짐), 22대 총선(제3당 가장 많은 선택) 등이다.

이처럼 X세대는 마냥 민주당만을 선택하지 않았다. 그저 '반(反)국힘' 성향을 보일 뿐이다.

21대 대선에서 X세대의 선택은 민주당이 어떻게 하느냐에 달려 있다

흔히들 Z세대 남성의 선택이 20대 대선의 결과를 가져왔다고 한다. 틀린 말은 아니다. Z세대 남성들의 변화된 선택이 국민의힘 후보에게 큰 힘이 된 것은 사실이다. 그러나 국민의힘 후보가 승리할 수 있었던 마지막 결정타는 X세대의 선택이었다.

X세대가 20대 대선 전과 후에 치러진 선거처럼 선택했다면, 국민의힘 후보는 20대 대선에서 절대로 승리할 수가 없었다.

그렇다면 X세대는 20대 대선에서 왜 그런 선택을 했을까?

이유는 간단하다. 앞서 언급했던 바대로, 직전 정부인 문재인 정부에 대한 실망감과 민주당 대선 후보의 비호감이 영향을 주었을 것이다. 게다가 20대 대선에서 국민의힘 후보는 전통적 보수 후보가 아니었으며, 국민의힘에 뿌리가 깊었던 후보도 아니었다. 국민의힘 색채가 조금은 덜했던 후보였다.

X세대가 '반국힘'인 것은 맞지만 일방적인 '친민주당' 성향도 아니기 때문에, 문재인 정부에 실망하고 민주당 후보가 마음에 내키지 않았던 X세대 일부는 투표를 포기하였고 또 다른 일부는 국힘 후보를 선택했다고 할 수 있다.

20대 대선에서 전체 투표율은 77.1%였고 X세대의 투표율은 75%였다. 22대 총선에서 전체 투표율은 67%였고 X세대의 투표율은 73%였다. 전체 투표율과 비교하면 X세대의 투표율은 20대 대선에서 -2.1%p였지만, 22대 총선에서는 +6%p였다.

득표율을 비교하면 20대 대선에서 X세대는 국민의힘 후보에게 35%의 득표율을 안겨주었고, 22대 총선에서는 국민의힘 정당에 불과 19%의 득표율을 안겨주었다. 20대 대선과 22대 총선 사이에 나타난 X세대의 변화가 작지 않았다는 사실을 분명하게 알 수 있다.

20대 대선이 그랬듯이 대선은 다른 얘기가 될 수 있다.

물론 21대 대선은 '윤석열 정권 심판'의 바람이 어느 정도 통할 것이다. 그러면서 민주당 후보와 국민의힘 후보가 누구이며 어떠할 것인가가 큰 영향을 끼칠 것으로 보인다.

기본적으로 X세대는 '반국힘' 성향이므로 국힘 후보에게는 아무리 높아도 35% 이상의 득표율을 안겨주지는 않을 것이다. 하지만 인구수가 많은 X세대에게서 득표율 5%p 정도의 차이는 전체 선거 판도에 매우 큰 변수가 될 수 있다.

여느 선거와 비슷하게(20대 대선 예외) 국힘 계열 정당에 X세대가 20% 정도의 득표율만 안겨준다면 민주당 후보가 손쉽게 승리할 수 있을 것이다. 하지만 국힘 후보에게 X세대가 30% 이상의 득표율을 안겨준다면 얘기가 달라진다.

앞으로도 X세대는 기본적으로 '반국힘' 성향을 계속 보여줄 것으로 보인다. 하지만 선거의 최종 결과는 인구수가 많은 X세대가 투표율을 얼마나 보일지, 그리고 '반국힘' 성향을 얼마나 강하게(혹은 약하게) 나타낼지에 따라 달라질 수 있을 것이다.

특히 민주당(후보)이 어떻게 하느냐가 가장 중요하다. 20대 대선에 이어 21대 대선도 박빙의 구도로 진행된다면, X세대는 선거의 결과를 가르는 결정적인 역할을 하게 될 것이다.

제5부

86세대, 영원한 '젊은 그대'

86세대, 이제는 뚜렷한 연령 효과

앞서 언급했듯이, 우리 책에서는 86세대 정치인 또는 정치권의 86세대는 '86그룹'이란 명칭을 쓰며, 86세대라는 명칭은 철저하게 세대 구분의 의미로만 사용할 예정이다.

대한민국 민주화와 우리 사회의 변화를 이끈 주역

86세대는 1980년대 군사정권에 맞서 민주화를 요구하던 학생운동과 시민운동, 노동운동의 중심 세력으로 활동하였다. 1980년대 지속된 군사독재에 대한 저항 운동과 1987년 6월 항쟁과 같은 경험들은 한반도 통일, 사회주의, 민족주의 등에 많은 관심을 가지게 했다. 사회적 정의를 이루고자 하는 강한 정치적 의식의 기반이 되었나.

그래서 사회를 변화시키고 주도하려는 성향이 매우 높았다.

진보적 성향의 사람들이 주를 이루며 불평등과 부조리에 대하여 거센 저항을 해왔다.

그런 86세대도 이제는 연령대가 높아졌다. 86세대의 연령대가 '만 56세~만 65세'가 된 2025년 현재는 우리나라 전체 여론의 중심을 잡아주는 전형적인 중도 계층의 모습을 보여주고 있다.

86세대는 민주화 운동 과정에서 자신들이 경험하고 공유한 역사적 경험을 통해 강한 연대 의식을 갖게 되었다. 군사정권 시절에 반독재, 반권위주의 등의 이념을 지향하며 민주주의 회복을 위한 시위를 주도하면서 강한 결속력으로 뭉치게 되었다. 1980년대에 학생운동, 노동운동 등 민주주의 쟁취를 위한 활동을 하면서 민주주의와 자유를 지향하는 연대 의식을 갖게 되었다.

86세대는 오늘날 한국의 민주화와 사회 변화를 이끄는 중요한 역할을 한 세대였다. 86세대가 공유한 역사적 경험과 이념은 정치와 사회 전반에서 강력한 영향력을 발휘하게 되었다. 공동의 목표를 위해 협력하고 쟁취했던 경험을 통해 집단의 목표 달성을 중시하는 경향을 자연스럽게 갖추게 되었다.

이는 대학에 진학한 86세대 일원이나 대학 진학을 하지 않고 바로 산업 현장으로 진입한 사람이나 비슷했다. 86세대만의 강한 연대 의식은 대학, 산업 현장, 시민사회, 노동 현장 등 우리 사회 전반에서 작용했고, 그를 바탕으로 우리 사회의 변화를 이끌 수가 있었다.

경제성장과 실패를 동시에 겪은 세대

86세대는 경제성장의 과실을 직접 경험한 세대이다. 1980년대와 1990년대 우리 경제는 급격한 성장을 이룸과 동시에 경제의 발전에 중요한 전환점을 이루었다.

수출 중심의 경제성장이 지속되던 1980년대는 고성장을 이어갔고 중화학 공업 중심의 산업 발전도 함께 진행되었다. 미국과 유럽 시장으로 향한 수출 주도 산업의 성장도 이어졌다. 1990년대는 WTO 가입, OECD 가입으로 대한민국이 선진국 대열에 합류하면서 '글로벌화'와 함께 개방화가 진행된 시기였다.

1990년대 들어서면서 대학에 다녔던 사람까지 86세대 대부분은 본격적으로 사회에 진출했다. 86세대는 앞선 세대보다 높은 대학 진학률로 인해 사회 진입에 어려움이 크지 않았으며 높은 경제성장 덕분에 대학을 진학하지 않은 사람들도 대규모 고용 환경 속에서 전문직과 기술직으로 진출할 기회가 많았다.

86세대는 높은 경제성장을 이루던 시기에 중요한 경험과 기술을 축적한 구성원이 되었다. 86세대 특유의 강한 연대 의식과 조직력으로 해당 조직 내에서 주요 인사로 자리 잡을 수 있었다.

사회적, 경제적으로 비교적 안정된 시기를 보낸 86세대는 산업화와 경제성장의 혜택을 받은 세대이면서 민주화를 이루고 경제 발전의 주역이라는 생각과 자부심도 충만해 있다. 그런가 하면, 1997년 외환위기의 영향으로 당시에 30대 중반에서 40대 초반에 진입하던 86세대는 구조조정의 타격을 받기도 했다.

86세대가 우리 사회에서 중추적인 역할을 담당하게 된 배경에는 높은 학력도 한몫한다. 급격한 경제성장, 교육 기회 확장 등을 통해 앞선 세대들과 비교해서 고학력자가 상대적으로 높은 비율을 갖춘 세대였다. 이 바람에 정치 분야에서는 장관, 국회의원 등 주요 직책을 맡아 정치적 영향력을 확대해 왔으며, 경제 분야에서는 기업, 주요 산업과 금융권 등에서 중추적인 역할을 담당하면서 경제 발전에 이바지하였다.

사회적 성공을 이룬 86세대는 민주화 운동 경력까지 더해지면서 다양한 분야에서 사회적 리더로 자리 잡게 되었으며 전문 지식과 기술을 통해 한국 경제의 질적 성장을 이끌었다. 이는 2020년대 중반인 2025년에도 여전히 진행 중이다.

2020년대로 들어서기 전부터 86세대의 일원인 정치권의 86그룹은 정치권에서 오랜 시간 자리를 차지하면서 후배들의 원망을 듣기 시작했다. 그동안 86그룹이 주장하고 외쳐왔던 그 시대의 평등과 정의, 공정의 이념을 2020년대에도 여전히 강조하면서 기득권층으로 자리 잡고 있다는 비판을 받기도 했다.

또한 86세대가 엘리트 집단으로 우리 사회에 자리 잡으면서 경제성장이라는 긍정적인 효과도 가져왔지만, 세대 간 갈등이 유발되기도 했다. 부동산, 일자리, 저출생 문제 등을 해결하기 위한 86세대 주도의 정책들은 다소 기성세대 중심의 발상이기도 했다.

일부는 현실 타협적 정책이라는 비판과 함께 미흡한 성과로 지적받기도 했다. 예를 들면 청년실업 문제 해결을 위한 정책은 단기 청년 고용 프로그램 운영이 많았고, 일자리 늘리기 역시 숫자에 초점을 둔 정책이었을 뿐 청년실업 문제 해결을 위한 중장기적 대안은 내놓지 못했다. 젠더 문제와 저출생 관련 대책도 비슷했다.

이처럼 86세대를 향한 이러저러한 지적은 영원한 '젊은 그대'인 줄 알았던 86세대 자신들에게 작지 않은 충격과 각성을 불러오게 되었고, 늦게나마 그러한 지적에 수렴하고자 노력하기 시작했다.

그러나 이제는 86세대의 연령대가 은퇴를 앞둔 시기로 다가와 있다. 2020년대에 한층 높아진 후배 세대의 불만을 충분하게 수정해 줄 수 있는 시간이 많지 않게 되었다는 말이다.

민주당의 든든한 기반이었으나, 자연스러운 연령 효과로 중도성향이 된 86세대

중앙선관위 자료에 따르면, 86세대가 20대 후반에서 30대 초반일 당시였던 1992년 제14대 대선의 전체 투표율은 81.9%, 30대 투표율은 약 70~75%였다.

2002년 86세대가 40대였던 제16대 대선의 전체 투표율은 70.8%, 40대 투표율은 약 65~70%로 투표율이 약간 떨어지긴 했지만, 이는 2002년 대선 자체 투표율이 낮아진 영향으로 보인다.

86세대가 50대였던 2012년과 2017년 제18대, 제19대 대선에서는 전체 투표율이 각각 75.80%, 77.20%였고 50대 투표율은 약 75~80%로 다른 연령대에 비해 투표율이 높았다.

가장 최근에 치러진 2022년 제20대 대통령 선거는 86세대가 60대가 된 후 처음 치르는 대통령 선거로 전체 투표율은 77.1%, 60대 이상 투표율은 약 80% 이상이었다.

국회의원 선거의 경우는, 86세대가 20대였던 1985년(12대), 1988년(13대), 1992년(14대) 총선의 전체 투표율은 각각 84.60%, 75.80%, 71.90%, 20대 투표율은 약 75~80%, 약 70~75%, 약 60~65%였다. 30대였던 1996년(15대), 2000년(16대)의 국회의원 선거의 전체 투표율은 각각 63.90%, 57.20%, 30대 투표율은 약 55·60%, 약 50~55%였다.

40대였던 2004년(17대), 2008년(18대) 국회의원 선거의 전체 투표율은 각각 60.60%, 46.10%, 40대 투표율은 약 55~60%, 약 45~50%였다. 50대였던 2012년(19대), 2016년(20대), 2020년(21대) 국회의원 선거의 전체 투표율은 각각 54.20%, 58.00%, 66.20%, 50대 투표율은 약 60~70%였다. 86세대는 나이를 먹으면서 대선에서나 총선에서나 점점 더 높은 투표율을 보이며 높은 정치 참여 의식을 가졌음을 보여주었다.

[표4. 역대 대선에서 86세대의 연령대 변화에 따른 투표율]

선거 연도	전체 투표율	30대 투표율	40대 투표율	50대 투표율	60대 이상 투표율
1992년(제14대)	81.90%	약 70~75%	약 75~80%	–	–
1997년(제15대)	80.70%	약 70~75%	약 75~80%	–	–
2002년(제16대)	70.80%	60%	약 65~70%	–	–
2007년(제17대)	63.00%	약 50~55%	약 55~60%	약 60~65%	약 65~70%
2012년(제18대)	75.80%	–	약 70~75%	약 75~80%	약 80% 이상
2017년(제19대)	77.20%	–	약 70~75%	약 75~80%	약 80% 이상
2022년(제20대)	77.10%	–	–	약 70~75%	약 80% 이상

[표5. 역대 총선에서 86세대의 연령대 변화에 따른 투표율

선거 연도	전체 투표율	20대 투표율	30대 투표율	40대 투표율	50대 투표율	60대 이상 투표율
1985년 (12대)	84.60%	약 75~80%	–	–	–	–
1988년 (13대)	75.80%	약 70~75%	–	–	–	–
1992년 (14대)	71.90%	약 60~65%	약 65~70%	–	–	–
1996년 (15대)	63.90%	–	약 55~60%	약 60~65%	–	–
2000년 (16대)	57.20%	–	약 50~55%	약 60~65%	–	–
2004년 (17대)	60.60%	–	–	약 55~60%	약 60~65%	–
2008년 (18대)	46.10%	–	–	약 45~50%	약 50~55%	약 55~60%
2012년 (19대)	54.20%	–	–	약 55~60%	약 60~65%	약 65~70%
2016년 (20대)	58.00%	–	–	약 55~60%	약 60~65%	약 65~70%
2020년 (21대)	66.20%	–	–	–	약 65~70%	약 75% 이상

우리정치 정상영업 합니다

86세대가 투표를 처음 시작했던 20대~30대에는 대체로 진보적 성향을 띄었고, 민주화와 사회 정의를 지향했다. 하지만 86세대의 정치 성향과 표심은 시대가 변하고 각각 개인의 위치가 변화함에 따라 바뀌게 되었다. 전형적인 연령 효과를 보이는 셈이다.

86세대가 20대의 나이일 때에는 학생운동, 노동운동 등 운동권 활동에 적극 참여했다. 권위주의적인 정부에 반대하고, 군사정권에 대한 반발과 함께 독재 타도를 외치고 인권을 중시하며 권력 구조의 변화를 지향했다. 그런 영향으로 개혁적이고 진보적인 후보를 선호했다.

이는 30대의 연령대에서도 여전했다. 김대중과 노무현을 더 많이 지지했고, 대선에서 진보 후보의 당선에 강력한 지지기반을 제공했다.

이후 40대가 되어 엘리트 계층으로 자리 잡은 86세대가 많아지면서 정치계와 언론계, 학계, 시민사회 단체 등 다양한 영역에서 우리 사회를 주도하는 계층이 되었다. 정치적으로는 진보적 성향을 유지하고 진보의 가치를 지지했지만, 일부는 안정적인 직장과 경제적 인정을 중시하면서 중도나 보수로 이동하기도 했다.

2000년대 중후반에서 2010년대 초반에는 86세대의 성향이 '경제적 안정의 추구와 가족 중심의 가치관'으로 점차 더 이동하였다. 2008년 글로벌 금융위기 당시에 보수 정당(한나라당)의 경제 회복 정책 메시지가 40대가 된 86세대의 일부로부터 지지를 받을 수 있었다.

2008년 18대 총선에서 보수 정당으로 표심이 이동하기도 했다. 다만 그 시기는 86세대의 투표율이 대거 낮아진 때로 진보적인 성향인 86세대가 투표를 포기했고 반면 중도 또는 보수적인 86세대는 적극적인 투표로 이어졌던 결과로도 볼 수 있다.

86세대가 50대 시절인 2010년대에는 더욱 경제적 안정을 선택하는 경향을 보이기 시작하며 실용적 측면을 중시하는 경향을 보였다. 그러면서 문재인 정부의 소득주도 성장, 일자리 확대 정책에 대해 지지하기도 했다. 하지만 일부는 경제적 성과의 부족으로 인한 고용의 불안정성이 커지자 이에 실망하면서 보수 후보 지지를 표명하기도 했다.

투표 역시 경제적 안정과 경제성장을 내세우는 후보들을 지지하는 경향을 보였다.

전형적인 중도성향, 여론 변동에 중심축 역할을 하는 86세대

2024년 22대 총선은 86세대의 절반 정도가 60대에 진입한 시기에 진행된 국회의원 선거였다.

86세대는 20대부터 50대에 걸쳐 경제적 상황과 사회의 변화에 따라 표심이 변화하는 흐름을 보여왔다. 그리고 2025년 86세대의 절반이 60대가 되는 만큼 경제적 안정과 보수적 가치의 중요성을 인식하고 있다.

이는 최근 선거에서의 결과는 물론이고 매주 발표하는 정례 여론조사에서도 비슷한 경향으로 나타나고 있다.

2023년도와 2024년도 당시에 윤석열 대통령의 지지율에 중요한 변곡점이 있을 때마다(예를 들면 30%대 지지율 붕괴, 20%대 지지율 붕괴 등) 86세대의 여론(지지율)은 전체 여론(지지율)과 항상 비슷하게 움직였다. 대통령 지지율뿐만 아니라 정당 지지율과 주요 이슈에 대한 여론을 나타내는 지표에서도 전체 여론 지표와 86세대의 여론 지표는 항상 비슷하게 나타나고 있다.

다시 말해서, 86세대의 여론을 보면 곧 우리 사회 전체 여론이 투영되어 있다고 할 정도이다. 그만큼 우리 사회의 전체 여론에 중심축 같은 역할을 하는 것이 86세대의 여론이자 86세대의 선택이다. 그러므로 앞으로의 선거에서 각 정당과 세력들은 86세대의 정치적 성향을 파악하는 일이야말로 전체 표심을 잡는 데 주요한 요소가 될 것으로 예상한다.

86세대는 연령대가 높아지면서 투표율이 더욱 높아지는 경향을 보인다. 후배 세대들과 비교해 상대적으로 많은 인구와 높은 투표율이 특징이다. 여전히 사회적 영향력을 가진 세대로서 86세대의 표심 분석은 각 정당과 정치 세력에게 선거 진행 과정에 있어 중요한 포인트가 될 것이다.

현실적인 문제 해결과 그에 따라 필요한 개혁을 강조하는 메시지가 필요하지만, 안정을 추구할 수밖에 없는 연령대에 진입한 세대인 만큼 정치적 갈등을 줄이고 사회 통합을 위한 정책 제시가 중요할 것이다.

또한 경제 문제에 대한 실용적이고 구체적인 해결책 제시가 86세대의 지지를 위해서는 필수적인 방안이다. 그에 더해 86세대는 민주화의 가치를 지향했던 세대였던 만큼 그에 부합된 균형 있는 정책 반영이 중요할 것이다.

이제는 강력한 중도주의 성향을 뚜렷하게 나타내고 있는 86세대의 여론은 앞으로도 당분간 (최소한 10년은) 양당(민주, 국힘)의 정책 방향에 큰 영향력을 미칠 것이다.

제6부

산업화 세대,
대한민국 경제성장의 주역

산업화 세대, 보수의 확실한 지지기반

최빈국에서 중소득 국가, 개발도상국, 선진국 진입하기까지 모든 과정 경험한 세대

산업화 세대는 2025년을 기준으로 만 66세 이상의 인구이다. 따라서 다른 세대에 비해 연령의 범위가 넓을 수밖에 없다. 한국 전쟁이 있던 해인 1950년 이후에 태어난 1950년대생은 2025년 현재 만 66~75세이며, 그 이전인 1949년까지 태어난 사람들은 만 75세 이상이다. 1940년대생은 일제강점기와 해방 세대로 나눌 수 있지만, 워낙 오래된 일이기도 하고 이후 대한민국의 현대사를 비슷한 연령대에서 지나왔으므로 산업화 세대로 묶어서 언급할 예정이다.

산업화 세대는 우리나라가 전쟁을 겪고 참혹한 상황에 놓인 최빈국이었던 시절부터 시작하여, 고도의 경제 성장기를 거쳐서, 현재의 선진국으로 발돋움할 때까지 함께 해온 세대이다.

산업화 세대는 대한민국의 고도 경제성장을 구경만 한 것이 아니라 직접 경험하며 그 과정을 주도하였던 세대이다.

한국 전쟁의 참화가 채 극복되지 못했던 시절인 1960년대 초반 우리나라의 1인당 국민소득(GNI)은 82달러에 불과했다. 하지만 1970년대 말에는 1인당 국민소득이 1,000달러를 넘어서며 우리나라도 중소득 국가로 진입하였다.

1970년대 말에 우리나라의 GDP는 670억 달러로 1960년대 초 GDP

인 28억 달러에 비해 24배 증가하며 개발도상국 대열에 합류하였다.

1980년대에는 경제성장이 더욱 가속화되었고, 1990년대 초 우리나라의 GDP는 약 2,500억 달러에 도달했다.

이러한 급속한 경제성장은 산업화 세대의 근면과 성실 그리고 국가 주도의 경제 정책이 원활하게 맞물리며 가능했던 결과였다. 산업화 세대는 더 나은 미래를 이룰 수 있다는 신념이 있었다.

당시 사람들은 대부분 버는 돈이 써야 할 돈보다 턱없이 부족했지만, 그런 와중에도 국가 경제와 자신들의 미래를 위해 틈틈이 저축하며 적금통장에 쌓여가는 금액을 희망 삼아 견뎌오고 버텨냈다.

그런 영향이 산업화 세대의 특성을 만들어 갔다. 산업화 세대는 고도 경제성장의 경험을 바탕으로 경제적 안정과 성장을 중요시한다. 그러기 위해 정부의 강력한 개입과 안정된 정치 환경이 경제 발전을 지속시키는 데 필요하다고 믿는 경향이 강하다.

농업국가에서 공업국가로, 근검절약과 가족 중심의 전통적 가치관, 강한 안보 의식

우리나라는 1960년대 초반까지 농업 중심의 사회였다. 1960년대 당시 전체 인구의 약 60%가 농업에 종사했다. 하지만 정부의 경제개발 계획에 따라 빠르게 산업화가 진행되었다. 많은 사람이 도시로 이동해 제조업과 서비스업에 종사하게 되었다.

그러한 전환 과정에서 사람들은 장시간 노동과 열악한 근로 환경에도 불구하고 국가 경제 발전에 이바지했다. 1970년대 우리나라의 연간 노동시간은 OECD 국가 중에서 가장 길었다. 1인당 연평균 약 3,000시간 이상의 노동을 했다. 그야말로 노동착취였다. 산업화 세대는 그것을 견

녀내고 현재의 대한민국을 만들어 놓은 세대이다.

저축과 자수성가는 산업화 세대의 주요 덕목이었다. 산업화 세대가 한창 일할 시기는 박정희 정권 시절이었는데, 당시 정부는 국민에게 근검절약과 저축을 장려했으며, 그렇게 은행에 쌓여간 자본은 우리나라의 경제성장에 있어서 주요 동력 중 하나였다. 1960년대 초반 가계 저축률은 3%에 불과했으나 1970년대 후반에는 약 20%까지 상승했다.

산업화 세대는 경제성장이 개인의 성취와 직결된다는 인식을 반영하여 미래를 위해 저축하고 노력해야 한다는 가치관을 형성했다. 산업화 세대는 경제적 성공과 사회적 지위 상승을 목표로 끊임없이 노력했으며, 이를 통해 중산층으로의 진입이 가능하다는 신념을 가지고 있었다.

개인의 노력과 성취를 통해 사회에서 자리를 잡았기 때문에 사회적 변혁이나 급진적 변화보다는 안정과 성장을 선호하는 경향을 보인다.

86세대 일부와 그 이후 X세대 및 MZ세대 중에는 태어날 때부터 또는 성장기 당시에 부모들의 노력 덕분에 자연스럽게 중산층으로 편입이 된 사람들이 많았겠지만, 산업화 세대는 순수하게 자신들의 노력으로 중산층의 대열에 합류한 세대이다.

산업화 세대의 대부분은 전통적인 가부장적 가족 구조에서 자랐다.

가족 내에서 남성이 주로 생계를 책임지고 여성이 가정 내에서 자녀 양육과 가사를 담당하는 역할을 이상적인 가족 모델로 받아들였다. 통계청 자료에 따르면 1960년대 한국의 노동인구 중 남성의 비율은 80%에 달했고, 여성은 주로 가사와 농업에 종사하거나 비공식적인 부문에서 일했다. 이러한 남성 생계 부양자 중심의 모델은 산업화 시기에도 변하지 않았고 오히려 산업화와 함께 더욱 강화되었다.

산업화 세대는 가족의 성공과 안정을 매우 중요하게 여겼다. 한국 사회에서 효를 중시하는 유교적 전통은 여전히 중요한 가치로 남아있으면서 가족 중심적인 사고방식을 형성했다. 산업화 세대는 부모 부양과 자녀 교육을 인생의 주요 책무로 생각했고, 자녀가 잘 성장해 사회적으로 성공하는 것이 개인의 성취로 여겨졌다.

산업화 세대는 급격한 경제성장 속에서도 가족 간의 유대를 유지하는 데 큰 관심을 기울였다. 아울러 자녀에게 더 나은 교육과 기회를 제공하기 위해 자원과 시간을 아끼지 않는 부모의 역할을 강조했다. 이는 이후 우리나라의 높은 교육열로 이어졌으며, 자녀의 성공을 통해 가족의 사회적 지위와 자긍심을 높이려는 노력이 지속되었다.

2020년대에도 계속되고 있는, 그리고 버락 오바마 전(前) 미국 대통령이 그토록 부러워했던 한국의 높은 교육열은 산업화 세대가 모태라고 해도 지나친 말이 아닐 정도였다.

산업화 세대의 정치적 성향 형성에 미친 환경

산업화 세대는 대부분 한국 전쟁을 직·간접으로 경험하거나 그 여파 속에서 성장했다. 전쟁으로 인해 남한의 경제와 사회는 피폐해졌으며, 이러한 경험은 북한에 대한 경계와 반공주의를 강화하는 계기가 되었다.

1950년대와 1960년대에는 반공교육이 적극적으로 시행되었으며, 산업화 세대의 안보 의식을 형성하는 중요한 요인이 되었다. 특히 박정희 정권 시절에는 국가안보를 강화하기 위한 다양한 반공 캠페인이 전개되었고, 이는 산업화 세대가 북한의 위협을 실재적이고 긴급한 문제로 인식하도록 만들었다.

우리정치 정상영업 합니다

박정희 정권(1961~1979)은 경제성장을 도모하는 한편, 국가안보를 최우선 과제로 삼았다. 1968년 북한의 청와대 습격 사건(1.21사태)과 같은 사건을 통해 북한의 군사적 위협을 강조하며 강력한 군사독재 체제를 구축했다.

이 시기에 향토 예비군 제도가 도입되고 민방위 훈련이 강화되었다. 이러한 제도와 훈련은 2020년대인 현재도 유지되고 있다. 산업화 세대는 이러한 정책 속에서 성장하며 국가안보는 국민 모두의 책임이라는 의식을 체득하게 되었다. 이러한 경험은 이들이 강력한 안보 정책과 군사력 강화를 지지하게 되는 배경이 되었다.

산업화 세대가 청·중년기 당시에 경험한 것은, 박정희 정권(1961~1979)과 전두환 정권(1980~1988)을 통한 강력한 권위주의적 통치와 국가 주도 경제 발전이었다. 이는 이후에도 산업화 세대가 강력한 지도자와 안정적인 정부를 지지하게 되는 배경으로 작용했다.

박정희와 전두환 정권 시기 동안 대한민국은 고도 경제성장을 이루며 한강의 기적이라고 불리는 경제적 성공을 경험했다.

이 바람에 산업화 세대는 안정과 성장을 제공한 강력한 지도력을 긍정적으로 평가하는 경향을 보였으며, 정치적 자유보다는 경제적 안정과 안보를 중시하게 되었다.

안보를 중시하는 보수적 성향이 자리 잡힐 수밖에 없는 배경

1960~1980년대 대한민국의 급격한 경제 발전과 그 과정에서 경험한 정치적, 사회적 요인은 산업화 세대의 정치적 성향을 형성했다.

경제성장과 국가 주도 발전에 대한 긍정적 인식, 안보 중시와 반공주의, 권위주의 정부의 경험, 전통적 가치관과 가족 중심주의는 보수적 정치 성향으로 이어졌다.

1980년대 후반과 1990년대 초반 민주화 운동이 활발해졌지만, 산업화 세대의 상당수는 여전히 경제 안정과 안보를 중시하며 보수 정당에 대한 지지를 이어갔다. 이들은 1987년 6월 항쟁을 통해 민주화가 이뤄졌음에도 불구하고 경제성장을 지속하기 위해서는 강력한 정부와 안정된 정치 환경이 필요하다고 믿었다.

산업화 세대는 2000년 이후 진행된 주요 선거에서도 국민의힘 계열의 보수 정당을 지지했다. 노무현 대통령이 당선된 지난 2002년 대선에서 민주당 계열 정당에 약 45%의 지지를 보여줬지만, 국민의힘 계열 정당에는 이보다 많은 50% 정도의 지지를 보냈다. 그리고 2007년 대통령 선거에서는 민주당에는 약 25%에 불과하고, 보수 정당에는 약 58%의 표를 던져 정권교체에 결정적인 역할을 하기도 하였다.

2012년 대선에서 산업화 세대의 약 70% 이상이 보수 정당을 지지한 것을 비롯하여, 2016년 20대 총선에서는 59.3%(민주당 계열 11.7%), 2017년 19대 대선에서는 약 47%(민주당 계열 23%), 2020년 총선에서는 59.6%(민주당 계열 32.7%), 2022년 대선 67.0%(민주당 계열 30.0%), 그리고 2024년 22대 총선에서도 약 55%(민주당 계열 16%)를 국민의힘 계열 정당(후보)에 투표하여 보수 정당의 든든한 지원군이 되어 왔다.

산업화 세대의 또 다른 특징은 투표율이 높다는 것이다.

젊은 세대의 경우 투표 참여가 적극적이지 않은 데 비해 산업화 세대는 60~85%까지 투표율을 기록해 다른 세대들보다 월등히 높은 투표 참여를 보여준다. 이는 투표도 권리이자 일종의 의무라고 여기는 산업화 세대들의 생각이 반영된 것이다.

산업화 세대가 겪은 현대사의 주요 사건들

산업화 세대는 대한민국 현대사에서 정치·경제·사회의 급격한 변화의 중심에 있었던 세대이다. 산업화 세대가 겪은 주요 사건들은 대한민국의 산업화, 안보 위기 등과 밀접하게 관련되어 있으며 산업화 세대의 삶에 깊은 영향을 미쳤다. 특히 정치·사회적 사건들은 하나같이 '암울' 그 자체인 이슈들로 계속되었다.

경제적으로는 오일 쇼크 등을 겪기는 했지만, 대한민국의 고도성장이 이어지는 흐름을 막지는 못했다. 그러나 IMF 사태는 경제 이슈가 우리 사회와 국민 모두를 송두리째 바꿔놓게 되는 실질적인 첫 번째 사건이었다. IMF 사태는 당시 경제 현장에서 주역이자 리더 그룹에 속해있던 산업화 세대에게 크나큰 충격이자 여파로 다가왔다.

한국 전쟁은 북한에 대한 강한 적대감과 경계심을 가지게 하였고 반공주의의 확산으로 이어졌다. 이는 70년이 지난 현재에도 산업화 세대

[표 6. 한국 현대사 주요 사건들과 산업화 세대 연령대]

주요 사건	발생 연도	1940년대생	1959년대생
한국 전쟁	1950~1953	10대 전후	–
4·19 혁명, 5·16 군사 쿠데타	1960, 1961	10대~일부 20대	유년기 및 초등학생
청와대 습격 사건, 3선 개헌	1968, 1969	대부분 20대	청소년기
유신체제	1972	2030 시절	10대 후반~20대 초중반
10·26 사태, 12·12 군사 쿠데타	1979	30대	20대
6·10 항쟁, 대통령 직선제	1987	40대	30대
문민정부 출범, 하나회 척결	1993	만44세~만53세	만34세~만43세
IMF 사태, 첫 정권교체	1997, 1998	40대 후반~50대	30대 후반~40대

에게는 진행형이라고 할 수 있다. 한국 전쟁 이후 반공 교육이 우리 사회 전반에 확산됐다.

산업화 세대는 학교 교육, 군사 훈련, 언론 등을 통해 북한의 위협을 상시 인식하도록 훈련받았다. 이들은 사회적 안정을 위해 국가의 강력한 군사력과 대북 강경책을 지지하는 성향을 보이게 되었고, 이러한 경향은 보수적 정치 성향의 형성으로 이어졌다.

이승만 정권의 장기·독재 정치로 인해 우리나라는 역사상 처음으로 시민혁명(4.19혁명)에 의한 정권 하야를 경험하게 된다. 이후 출범한 제2공화국은 대한민국의 민주주의의 뿌리가 제대로 자라나는 듯했으나, 박정희가 1961년 5월 16일 군사 쿠데타를 통해 정권을 장악하며 불과 1년을 가지 못했다.

군사정권의 등장으로 대한민국은 권위주의 통치 체제로 다시 돌아가게 되었다. 산업화 세대는 정치적 불안정과 혼란을 목격한 직후 안정과 질서의 회복을 기대했으며, 군사정권의 질서 회복을 긍정적으로 평가하는 경향이 있었다.

물론 그러한 경향은 군사정권이 스스로 시행한 미화 작업의 영향이었다. 박정희 정권은 정치적 안정이 경제 발전의 전제 조건이라고 강조했는데, 이를 명분으로 정치적 억압과 언론 통제를 강화하였다. 산업화 세대에게 경제적 성장을 위해 강력한 정부가 필요하다는 사고방식을 형성하는 데 큰 영향을 주었다. 산업화 세대는 이를 국가의 질서 회복과 사회 안정으로 인식했다.

1968년에는 북한의 특수부대(124군 부대) 소속 31명의 무장 공작원이 청와대를 습격하기 위해 남한으로 침투한 사건 등 어수선한 사회 분위기였다. 그때 박정희 정권은 3선 개헌을 단행했고, 그 과정에서 반민주적 행위와 각종 폭력이 난무하였다.

이후 이어진 유신헌법은 박정희 대통령이 종신 집권을 할 수 있는 법적 기반을 마련해 주었다.

산업화 세대는 그러한 정치적 억압과 통제를 경험했으나, 이를 경제 발전을 위한 불가피한 선택으로 인식했으며 강력한 리더십을 통한 사회질서의 유지가 국가의 발전에 필요하다고 생각하게 되었다.

그러한 영향으로 산업화 세대 중 다수는 민주주의와 정치적 자유보다는 경제적 안정과 국가의 강력한 리더십을 더 중시했으며, 경제적 성과에 대한 긍정적인 평가로 인해 박정희의 리더십을 지지하는 경향이 강했다.

1979년 10월 26일 박정희 대통령의 사망은 산업화 세대에게 충격과 불안을 안겼으며, 정치적 안정과 경제 발전의 중요성을 재확인하는 계기가 되었다. 산업화 세대는 박정희 정권 시절의 정치적 안정과 경제적 성과를 긍정적으로 평가했기 때문에 권력 공백과 새로운 정치 체제에 대한 불안감을 가지게 되었다.

12.12 군사 쿠데타(1979년)로 신군부가 다시 정권을 장악할 당시에 산업화 세대는, 정치적 혼란보다는 안정적인 정부와 강력한 지도자를 더 선호했으며 경제적 안정을 위해 강력한 리더십의 필요성을 강조했다. 그러면서 산업화 세대의 보수적 정치 성향은 더욱 고착화한 것으로 보인다.

산업화 세대는 유아기와 유년기에 한국 전쟁을 겪었고, 아동기와 청소년기에 5.16 군사 쿠데타와 유신체제 성립, 청·장년기에는 10.26사태 등을 겪었다. 이런 경험에 따라 산업화 세대는 정치적 자유보다 경제적 안정을 중시하며 강력한 지도자에 대한 긍정적 인식을 형성하게 되었다.

그러한 경험은 산업화 세대가 보수 정당을 지지하게 되는 주요 원인으로 작용했을 것이다.

변함없는 국민의힘 지지세, 감소하는 인구로 인해
매년 달라지는 유권자 수

산업화 세대는 변함없이 국민의힘 계열의 보수 정당을 지지할 것으로 보인다.

윤석열 대통령이 국회에서 탄핵 소추가 결정되기 직전(전날)에 발표된 여론조사(한국갤럽 2024년 12월 2주차 정례 조사)에서 윤석열 대통령 직무 수행 평가 지수(지지율)는 전체 11%(긍정 11%, 부정 85%)이었다. 그중에서 60대는 긍정 17%, 70세 이상은 긍정 28%이었다. 대통령 지지율이 10%대 미만으로 추락하는 것을 막아준 지지층이 노년층이었다. 그들이 바로 산업화 세대이다.

같은 조사에서 여당인 국민의힘 지지율은 전체 24%로 대통령 지지율보다 2배가 넘게 나왔는데 60대는 38%, 70대 이상은 45%로 나타났다. 산업화 세대가 보수 정당의 든든한 버팀목이라는 점이 누차 확인된 셈이다.

설사 대통령에게는 실망하였더라도 보수 진영의 본진인 국민의힘까지는 버리지 않고 절대적인 충성을 보여주고 있는 것이 산업화 세대이다. 앞으로 다가올 주요 선거(대선, 지선, 총선 등)에서도 비슷한 결과를 보여줄 것으로 예상한다.

문제는 이제 산업화 세대의 수가 지금보다 더 급격하게 감소하고 전체 유권자 중에서 차지하는 비율도 그만큼 빠르게 낮아진다는 점이다. '표2'에서 나타나듯이 2027년도에 예상되는 전체 유권자 중에서 산업화 세대의 비율은 30%에 미치지 못한다(27.7%).

'표2'는 인구의 자연 감소분이 적용되지 않은 도표이므로 산업화 세대의 자연 감소분을 고려한다면 25%선이 될 가능성도 있다. 이는 아무리 산업화 세대가 보수 정당에 충성스러운 지지층으로 계속 존재한다고 해도 시간이 지날수록 소수 의견에 불과하게 된다는 의미이다.

통계청에 따르면 2023년 한국의 기대수명은 남성이 약 80.6세, 여성이 약 86.6세이다. 이에 따라 1959년 이전에 태어난 세대 중에 적지 않은 인구가 2027년 이후에는 존재하지 않을 가능성이 크다. 2023년 기준으로 산업화 세대에 속한 연령대인 65세 이상 인구는 전체인구의 약 18%를 차지하고 있다. 향후 10년간 산업화 세대의 인구수는 그보다 더 많이 감소할 것으로 예상된다.

고령화 영향으로 인해 노년층의 인구는 많아지겠지만 이는 86세대가 노년 세대로 편입되기 때문이다. 통계청의 2020년 장래인구 추계에 의하면 65세 이상 인구는 2020년 약 800만 명에서 2030년 1,200만 명으로 증가할 것으로 예상된다고 한다. 여기에서 늘어난 약 400만 명의 노년 세대는 86세대이다.

결론적으로 70세 이상의 사망률은 점차 높아질 수밖에 없으므로 산업화 세대의 유권자 비율이 점차 감소하는 것은 자연스러운 현상이다. 그리고 그러한 산업화 세대 유권자의 감소는 한국의 정치 지형을 결정할 중요한 요인 가운데 하나가 될 것으로 보인다.

2025년 현재, 국민의힘 계열의 보수 정당을 절대적으로 지지해 줄 세대는 점차 줄어들고 있다.

제7부

세대 구도론과 변수들

민주당 우위로 기울어진 유권자 운동장

2020년대 유권자 지형, 민주당 우위

앞선 단락까지는 각 세대의 특징과 선거에서 나타난 세대별 선택유형, 그리고 앞으로 다가올 주요 선거에서 각 세대가 어떤 선택을 할지 등에 대해서 알아봤다.

이제부터는 세대별 예상 선택을 모두 취합하여 다가올 선거에서 우리나라 전체 유권자들의 선택은 어떤 방향이 될지 가늠해 보도록 하겠다.

설명에 앞서 전제로서 언급할 부분이 있다. 2020년대에 유권자 지형은 민주당이 우세한 형태로 형성되어 있다는 점이다. 그 점은 우리 책의 공저자 중 한 명인 김효태 작가가 2021년에 발간했년『2022 대선 지형』(새로운사람들)에서 충분히 설명된 바 있다. 김효태 작가는『2022 대선 지형』에서 86세대와 X세대, 그리고 M세대와 Z세대가 연합이 된 일명 '민주당 성향 유권자 연대'가 형성되어 당분간은 민주당 우위의 선거 결과가 이어질 것으로 예측하였다.

실제로 그런 경향은 이미 2016년부터 시작되었고, 2018년과 2020년에 정점을 찍었다. 그러나 2022년에는 그 유권자 연대에서 Z세대 남성이 이탈하면서 말 그대로 '아슬아슬'하게 윤석열 국민의힘 후보가 승리하였다. 하지만, Z세대 남성은 국민의힘 지지 의사를 길게 이어가지 않았다.

2024년 22대 총선에서 Z세대 남성들은 원래의 모습인 '캐스팅-보트'로 전환하였다. 그리고 우리나라 전체 유권자 지형은 다시 민주당이 우세한 운동장으로 되돌려졌다.

김효태 작가는 자신의 책을 통해 "이제 보수 정당이 총선에서 단독으로 과반을 할 수 있는 시대는 끝났다. 과반 의석은 고사하고 제1당이 되는 것도 불가능하다. 당분간은, 어쩌면 20년 정도는, 그런 결과가 이어질지도 모른다. 2020년 이후부터는 한동안 보수 계열 정당의 국회 의석이 계속 감소할 수도 있다."라고 전망하면서 "다만 대선은 또 다른 얘기이다. 강력한 캐스팅-보트로 존재하는 Z세대 남성의 선택 여부, 그리고 각 진영의 적극적인 투표 여부와 기존 지지층의 이탈 여부에 따라 민주당이 승리를 장담할 수 없는 상황도 종종 나타날 것이다."라고 하였다.

그러한 예측은 실제로 2022년 20대 대선을 통해 확인되었다. 비단 2022년도의 경우에만 해당하는 예외의 이야기만은 아닐 것이다. 다가올 21대 대선도 얼마든지 비슷한 양상이 될 수 있다. 우리가 이번 책을 만들기 위해 연구하고 분석한 내용도 비슷한 결과를 예고하는 측면이 있음을 알 수가 있었다.

[표7. 21세기에 진행된 총선에서 국민의힘 계열 정당이 얻은 결과]

	16대 총선	17대 총선	18대 총선	19대 총선	20대 총선	21대 총선	22대 총선
의석수	132석	121석	153석	152석	122석	103석	108석
원내 순위	원내1당	원내2당	원내1당	원내1당	원내 2당	원내 2당	원내 2당
비고	과반 실패	–	단독 과반	단독 과반	–	위성 정당 의석 포함	위성 정당 의석 포함
비례 득표율	38.96%	35.77%	37.48%	42.8%	33.5%	33.84%	36.67%

※ 자료 출처: 16대 총선 총람·17대 총선 총람·18대 총선 총람·19대 총선 총람·20대 총선 총람·21대 총선 총람·22대 총선 총람(이상 중앙선관위)

※ 17대 총선 당시 일시적으로 원내 1당을 내준 것을 제외하면 2012년 19대 총선까지 국민의힘 계열 정당은 원내 1당의 위치를 놓치지 않았다(단독 과반 의석도 자주 차지함). 그러나 20대 총선을 기점으로 계속해서 원내 1당 자리를 내주고 있으며 의석수가 대폭 감소(減少)한다. 그런데 비례선거 득표율은 33~37% 선을 계속 유지하고 있다는 점이 특이한 사항이다.

※ 25년 전이나 현재나 국민의힘 계열 정당이 얻은 비례선거 득표율은 변함이 없지만, 총선의 결과는 크게 달라졌다. 이러한 현실은 국민의힘 계열 정당의 관점에서 봤을 때, 선거제도의 개편이 절실하게 필요한 상황임을 알려준다. 하지만 어쩐 일인지 국민의힘은 선거제도 개편에 강렬하게 반대하고 있다. 아마도 TK 지역 정치인을 중심으로 한 기득권 때문으로 보인다.

민주당의 불안 포인트: M세대의 잦은 변심, X세대의 이탈, 86세대의 중도·보수화

총선은 단순하게 유권자 전체의 표수만으로 결과가 나오는 것이 아니다. 비례투표와 지역구 투표가 나뉘어 있고, 지역마다 개별적인 선택이 있을 수도 있다. 그럼에도 현재의 유권자 지형이 민주당에 유리하다는 점은 변함이 없다.

2020년대에 들어서 민주당은 국회 제1당은 물론이고 단독 과반 의석을 차지하는 데 큰 어려움이 없는 시대가 되었다. 하지만 대선은 다른 얘기이다. 총선과 비교하면 투표율부터가 다르다. 진영 간 결집의 최대화가 진행된다. 중도층도 큰 관심을 가지고 높은 참여도(투표율)를 보인다. 그러한 과정에서 얼마든지 의외의 결과가 나올 수 있다.

누차 말하지만, 그런 사례가 바로 2022년의 20대 대선이다. 아무리 Z세대 남성의 선택이 국민의힘 후보를 향했다고 하더라도 민주당 후보가 승리할 수 있었다. 그러나 민주당이 패했다.

그 이유는 절대적으로 민주당을 지지해 줄 것으로 예상됐던 X세대에서 이외의 선택이 나왔기 때문이다.

  20대 대선에서 X세대의 투표율은 기대만큼 높지 않았다. X세대의 연령대를 고려할 때, 20대 대선에서 X세대의 투표율은 최소한 3~5%p 정도는 더 나왔어야 했다. 그뿐만 아니라 X세대 중 적지 않은 수가 민주당 후보 지지에서 이탈하여 국민의힘 후보를 선택하였다.

  20대 대선의 승부를 가른 수치가 불과 24만여 표임을 고려하면 X세대의 선택은 선거의 결과를 뒤바꿀 수 있을 정도의 충분한 변화였다.

  일부는 50대가 되었고 다수가 40대였던 X세대가 그 연령대에 걸맞다고 할 만한 투표율을 보이지 못했다. 그게 끝이 아니다. 민주당의 절대 지지층으로서 다른 선거 때는 국민의힘 계열 후보에게 25% 이하의 득표율만 보였던 X세대지만, 20대 대선에서는 국민의힘 후보에게 무려 35%가 넘는 지지를 보였다.

  애당초 기대했던 만큼의 투표율, 그리고 예전만큼의 국민의힘 후보 지지(득표율)였다면, 24만여 표의 차이는 충분히 뒤집었을 것이고, 당연히 대선의 결과도 바꿔놓았을 것이다.

  민주당이 긴장을 늦추지 말아야 할 또 하나의 포인트는 86세대의 선택이다. 86세대의 연령대가 50대로 진입하기 전까지는 아직 Z세대가 투표권을 갖지 못하던 시절이다. 그런 시기에 민주당의 지지기반은 86세대와 X세대였다.

  그런데 86세대가 연령 효과를 보이며 중도화 또는 보수화되었다. 그렇게 바뀐 성향은 선거에서의 선택도 함께 바꾸어 주었다. 각종 여론조사에서 역시 50대는 두꺼운 중도층이 되어있다. 50대의 선호는 민주당과 국민의힘, 무당파 등에 고루 분포되어 있다.

가장 최근 선거인 22대 총선에서 (비례선거 기준) 50대는 민주당에 25%, 국민의힘에 26%, 제3당에 39%씩 선택을 나누어 주었다. 눈여겨 볼 점은 50대가 가장 많이 선택한 곳은 양당이 아니라는 사실이다.

2022년 20대 대선에서 86세대는 민주당 후보 53%, 국민의힘 후보 43%로 양자 대결 양상에서는 여전히 민주당을 선택하지만, 과거 대선과 비교해 보면 민주당 후보를 선택한 비율은 세월이 지나면서 계속 감소하고 있다. 그런 추세라면 다가올 대선에서 86세대가 민주당 후보를 선택할 비율이 50% 선을 넘지 못할 가능성도 있어 보인다.

더구나 22대 총선(비례선거 기준)에서 86세대는 민주당에 국민의힘보다 낮은 득표율을 안겨주었으며, 조국혁신당에 38%가 넘는 득표율을 안겨주었다. 만약 다가올 대선에서 조국혁신당이 단독 후보를 낸다면, 그리고 민주당과 단일화나 연대를 하지 않는다면, 민주당으로선 도무지 계산이 서지 않는 게임이 될 것이다.

대선에서 후보를 내지 않는 원내 정당은 존재가치가 없는 정당이 되어버린다. 그러므로 조국혁신당은 무조선 내신 후보를 낼 것이다. 민주당에는 X세대의 이탈 못지않은 매우 큰 변수가 될 것이다.

M세대의 변심도 20대 대선에서 민주당 패배의 원인 가운데 하나였다. 22대 총선에서 M세대는 민주당에 가장 높은 득표율을 안겨주었지만, 조국혁신당에 24%가 넘는 지지율을 보이면서 21대 총선이나 20대 대선과는 또 다른 결과로 과제를 남겨주었다.

22대 총선은 민주당의 압승으로 끝났지만, M세대의 지지세 회복은 완전하지 못한 상태이다. 대선은 총선과 달리 유권자들이 선택한 표수의 합으로만 승부를 갈라야 한다.

만약 M세대의 선택이 어중간하거나 혹은 20대 대선과 유사하게 흐른다면 21대 대선에서 민주당은 승리할 수가 없다.

특히 22대 총선에서 M세대는 국민의힘을 25%나 지지했다.

국민의힘으로 이동했던 M세대가 일부이기는 하지만, 여전히 작지 않게 남아있다. M세대의 선택은 21대 대선에서 민주당을 매우 곤혹스럽게 만들 수도 있다.

국민의힘 불안 포인트: 떠나버린 Z세대 남성과 M세대 남성의 지지세

Z세대 남성이 국민의힘 지지에서 이탈하고 있음은 22대 총선에서 확인됐다. 이미 정례 여론조사에서 충분히 감지되었던 바이다.

12.3 비상계엄 사태 이전에 진행된 여론조사인 한국갤럽 2024년 11월 4주차(데일리 오피니언 604호) 결과에서, 20대 남성은 윤석열 대통령에 대하여 '긍정 10%, 부정 77%'를 나타냈다. 전체 응답은 긍정 19%, 부정 72%였다. 전체 여론과의 격차도 컸지만, 기본적으로 대통령에 대한 불신이 상당했다.

앞서 말한 조사는 비상계엄 사태 직전의 조사로 비상계엄과 탄핵 추진 등의 원인이 있기 전부터 윤석열 대통령에 대한 Z세대 남성의 불신과 반감이 상당했다는 의미이다.

정당 지지도 전체 응답에서는 민주당 33%, 국민의힘 32%였는데, 20대 남성은 민주당 24%, 국민의힘 19%로 나타났다. 국민의힘 지지율은 민주당보다 오차범위를 넘는 약세였다. 국민의힘 지지는 전체 응답자 비율보다 13%p나 낮았다.

윤석열 대통령이 대선에서 승리한 직후인 2022년 3월 3주차 조사(

한국갤럽 데일리 오피니언 487호) 당시 20대 남성의 국민의힘 지지율 31%와 비교하면 12%p가 이탈을 한 것이다.

실제 선거 결과에서 국민의힘 지지를 이탈한 Z세대 남성의 분포를 보면 더욱 심각한 수준이다. 2022년 20대 대선에서 Z세대 남성은 윤석열 국민의힘 후보에게 약 58%의 득표율을 보였으나, 불과 2년 만인 2024년 22대 총선에서 국민의힘의 득표율은 (비례선거 기준) 31%였다. 무려 27%p나 낮아졌다.

22대 총선에서 Z세대 남성은 민주당에 27%의 득표율을 안겨주었다. 양당 간의 지지세(득표율) 격차가 얕아지고 있음을 보여주었다. 또한 이준석 의원이 함께하는 개혁신당에는 16.9%였는데, 국민의힘 지지에서 이탈한 대부분이 어디로 이동했는지 가늠해 볼 수 있었다.

주지하듯이 이준석 의원과 개혁신당은 반윤석열 대열의 강력한 우군이다 윤석열 대통령 탄핵에 민주당 못지않게 앞장섰다. 탄핵 이전에 진행된 윤석열 정부를 향한 여러 특검(김건희 특검, 채상병 특검 등)도 민주당과 함께 통과시켰다.

개혁신당의 주요 정치인들 역시 각종 언론 매체에 출연하여 윤석열 정부와 국민의힘 내부의 '친윤' 세력을 강하게 비판하였다.

이러한 결과와 진행 상황은 Z세대 남성이 국민의힘 지지에서 일시적인 이탈로 끝나지 않을 것임을 충분히 예상할 수 있게 해준다.

어쩌면 국민의힘 자력으로 Z세대 남성의 지지세를 회복하기는 불가능할 것으로 보인다.

M세대 남성의 양상도 Z세대 남성과 크게 다르지 않다.

국민의힘은 자력으로 MZ세대 남성의 지지세를 회복할 만한 여력과 의지를 전혀 찾을 수 없다.

다만 정치공학적인 전술이 남아있다.

이준석 의원 및 개혁신당과의 합당 또는 선거 연대라면 직접적인 국민의힘 지지까지는 아니더라도 우회하는 방법을 통해 Z세대 남성의 지지를 모을 수 있을지도 모른다. 하지만 그러한 방법이 가능할지는 미지수이다.

이준석 의원이 봤을 때 국민의힘은 자신을 범죄자로까지 만들어 가며 쫓아내 버린 정당이다. 그런 국민의힘과 다시 합치기 위해서 이준석 의원이 내걸 조건은 그리 만만하지 않을 것이다.

국민의힘은 12.3 비상계엄 사태 당시에 방관했으며, 탄핵 추진 이후에도 윤석열 대통령을 강하게 비호하고 있다. 그런 국민의힘이 개혁신당과 다시 함께할지도 미지수이지만, 그러한 모습을 누적해서 보여 온 국민의힘에 MZ세대 남성들이 다시 지지세를 몰아줄지도 의문이다.

아무리 일부 MZ세대 남성들이 보수화되었더라도 MZ세대 남성들은 산업화 세대와 또 다르다. MZ세대는 남성이든 여성이든 공정과 정의에 대하여 민감한 세대이다. 그리고 Z세대 남성은 보수 정당에 충성스러운 지지층이 아니라 강력한 캐스팅-보트 그룹이다. M세대 남성에서 민주당 지지율은 점점 높아지고 있다.

전체 판도는 결국 21대 대선 전에 '리셋(Reset)' 이루어질 것

윤석열 대통령에 대한 탄핵 추진은 2025년 1월 현재 우리 정치권의 불투명함을 다시 한번 보여준 사건이다. 당장은 탄핵 여파로 민주당의 높은 지지율과 국민의힘의 지리멸렬이 이어지겠지만, 헌법재판소에서 탄핵이 인용되고 또다시 갑작스러운 대선을 진행하게 되면 정치 구도와 유권자 지형은 다시 '리셋(Reset)'될 것이다. 그러한 점은 2017년 19대 대선에서 이미 확인된 바이다.

2016년 박근혜 대통령이 국회에서 탄핵이 되기 직전의 대통령 지지율은 5% 이하였고, 당시 여당인 새누리당의 지지율은 13% 선이었다. 윤석열 대통령 탄핵과 이후 국민의힘 지지율을 고려한다면 2025년 1월 현재의 보수 정당의 지지세는 2016년 당시보다 강하게 유지되고 있다.

이른바 탄핵에 대한 학습효과로 볼 수 있다. 탄핵은 찬성해도 보수 진영 전체의 붕괴까지는 바라지 않는 보수층의 결집 때문이다. 확실히 2016년의 사례와 비교하면 매우 강하게 버티고 있다.

눈여겨볼 점은, 2016년 당시에 여당과 보수진영의 붕괴가 있었음에도 이어진 대선에서(19대 대선) 보수 진영은 어느 정도의 회복력을 보여주었다는 사실이다.

'표8'에서 보듯이 19대 대선 당시 전체 결과에서 문재인 후보는 단독 과반을 차지하지 못했다. 당시 대선에서 잠시 얘기가 있었던 보수 정당과 제3당 후보 간의 단일화가 현실이 되었다면 승부가 어떻게 되었을지는 알 수 없었다. 그에 더해 2번째 보수 후보인 유승민 후보의 득표력까지 합친다면 총 51%를 넘어버린다. 민주당 후보와 정의당 후보의 득표율을 합친 것보다 높다.

비록 보수 정당 소속의 대통령이 탄핵되어서 갑자기 진행된 대선이었지만, 보수진영의 회복력이 상당했음을 보여준다. 더구나 탄핵의 여파가 가라앉지 않은 상태임을 고려한다면 더욱 놀랍다고 할 수 있다.

박근혜 대통령의 탄핵 직후 보수 정당(국민의힘 계열 정당)의 지지율은 민주당과 비교한다면 매우 약세였다. 하지만 대선은 온 국민이 관심

[표8. 2016년 탄핵과 19대 대선, 2024년 탄핵 당시 정당 선호도 비교]

	민주당 계열 정당 혹은 후보	국민의힘 계열 정당 혹은 후보	제3당 정당 혹은 후보 1	제3당 정당 혹은 후보 2
2016년 12월 3주차 정당 지지율 (2016 탄핵 직후)	40%	15% (새누리당)	12% (국민의당)	3% (정의당)
2017년 1월 2주차 대권 지지율 (탄핵 후 첫 대권주자 조사)	31% (문재인)	5% (황교안)	7% (안철수)	20% (반기문 -무소속)
2017년 4월 4주차 정당 지지율 (19대 대선 직전)	38%	11% (자유한국당)	18% (국민의당)	7% (정의당)
19대 대선 득표율	41.08% (문재인)	24.03% (홍준표)	21.41% (안철수)	6.76% (유승민)
2024년 12월 3주차 정당 지지율 (2024 탄핵 직후)	48%	24%	4% (조국혁신당)	2% (개혁신당)
2024년 12월 3주차 대권 지지율 (탄핵 후 첫 대권주자 조사)	37% (이재명)	5% (홍준표, 한동훈)	3% (조국)	2% (이준석)

※ 자료 출처: 20대 대선 총람(중앙선관위), 한국갤럽 데일리 오피니언 240호(2017년 12월 3주차 조사)·242호(2017년 1월 2주차 조사)·256호(2017년 4월 4주차 조사)·607호(2024년 12월 3주차 조사)

을 가지고 정권 형태를 가늠하게 해주는 선거이므로 정당 선호와는 크게 다른 결과가 나온다. 실제로 대선 결과는 여론조사에서 나타난 정당 지지율과 큰 차이를 보여준다.

탄핵 후 진행하는 대선일지라도 대선은 또 다른 양상의 게임이며, 지지세의 결집은 원래대로 돌아온다는 의미이다. 탄핵은 탄핵이고, 새로운 정부의 탄생을 알리는 대선은 또 다른 얘기라는 뜻이다. 탄핵 당시에 정치권 지지세는 대선이 시작되면 다시 '리셋'된다는 것이다.

윤석열 대통령 탄핵 직후의 모습 역시 2016년 당시와 크게 다르지 않다. 다만 여당인 국민의힘 계열 정당의 지지율이 2016년 당시와 달리 20%대를 견고하게 유지하고 있다.

보수층은 2016년의 경험이 있으므로 보수의 뿌리라고 할 수 있는 보수 정당의 붕괴까지는 막아내고 있다. 비상계엄을 했던 대통령에 대한 탄핵은 탄핵이고, 보수 세력의 뿌리까지는 뽑을 수 없으며, 혹시 재개될 갑작스러운 대선을 위해서라도 보수진영 자체를 흔드는 일 역시 하지 않겠다는 보수층의 단단한 결집력을 보여준다.

이러한 점은 만약에 윤석열 대통령의 탄핵이 헌재에서 인용되어 바로 대선으로 이어진다고 해도, 마냥 민주당에 유리하지만은 않을 것임을 암시한다. 아직 국민의힘과 보수진영에는 유력한 대선후보가 없지만, 결과가 어떻게 전개될지는 아무도 모른다.

2017년에도 그랬다. 보수 정당의 대선 후보는 탄핵 여파가 짙을 당시만 해도 보이지 않았지만, 막상 대선에서 보수 정당 후보들의 득표율 합은 30%를 넘었다. 아닌 말로 제3당 후보(안철수)가 보수표를 잠식하지 않았으면 19대 대선에서 문재인 후보의 승리는 불가능했을 수도 있다.

19대 대선이 그러했듯이 2025년에 갑자기 치러질지도 모르는 21대 대선 역시 비슷한 양상으로 흘러갈 가능성이 있다. 다시 강조하자면 탄핵이 있든 없든 21대 대선은 원래의 구도로 진행될 것이고, 그 구도는 결국 세대 구도라는 점이다. 세대별 득표율이 21대 대선에서 중요한 전략 포인트가 될 것이다.

21대 대선이 원래 예정된 2027년에 치러지든, 갑작스럽게 2025년에 치러지든 마찬가지일 것이다.

21대 대선은 결국 세대 구도로 치러진다

이제까지 세대별 특성과 예상 결과가 21대 대선의 중요한 포인트가 될 것임을 충분히 살펴보았다. 그렇다면 21대 대선을 포함하여 2026년부터 진행될 주요 선거에서 세대 구도와 세대별 공략 포인트는 어떻게 될지도 궁금해진다.

만약 21대 대선이 원래대로 2027년에 진행된다면, 2026년 지방선거는 민주당의 일방적인 승리가 예상된다. 2024년 22대 총선의 경우와 비슷하게 '윤석열 정권 심판론'이 선거판을 휩쓸 것이다.

만약 21대 대선이 갑작스럽게 2025년에 진행된다면, 2026년 지방선거는 지난 2022년 지방선거와 비슷하게 대선에서 승리한 정당의 손쉬운 승리가 이어질 것으로 예상된다. 이 점은 전문가가 아니더라도 누구나 충분히 예상이 가능한 사항이다.

관건은 21대 대선이다.

2025년에 진행하든, 2027년에 진행하든, 2025년 1월 현재의 어지러운 상황이 '리셋'되면서 당초 예상된 세대 구도의 양상으로 진행될 것이다.

국민의힘에서 2027년보다 2025년이 다소 나을 수 있다는 위안거리를 찾는다면, 산업화 세대의 인구가 더 감소하기 전에 치른다는 점일 터이다. 또한 민주당 성향을 강하게 보이는 Z세대 여성의 일부가 여전히 투표권을 확보하지 못한 상태이기도 하다.

그 숫자(산업화 세대 인구의 감소와 Z세대 여성의 투표권 추가)의 규모가 그리 크지 못하다고 하더라도 변수에서 예외가 되지는 않을 것이다. 20대 대선은 불과 24만여 표 차이로 승부가 갈렸다. 그러므로 국민의힘의 절대적인 지지층인 산업화 세대 중에 수만의 인구가 사라지고, 반대로 자신들에게 적대적인 수만의 인구가 투표권이 새로 생기는 2년 동안의 변화는 결코 작게 느껴지지 않을 것이다.

세대별 상황을 한 번 더 점검해 보자.

2020년대에 선거 양상은 △민주당 후보에게 60%에 가까운 득표율을 보여주는 Z세대 여성 △강력한 캐스팅-보트 그룹으로 돌아간 Z세대 남성 △일부가 40대에 진입하며 이전보다는 높은 투표율을 보일 것으로 예상되고, 그러면서 캐스팅-보트가 되는 M세대 △민주당의 강력한 지지기반이지만 20대 대선에서 생각보다 낮은 투표율과 일부는 민주당 후보의 지지에서 이탈을 보인 X세대 △연령 효과를 보이면서 이제는 진보가 아니라 중도와 중도 보수가 되어버린 86세대 △강력한 국민의힘 지지기반이지만 인구가 자연 감소 중인 산업화 세대.

21대 대선은 이렇게 다양한 세대가 펼치는 세대 구도가 될 것이다.

각 세대가 얼마나 적극적인 참여로 어느 정도의 투표율을 보일시, 이미 지지 성향이 굳어진 세대들이 얼마나 더 적극적으로 결집할지 또는 지지세에서 이탈할지, 그리고 적지 않은 캐스팅-보트 그룹과 중도성향 계층이 된 세대가 어느 곳에 표를 몰아줄지 등이 관건이다. 세대별로 각각의 관건과 해결 포인트가 다르다.

때로는 어느 세대의 지지를 얻기위해 다른 어느세대를 포기해야 할수도 있다. 그렇다면 얻을 수 있는 것과 놓아야 할 것에 대한 면밀한 표 계산도 필요하다.

X세대와 M세대의 경우는 민주당 지지 성향이 강하지만, 그것이 불변의 진리가 아니라는 점도 확인되었다.

민주당은 이미 이탈의 경험이 있는 유권자의 마음을 어떻게 돌릴지, 그리고 추가 이탈을 얼마나 막아낼지가 관건이다.

국민의힘은 민주당 이탈을 추가로 만들 수 있을지, 그리고 민주당 지지에서 이탈한 세대를 얼마나 끌어들일 수 있을지가 관건이다.

86세대는 2020년대에 들어 정치세력의 균형 맞춰주기에서 중심에 선 세대이다. 이 말은 86세대가 선택하는 세력이 결국 승리에 가까워진다는 의미이기도 하다. 연령 효과로 인해 보수화되었지만, 86세대의 핏속에는 민주화 1세대라는 자부심이 아직도 흐르고 있다. 여전히 우리 사회를 이끄는 지도자 그룹의 상당수가 86세대에 속해있으면서, 곧 은퇴를 앞둔 세대이기도 하다.

86세대는 나이가 적지 않은 만큼 정책 하나하나를 꼼꼼하게 살필 수 있는 연륜과 경험이 풍부하다. 자신들이 처한 미래에 대한 정책도 자세히 살펴볼 것이다.

원내 7당 체제, 이합집산도 변수

21대 대선은 세대 구도가 상수이다. 그러면서 정치권에서 펼쳐지는 인물 구도와 정당 간의 이합집산도 중요한 변수가 될 것이다.

22대 국회는 원내 정당이 7개나 된다. 양당 외에 5개 정당은 비록 원내 교섭단체는 아니어도 대선에서 결코 얕볼 수 없는 변수와 돌풍이 될 수 있는 정당들이다.

특히 조국혁신당과 개혁신당에서 독자적인 대선 후보가 나온다면 민주당과 국민의힘 모두 머릿속이 복잡해지게 마련이다. 원내 3당과 4당이 양당 중에서 특정한 곳과 단일화나 연대를 구성한다면, 이 또한 계산

우리정치 정상영업 합니다

기로 나오기 힘든 복잡한 함수가 될 것이다.

원내 의석을 3석이나 보유한 진보당도 대선후보를 낼 것이며, 아마도 민주당과의 단일화나 연대는 쉽지 않아 보인다. 21대 대선이 불과 0.73%p의 차이로 결과가 나온 20대 대선처럼 흘러간다면, 진보당의 영향력을 결코 무시할 수 없다.

20대 대선에서 완주했던 정의당 심상정 후보는 대선이 끝나고 몇 년이 지난 현재까지도 일부 민주당 지지층으로부터 힐난을 받고 있다. 그러나 원내 정당의 후보가 선거를 완주한 사실은 비난을 들어야 할 일이 아니라 당연한 일이다.

진보 계열 정당과 연대하지 못한 결과는 큰 정당(민주당)의 미숙함이나 실수(또는 자만)이지, 대선을 완주한 정당이나 후보를 나무랄 일은 아니다.

21대 대선을 앞둔 상황에서 각 정당의 관점으로 변수를 살펴보자.

먼저 원내 1당인 민주당의 경우는 어떤가? 2025년 1월을 기섬으로 평가한다면, 민주당 이재명 대표가 21대 대선에서 가장 유력해 보이는 것은 사실이다. 하지만 따 놓은 당상은 절대 아니다.

앞서 언급한 세대 구도에서의 변수가 관건이다. 조국혁신당의 후보도 그렇고, 가장 큰 변수는 보수 정당의 후보들이다. 조국혁신당 후보이든 보수 정당들의 후보이든 결국 세대 구도 속의 변수이기는 하다.

지난 22대 총선(비례선거 기준)에서 86세대와 X세대는 조국혁신당을 가장 많이 지지했다. 민주당은 그런 조국혁신당을 어떻게 할 것인지 명확한 전략이 있어야 한다.

개혁신당 소속 이준석 의원은 여전히 Z세대 남성에게 영향력을 갖고 있다. 만약에 20대 대선처럼 Z세대 남성의 지지세를 보수진영 전체로 이끌어 간다면 민주당 후보는 또다시 버거운 싸움을 벌여야 한다.

개혁신당 후보와 국민의힘 후보가 단일화하든지 연대를 하든지 다시 합당하든지 그 어떤 경우라도 민주당에는 커다란 변수가 된다.

만약에 이준석 의원이 개혁신당의 대선 후보가 되고, 동시에 국민의힘 내에서 여전히 영향력을 발휘하고 있는 홍준표 대구시장이 다시 대선 후보가 되어 두 후보(정당)가 힘을 합친다면, 그 여파는 상상하기가 어렵다.

만약에 '홍준표 대통령-이준석 총리' 형식의 러닝-메이트가 결성되면 이 역시 세대 구도 안에서 이루어지는 정치 구도의 한 형태이다. 문제는 2가지로 압축된다.

민주당과 이재명 대표가 그 연합을 넘어설 수 있는 대안이 있을까? 그것을 넘어설 방법이 없지는 않지만, 그런 방법을 실행할 용기와 의지가 있을까?

다음으로 국민의힘의 경우는 어떨까?

보수를 상징하는 국민의힘은 점점 감소하는 산업화 세대의 절대적인 지지만으로는 버틸 수가 없다. 대선이야 어떻게 할지는 몰라도 총선에서 만년 원내 2당을 벗어나기 힘들다.

대선으로 정권만 잡으면 그만이라는 생각은 오산이다. 그러한 점은 윤석열 정권에서 충분히 경험했다. 그렇다고 하더라도 일단은 닥쳐오는 대선부터 생각해야 한다. 그런데 막상 뚜렷한 대안이 없다.

일단 탄핵의 여파에서 극우만이 살아남게 되는 지리멸렬한 상태부터 바로잡아야 한다. 그다음은 민주당 후보의 지지세를 이겨낼 만한 후보가 필요한데 마땅한 후보가 보이지 않는다. 몇 가지 가능성을 두고 묻지 않을 수 없다.

마땅한 후보가 없다면 외부에서 윤석열 후보를 모셔 왔듯이 또다시 검증되지 않은 사람을 내세워야 할까? 아니면 두 눈 질끈 감고 이준석 의원과 개혁신당에게 손을 벌려야 할까? 그런다고 일시적 연맹에 불과한 노년층과 Z세대 남성의 연대가 다시 살아날까? 결국 이준석 의원의 결정에 국민의힘의 운명이 달린 것일까?

제3당과 4당도 복잡하다. 조국혁신당의 경우를 둘러보자.

대선 후보를 내지 않는 것은 자신들이 속한 정당을 22대 국회까지만 운영하고 폐쇄하겠다는 것이나 다름없다. 무조건 후보가 나와야 한다.

그렇다면 조국혁신당은 누구를 내세울 것인가? 민주당과 관계는 어떻게 해야 할까? 무작정 단일화는 정당의 소멸을 뜻하는 또 다른 길이다. 연대를 한다면 어느 정도이고 어떤 타이밍이어야 하나? 완주의 가능성은 없을까? 22대 총선에서 86세대와 X세대에게서 받은 엄청난 지지와 관심을 21대 대선에서는 그냥 보고만 있어야 할까?

개혁신당의 경우는 어떨까?

대선에서 각개 전투는 결국 민주당에 어부지리 승리를 줄 것이다. 그렇다고 '친윤'이 여전히 득세 중인 국민의힘과 함께한다고? 국민의힘과 함께하는 것 외에 방법은 없을까? 민주당 그리고 조국혁신당과는 함께하기가 완전하게 불가능할까? 정치인 이준석이 갖고 있는 Z세대 남성의 지지세는 여전할까? Z세대 남성의 지지를 얻기 위해 더 많은 수의 MZ세대 여성의 지지세는 또다시 포기해야 하나? 정치인 이준석이 새로 탑재해야 할 어젠다는 무엇이어야 할까?

이런 질문들이 모두 세대 구도로 펼쳐질 21대 대선의 양상이다.

복잡하지만 복잡하지 않다. 단순한 계산기 두드리기라면 풀지 못할 함수이지만, 대한민국 정치를 위한 그리고 대한민국의 미래를 위한 투철한 철학과 신념이 있다면 계산기 따위는 내던지고 지향할 바가 무엇인지 찾아내서 확고하게 실행해야 한다. 그래야 이길 수 있다.

제8부

2020년대 한국 정치의
복원은 가능할까?

정치가 실종된 2020년대 한국 정치

\

여야가 갈리면 의원들끼리 밥도 같이 안 먹는다

"요즘은 여야 의원들끼리 밥도 잘 안 먹더라니까?"

21대 국회가 한창이던 2022년쯤 만난 국회의원들에게 '상임위원회 분위기가 어떤가요?' 하고 물으면 으레 듣는 말이었다.

과거에는 공개회의에서 서로 핏대를 올리고 손가락질했던 다른 당 의원들끼리도 점심 저녁에 같이 밥이라도 먹으면서 현안에 대한 의견 차이를 좁히고 합의에 이르곤 했다는 설명도 늘 곁들여졌다.

'밥도 같이 안 먹는다.'라는 표현에는 당이 다른 의원들끼리는 서로 적대시한다는 풍토가 녹아있었다. 만나질 않으니까, 협상의 예술이라는 정치 자체가 이뤄질 리 만무했다.

2020년대 이전까지는 그나마 조금이라도 정치가 살아있었다.

20대 국회는 원내 교섭단체인 제3당의 존재와 함께 다당제(多黨制)가 구현되었다.

당시 제3당의 원내대표실에서 근무했던 한 인사의 전언에 따르면 "어떤 날에는 원내 기획을 담당한 나조차도 모르는 원내대표의 비공개 일정이 잡혀있던 때가 간혹 있었다. 알고 보니 그런 일정 중에 상당수가 3당 원내대표 세 분만 모처에서 몰래 만나는 일정이었다. 그런 일정을 통해 세 사람이 몇 시간에 걸쳐 상의하고 협의하며 합의 초안을 도출해 왔던 경우가 수차례에 달했다."라고 한다.

당시만 해도 정치가 살아있었고 정치가 활발하게 작동하고 있었다는 얘기이다. 하지만 지금은 정치 진영의 양극화와 함께 정치가 실종됐다는 말이 일상화됐다.

2022년 윤석열 정부의 출범과 그의 정치적 동반자가 되어있어야 할 21대 및 22대 '여소야대' 국회 구도에서는 특히 두드러졌다.

야권이 180석이 넘는 의석의 힘으로 법안을 통과시키면, 대통령이 거부권으로 맞받아치는 풍경은 지금 한국 정치에서 너무나도 익숙한 그림이 돼 버렸다.

[보기12. 역대 대통령의 거부권(재의 요구권) 행사 사례(윤석열 사례 제외). 국회사무처 자료]

대통령	재의 요구	법률 확정			폐기	
		재의결	수정 의결	철회	부결	임기만료
이승만	45	31			14	
		24	6	1	9	5
박정희	5	1			4	
				1	1	3
노태우	7	–			7	
					4	3
노무현	6	1			5	
		1			2	3
이명박	1				1	
						1
박근혜	2	–			2	
						2
합계	66	33			33	
		25	6	2	16	17

자료: 국회사무처, 『2020 의정자료집』, pp. 576-584에서 대통령 임기를 기준으로 재구성

우리나라는 이승만 정부 출범 이래 거의 80년에 가까운 세월 동안 모두 91번의 대통령 거부권이 행사되었다. 그중에 4분의 1이 넘는 27% 이상인 25차례의 거부권이 윤석열 대통령의 재임 기간에 행사되었다.

전체 기간 중 5%에 불과한 약 2년 반 동안에 모든 거부권 숫자의 27%가 집중된 것이다. 이쯤 되면 윤석열 대통령은 정치를 거부권으로만 했다고 할 수 있을 정도이다. 아예 정치를 내팽개쳤다고 할 수 있다.

정치 실종의 끝은 2024년 12월 3일, 윤석열 대통령의 비상계엄 선포였다.

윤석열 대통령에게 야당이 다수인 국회는 정부에 협조하지 않는 반국가단체였다. 윤 대통령은 국회 및 야당과의 대화와 타협을 통해 합의점을 찾아가는 정치를 택하지 않고 총부리를 꺼내 들었다.

정치의 길을 택하지 않은 대통령은 민주주의 체제 아래 국민의 대표라는 정당성을 잃었고, 국회는 그의 탄핵소추안을 통과시켰다.

2025년 1월 현재 시점으로 보면, 윤 대통령이 헌법재판소의 결정으로 탄핵이 인용되거나 기각되더라도 정치 실종의 시대가 끝나는 것은 아닐 듯하다. 국민의힘과 더불어민주당으로 대표되는 두 진영 간의 갈등과 반목은 끝날 기미를 보이지 않고 있기 때문이다.

선거제도 개편과 개헌에 준하는 정치 지형의 변화가 없다면 양당 체제 아래의 진영 대립은 바뀌지 않으리라는 우려가 여전하다. 문제의 핵심은 양당이 아니라 양당제로 고착될 수밖에 없는 현행 제도라는 지적은 매우 타당해 보인다.

양극화, 양극화, 양극화

양극화된 정치 지형은 언제부터 만들어진 것일까.

20세기에도 영호남 간의 지역감정은 존재했고, 정당 정치는 지역주의를 기반으로 이루어졌다. 하지만 지금의 양극화를 이해하고 설명하려면 인터넷을 통한 팬덤 정치를 빼놓을 수가 없다.

2002년 말 16대 대선을 앞두고, 당시 여당이던 새천년민주당은 '국민 참여 경선'을 도입한다. 더 많은 당원과 국민이 참여해, 그들의 의견을 반영한 후보를 대선에 내겠다는 목적이 있었다.

지금은 '대의원'으로 불리는, 당내에서 대표성을 띠고 힘이 있는 소수의 당원이 결정했던 당내 경선은 이때를 기점으로 풍토가 바뀌었다. 이후에는 보수 정당도 국민 참여 경선을 도입했다.

당시 경선의 승자는 뜻밖에도 노무현이었다.

'노사모(노무현을 사랑하는 사람들의 모임)'를 위시한 팬덤이 인터넷에서 주도했던 여론을 등에 업은 결과라는 분석이 가장 많았다. 온라인 커뮤니티, 포털사이트 뉴스 댓글 등에서 모두가 자신의 의견을 낼 수 있는 기술적인 기반도 이미 마련되어 있었다.

인터넷의 힘으로 돌풍을 일으켜 대통령까지 당선된 노무현은 인터넷 공간에서 거꾸로 질타당하기도 했다. '밈'이라는 말이 통용되지 않았던 2000년대에도 어느 기사나 커뮤니티에 '이게 다 노무현 때문이야!'라는 글을 쉽게 볼 수 있었다.

2009년 이명박 정부 검찰 수사와 노무현 전 대통령의 죽음 이후 양상이 달라졌다. 노무현 정부에 '비판적 지지'를 보내던 온라인 여론은 노무현 전 대통령 죽음을 겪고 들끓었다. 절대적으로 지지하지 않아서 노 전 대통령이 비극에 이르렀다는 분위기는 강성 지지층의 결집을 불러왔다.

스스로 '폐족'이라고 일컬었던 친노 정치인들은 이런 반응을 이용했다. 당내 경선 등에서 '참여 민주주의'를 확대한다는 명분 아래 온라인 강성 여론의 참여를 늘려갔다. '노무현의 친구' 문재인을 전면에 내걸고 '친노'가 '친문'으로 재편되는 동안 경향성은 변함이 없었다.

2008년 미국산 쇠고기 수입을 둘러싼 대규모 촛불 집회 이후 온라인 여론의 중요성을 깨달은 여권은 박근혜 정부 출범 전후 일간베스트저장소(일베)를 방기했다. 온라인 커뮤니티에서 강세였던 진보 진영에 대한 반감과 맞물려 혐오 발언 문제가 커졌음에도 유튜브의 영향력이 확대되자, 보수 진영은 유튜브에서 영향력을 키웠다.

당시의 시기는 '최순실 게이트'가 사회 이슈화되고 박근혜 대통령 퇴진 여론이 불붙었을 때였다.

박 대통령이 탄핵에 이르는 시점과 맞물린다. 그 이전 팟캐스트는 '나는 꼼수다'를 비롯하여 진보 진영이 먼저 선점했다면, 유튜브는 '신의 한수'로 대표되는 보수진영이 먼저 강세를 띠었다.

강성 지지층의 득세는 소셜 미디어의 기술적 특징과도 관계돼 있다. 트위터, 페이스북을 비롯한 SNS는 자신이 '팔로우'하는 등 관계를 맺은 사람들의 게시물을 무작위로 보여주는데, 자신이 최근에 본 글이나 영상과 비슷한 내용의 내용들을 주로 끌어온다. 그런 알고리즘은 이용자의 생각을 더욱 강화하고, 또 비슷한 성향의 사람들끼리 주로 관계를 맺도록 한다. 자신과 다른 생각을 받아들이기보다 비슷한 생각에 확신을 품는 경우가 더 일반적이다.

강성 지지층의 대표적인 활동은 '문자폭탄'이다.

자신과 다른 의견을 피력했던 정치인에게 여러 사람이 집단으로 문자 메시지를 보내거나 사무실로 항의 전화를 거는 일이 많았다.

후원금 계좌에 욕설을 연상하게 하는 '18원'을 송금하는 것도 이들의 의사표시 중 하나였다.

처음에는 진보 진영에서 보수 정당을 향해 던졌던 폭탄은 문재인 정부가 들어서면서부터 당내 '비문' 의원들에게로 향했다. 방법도 진화했다. 의원실 팩스로 검은색 종이를 보내는 일도 있었는데, 의원실의 복합기 토너를 빨리 소모하게 만드는 방법으로 통했다.

그럼에도 정치인들, 특히 국회의원들은 '폭탄'을 받는 당사자가 아니라면 강성 지지층을 적극적으로 말리지 않았다. 정당의 의사결정 때 당원 의견 비중이 높아져 왔는데, 이는 국회의원 공천도 마찬가지이기 때문이다. 강성 지지층의 뒷받침 속에 당권을 잡은 지도부가 공천에서 지지층 의사와 반대 방향으로 간 적은 없었다. 그것을 아는 지지층들은 당 주류의 묵인 속에 활동을 이어가고 있다.

이런 양상은 민주당 쪽의 얘기만은 아니다. 국민의힘도 별반 다르지 않다. 국민의힘은 당 대표 경선, 대선 후보 경선, 기타 선출직 후보 경선 등 때마다 약간의 차이가 있기는 하지만 당원의 영향력이 강하기는 마찬가지이다.

특히 22대 총선 직후 새로운 당 대표를 선출하는 전당대회에서 당원 80%, 국민(여론조사) 20%로, 당원의 영향력을 더욱 확대하였다. 국민의힘 당원들은 그 구성을 정확하게 알 수는 없지만, 당내에서조차 특정 세력의 대거 유입, 극우 성향의 적극 가입 등을 의심하는 사례가 적지 않다. 모두 특정 종교단체와 극우 성향의 유튜브가 연상되는 곳이다.

심지어 당내에서도 양극화

문재인 대통령이 2017년 민주당 대선 후보로 선출된 후 MBN 인터뷰에서 강성 지지층의 활동을 "경쟁을 흥미롭게 만드는 양념 같은 것(이른바 '양념론')"이라고 표현한 것은 강성 지지층을 바라보는 주류 정치인의 대표적인 인식이다.

이재명 민주당 대표도 2022년 당권을 잡은 이후 강성 지지층에게 "당내 비주류 의원들에게 문자폭탄 등을 보내지 말라."라고 말한 적은 있으나 그 이상의 움직임은 보이지 않은 것으로 평가받는다. 2017년의 민주당은 '친문', 2022년 민주당은 '친명'이 당 주류다. 이들이 당권을 잡은 배경엔 강성 지지층의 열렬한 지지가 있었다.

당권과 대립각을 세워야 존재감을 떨칠 수 있는 의원이 아니고서는, 대다수 정치인은 주류에 편승하거나 침묵하는 길을 택한다.

당내에서는 '친문', '친명'으로 자리매김한 이들의 목소리만 크고 대다수는 침묵한다. 현 여권에 비해 민주적이고 사유로운 의견 개진이 많았던 민주당도 단일대오를 강조하는 정당이 되었다는 비주류의 하소연은 결코 과장이 아닌 듯하다.

국민의힘은 어떤가?

2022년부터 2023년과 2024년까지 이어진 수많은 당 지도부의 교체와 전당대회에서 확인되었던 내용은 온통 '친윤'뿐이었다.

2024년 22대 총선 직후 일시적으로 '친한(친한동훈)'이 떠올랐지만 불과 반년도 가지 못했다. 압도적이고 절대다수인 '친윤' 세력에 의해 한동훈 대표는 물병 세례를 맞아가며 당 대표를 사임해야 했다. 국민의힘 경우도 민주당보다 더하면 더했지 절대로 덜하지 않았다.

보수 정당을 표방하며 군부가 만든 정당을 역사적 줄기로 삼는 국민의힘은 '단일대오' 형태가 더욱 강화돼 가고 있다. 2024년 말 윤석열 대통령 탄핵 소추 이후에도 '정권 수호'가 주류의 행태가 됐고, 국회의원을 비롯한 정치인들은 여기에서 벗어나지 않는다.

보수 정당은 원래부터 당권파의 방침에 따라 국회의원과 지역 조직이 일사불란하게 움직이는 형태로 지냈다.

국민의힘에서 2021년 30대의 이준석을 당 대표로 앉히고, 정치적 경험이 없던 윤석열 전 검찰총장을 품에 안은 것처럼 집권하기 위해서는 정통성과 거리가 먼 선택을 했던 경우도 있다.

어찌 보면 보수 세력의 포용성을 칭찬할 수도 있겠으나 이후 벌어진 당내 사건들을 돌아보면, 그것은 포용이 아니라 잠시 그들을 '이용'한 것에 가까워 보인다. 국민의힘 안에 '배신자' 프레임이 여전히 작동하고 있다는 점에서 포용이 아님을 쉽게 알 수 있다. 잠시의 승리를 위해 포용을 포장으로 이용만 했던 셈이다.

박근혜 정부 시기 여당 원내대표로 정부와 다른 목소리를 냈던 유승민 전 의원은 그의 정치적 본거지이자 국민의힘의 주류인 대구·경북에서 '배신자'로 찍혀 당권을 잡는 데 애를 먹고 있다. 최근의 국민의힘은 12.3 내란 사태 이후 한동훈 당 대표를 유승민의 경우처럼 '배신자'로 낙인찍어 버린 사례도 있다.

국민의힘의 경우는 비주류로 밀어내고 괴롭히는 정도를 넘어 '배신자'라는 말과 행동으로 직접적인 공포감을 줄 정도이다. 누차 말하지만 더하면 더했지, 민주당의 경우보다 덜하지 않다. 이처럼 당원들의 지지를 받지 못하면 당내에서 정치적 기반을 잡지 못하는 것은 보수나 진보에서 공통으로 나타나는 현상이다.

우리정치 정상영업 합니다

다만, 민주당에서는 다른 듯 유사한 현상이 보인다. '비판적 지지'로 돌아선 끝에 노무현을 지키지 못했다는 부채감과 독재 치하 단일대오를 강조했던 운동권의 습성이 뒤엉켜 있는 것으로 보인다.

국회의원에게 협박도 서슴지 않는 유튜버

단일대오를 유지하는 데 필요한 조건은 '공통의 적'이다. 강성 지지층은 상대를 적으로 인식하고 이들에게 우리 편이 이기기를 바란다.

한 다선 의원은 "강성 지지층은 원래 그런 것"이라고 말했다. 문제는 그들의 영향력이 '과대 대표'되고 있다는 점이다. 이들은 여야가 모여서 함께 상의하고 타협하는 것을 '야합'으로 규정하는 경향이 있다.

여야가 한 걸음씩 양보해 결론을 내면 '적과 타협했다.'라고 규정하며 날 선 반응을 보인다. 개개인이 공감대를 얻었다기보다는 '인플루언서'들이 그렇게 해석했다.

당의 모든 정책이 강성 지지층의 입맛대로 간 것은 아니었지만, 정치인들의 활동을 위축시킨 것은 사실이다. 정치의 원리가 그런 논의와 타협의 과정이고, 그런 과정을 통해서 합의를 도출하는 것인데, 이런 원리를 무색하게 만드는 셈이다. 다시 말해 앞서 말한 단일대오는 정치라는 행위를 없애버렸고 정치의 실종을 불러와 버렸다.

실시간 매체는 의원들의 '사상검증'도 실시간으로 했다.

2022년에 어떤 초선 의원은 "유튜버들이 행사장에서 직접 카메라를 들이밀면서 '이재명 대표를 지지하느냐?'고 묻는다."라는 말과 함께, "머뭇거리는 태도로 유보적이고 피상적인 말만 건네도 좌표가 찍힌다. 유튜브가 두렵다."라고 말했다.

그런 사례는 국민의힘 쪽에서도 횡행한다. 그러한 일부 유튜버의 행동은 이념과 정치적 신념보다는 '돈벌이'에 치중한 것이기도 하지만, 그 돈벌이를 위해서 이념과 정치 신념을 자신에게 포장한 후 정치 팬덤 계층에게 다가가는 전략을 사용한다. 우리 사회와 정치에서 양극화가 얼마나 깊숙하게 진행되었는지 알 수 있는 대목이다.

사라진 제3지대

양당을 싫어하는, 소위 중도층을 겨냥한 '제3지대'는 항상 있었다. 2025년 현재의 시점에서, 가장 마지막으로 의미 있게 움직였던 사례는 안철수를 간판으로 내세웠던 국민의당이다. 20대 총선에서 정치인 문재인에 대한 반감을 바탕으로 세력화하여 38석을 얻었다.

당시의 국민의힘은 자력으로 당당하게 '원내 교섭단체'가 됐다. 본회의뿐 아니라 상임위원회에서 교섭단체인 국민의당의 의견을 묻지 않을 수 없는 상황이 벌어지면서 협상의 정치가 살아났다.

참고로 22대 총선에서 원내 정당으로 들어선 조국혁신당과 개혁신당은 각각 진보(민주 진영)와 보수를 표방한 정당이다.

다시 말해서 민주 진영의 제2정당, 보수진영의 제2정당과 같은 성격이다. 제3지대 정당이라고 하기는 힘들다.

일시적이나마 20대 국회에서 영향력을 갖춘(원내 교섭단체) 제3지대 정당(이른바 제3정당)의 존재로 인해 우리 정치권에서 정치가 제대로 작동되었다. 하지만 SNS와 유튜브 등 '실시간 매체'의 발달과 함께 박근혜 탄핵과 문재인 정부 출범이 이어졌고, 그 사이 21대와 22대 국회는 민주당이 다수를 차지하는 가운데 보수 정당이 100여 석을 차지한 형태로 양당제가 굳혀지며 정치는 실종돼 갔다.

캐스팅-보트가 사실상 사라지니 양당은 자신에게 유리한 의견을 굽히지 않는 극한의 상황에 놓였다.

윤석열 대통령의 책임도 상당히 많이 있다. 예산안 처리 등에서 여야가 합의해도 대통령실에서 합의를 받아들이지 않으면서 협상이 엎어지거나 처리가 늦어졌다. 국회를 적대시한 대통령 앞에서 협상은 그 의미를 잃었다. 정치가 아닌 방법으로 통치를 하려고 한 12.3 내란 사태는 필연적이었는지도 모른다.

정치의 사법화

입법부와 사법부는 한국이 임시정부 때부터 공화정 체제를 채택한 이래 계속 있어 왔고 각자 역할을 해 왔으나 최근 들어서는 정치의 사법화가 두드러졌다.

22대 국회는 300명의 의원 가운데 61명이 법조인으로 역대 최고치를 기록했다. 이제까지는 40~50명의 법조인이 의원직을 손에 쥐었다. 다만 의원 숫자만으로 정치의 사법화를 논하기는 어렵다. 그럼에도 22대 국회에서 법조인 출신이 늘어난 사실은 정치의 실종과 정치의 사법화로 이어진 작금의 현상과 떨어뜨려 놓고 보기만은 어려워 보인다.

그도 그럴 것이 최근의 정치 형태를 보면, 여야가 정치적으로 협상과 양보를 통해서 각자의 이해관계를 해소하려는 노력 대신 법으로 모든 문제를 해결하려는 경향이 두드러지고 있다.

역시 법조인 출신인 윤석열 대통령이 당선 후에도 '선거 관련 송사는 이긴 측에서 취하한다.'라는 관례를 깨 왔던 경우가 한 예다. 검찰의

'전 정권 수사'는 정권 교체기에 없던 일은 아니지만, 이명박 정부 때 검찰의 노무현 수사와 비극적인 죽음, 그로 인한 지지자들의 격앙, 문재인 정부 때의 '적폐 청산' 기치 아래 이명박-박근혜 정부 수사, 윤석열 정부 검찰의 이재명 수사 등을 보면 상대 진영에 대한 감정까지 실린 것처럼 보일 지경이다.

정치가 협상과 타협보다는 대결의 장으로 바뀌면서, 각종 소송뿐 아니라 법안도 정치적 대결의 도구가 됐다. 쟁점 법안이 있더라도 최대한 숙의를 하면서 합의점을 찾아가는 과정이 3당의 존재가 희미해진 21대 국회부터는 좀처럼 찾아보기 어려웠다.

원내 교섭단체로서 제3당이 존재했던 20대 국회만 하더라도 3당을 포함한 여야 합의에 따라 정치적 결단과 국회 입법이 이루어지는 경우가 대부분이었다. 그러나 22대 국회에서는 여야 합의에 따른 입법이 있었는지 인터넷과 기사를 아무리 검색해 봐도 찾기가 힘들 지경이다.

국회에서 오래 일한 보좌관과 당직자들은 '입법 공해'도 영향을 미쳤을 것으로 보고 있다. 의원들이 공천 심사를 받을 때 법안 발의 수치가 평가 요인이 되면서, 의원들은 짧은 시간에 많은 수의 법안을 제출하는 데 신경을 쓰기 시작했다.

지역 언론에서 이런 입법 실적으로 지역구 의원들을 평가하는 것도 법안의 질보다 양을 쫓는 결과를 낳았다. 정책을 정성적 평가가 아닌 정량적 평가로 쉽게 평가하려는 일부 시민사회 단체와 언론도 이러한 현상에서 비판의 예외가 될 수 없을 것이다.

의원들이 자신의 관심과 전공 분야가 아니면 법안에 대한 이해도가 떨어지고, 한편으로는 법안의 문구 하나, 토씨 하나로 서로가 다투는 일들이 점차 늘고 있다.

　윤석열 정부에서는 국회의 '검찰개혁 법안' 일방 통과를 행정부에서의 '시행령 개정'으로 뒤집어 버리는 현상까지 초래됐다. 그러면서 정부와 국회 간에, 더 넓게 보면 우리 정치권에서는 이제 정치가 사라지고 힘겨루기만 남았다. 그 힘겨루기의 종착지는 사법적 판단이 되어버렸고 결국 정치의 사법화가 굳어져 가고 있다.

　강성 지지층은 실시간으로 법안의 처리를 종용한다. 반대한 이에게는 문자폭탄을 장전해 뒀다. 숙의가 필요한 법안들도 있고 무사히 통과되는 법안들도 있지만, 대체로 관심은 여야 대결의 장과 그 도구인 법안에 쏠려있는 경우가 많다.

　법안을 두고 벌이는 타협이 의미가 있는 결과를 낼 때 정치는 '예술'이라고까지 일컬어지지만, 양당의 골수 지지층 어느 쪽도 그것을 원하지 않는다. 그래서 각 당에서 신경을 쏟지 않는 존재는 중도층뿐인 듯하다.

　그런데 아이러니하게도 대선에서 특정한 세력(후보)에게 승리를 안겨주고 어떠한 정권을 탄생시켜 주는 가장 결정적인 계층이 바로 중도층이다.

　'보기13' 편을 참조해 보겠다. 한국갤럽의 604호 정례 조사인 11월 4주차에 발표된 2024년 11월 통합 사례 중에 있는 한 가지 항목이다. 윤석열 대통령의 내란 사태가 발생하기 직전이고 윤석열 대통령의 지지율은 19%(긍정 19%)였을 때이다.

　당시는 진보성향 응답자들이 윤석열 정권에 대응하여 적극적인 응답을 했을 것으로 보이며, 보수 성향의 응답자들 역시 윤석열 대통령의 지지율 방어를 위해 적극 응대했을 것으로 추정되었을 때이다.

　그럼에도 중도층이 34%이다. 중도층은 이념 성향 계층 중에서 가장

[보기13. 한국갤럽 정례 조사 604호(2024년 11월 4주 조사). 2024년 11월 통합 응답자 이념 분포]

2024년 11월(1~4주) 통합		조사완료 사례수 (명)	가중적용 사례수 (명)	주관적 정치 성향				Net Score ⓐ-ⓑ
				보수 ⓐ	중도	진보 ⓑ	모름/응답거절	
	전체	4,006	4,006	27%	34%	27%	12%	0
지역별	서울	744	750	29%	35%	27%	9%	2
	인천/경기	1,296	1,286	26%	35%	29%	10%	-3
	강원	121	120	31%	32%	23%	14%	8
	대전/세종/충청	420	429	28%	31%	27%	14%	1
	광주/전라	388	387	15%	32%	38%	16%	-23
	대구/경북	385	386	36%	35%	17%	13%	19
	부산/울산/경남	594	596	30%	32%	26%	12%	4
	제주	58	51	27%	25%	33%	15%	-
성별	남성	2,061	1,985	29%	37%	26%	8%	3
	여성	1,945	2,021	26%	30%	29%	15%	-3
연령별	18~29세	571	630	20%	38%	27%	15%	-7
	30대	568	596	25%	39%	27%	9%	-2
	40대	740	706	22%	39%	33%	6%	-11
	50대	881	789	25%	34%	35%	6%	-10
	60대	708	699	36%	31%	24%	9%	12
	70대 이상	538	585	37%	21%	16%	27%	21
성/연령별	남성 18~29세	293	328	28%	40%	20%	12%	8
	남성 30대	313	311	31%	42%	20%	7%	11
	남성 40대	388	359	21%	44%	30%	6%	-9
	남성 50대	455	398	24%	36%	36%	4%	-12
	남성 60대	380	344	32%	33%	28%	7%	4
	남성 70대 이상	232	245	40%	25%	19%	16%	21
	여성 18~29세	278	302	12%	35%	35%	17%	-23
	여성 30대	255	285	19%	36%	34%	11%	-15
	여성 40대	352	347	24%	33%	37%	6%	-13
	여성 50대	426	391	25%	32%	35%	9%	-10
	여성 60대	328	355	41%	29%	19%	11%	22
	여성 70대 이상	306	340	34%	17%	13%	35%	21
주요 지지 정당별	더불어민주당	1,371	1,359	9%	33%	50%	7%	-41
	국민의힘	1,160	1,165	61%	23%	6%	9%	55
	조국혁신당	280	268	11%	32%	51%	5%	-40
	개혁신당	103	105	49%	35%	11%	4%	38
	무당(無黨)층	997	1,016	16%	47%	15%	22%	1
직업별	농/임/어업	110	108	34%	20%	19%	27%	15
	자영업	664	630	31%	34%	29%	6%	2
	기능노무/서비스	550	541	26%	31%	31%	12%	-5
	사무/관리	1,327	1,308	23%	41%	31%	6%	-8
	전업주부	693	733	33%	27%	21%	19%	12
	학생	260	282	19%	40%	27%	14%	-8
	무직/은퇴/기타	402	405	32%	26%	24%	18%	8
대통령 직무 평가	긍정 평가자	751	763	55%	23%	8%	14%	47
	부정 평가자	2,918	2,898	20%	36%	35%	9%	-15
평소 정치에 관심이	많이 있다	902	886	32%	24%	37%	6%	-5
	약간 있다	1,962	1,946	28%	37%	28%	7%	0
	별로 없다	819	837	24%	38%	22%	15%	2
	전혀 없다/모름	323	338	17%	29%	12%	42%	5

- 5점 척도. 보수='(매우+약간) 보수적', 중도='중도적', 진보: '(매우+약간) 진보적'

우리정치 정상영업 합니다

두텁게 형성되어 있다.

주요 선거에서도 마찬가지이지만, 평상시 민심과 여론의 향방을 결정 짓는 것까지도 중도층의 의중과 선택에 달려있음을 다시 한번 확인할 수 있는 자료이다.

그나마 다행이라고 해야 하나?

우리 정치권에서 정치는 실종되었어도, 정치가 살아날 수 있게 해주는 계층으로서 중도층은 여전히 존재하고 건재하니 말이다. 우리 정치권은 이러한 중도층이 그나마 건재한 상태일 때 조속히 정치를 살리고 회복해야 한다.

조금 과장을 보탠다면, 지금과 같은 상태가 계속되다가 먼 훗날에는 '정치를 판사들의 판결에 맡겨버리는' 웃기는 시대가 올지도 모른다.

21대 대선 민주당의 승리 공식

개혁대연합, "연정으로 승부"

이제부터는 21대 대선에서 민주당과 국민의힘이 어떤 전략과 구도를 펼쳐야 할지 논해보겠다.

2025년 1월을 기준으로 헌법재판소에서 대통령 탄핵이 인용되어 갑작스럽게 2025년 봄 즈음에 21대 대선이 진행될 경우나, 아니면 탄핵이 기각되어 원래 예정된 대로 2027년에 대선이 진행될 경우나, 상황은 크게 다르지 않다고 예상한다. 시기가 언제이든 21대 대선은 세대 구도 속에서 진행될 것이기 때문이다.

대통령 탄핵이 인용되어 2025년에 대선을 진행할 경우라도 2025년 1월 현재 나타나고 있는 구도와 정치권 판도는 대선을 앞두고 빠르게 재편될 것이다. 정치권 판도가 '리셋'되어서 결국 2027년에 진행하는 것과 크게 다르지 않을 것이란 뜻이다. 이 점에 대해서는 앞선 단락에서 이미 설명했던 바이다.

그러한 점을 기본적으로 염두에 두고, 만약에 21대 대선이 2025년에 진행될 경우를 가정해서 현재의 거대 양당(민주당과 국민의힘)을 중심으로 알아보자. 21대 대선의 승리를 위해 양당이 어떠한 전략과 구도를 편성해야 승리할 수 있을지 구체적으로 얘기해 보자는 것이다. 국회 다수당인 민주당부터 시작하겠다.

민주당은 20대 대선에서 이길 수 있었다

흔히들 선거에서 이기면 10가지의 이유가 있고, 선거에서 패배하면 100가지가 넘는 원인이 있다고 한다. '선거에서 승리했을 때는 이유가 적다.'라는 의미가 아니다. 패했을 때는 그만큼 여러 가지가 복합되었기 때문이고, 100가지 경우의 수에서 대부분 제대로 해내지 못했다는 의미이다. 바로 20대 대선 당시 민주당이 그랬다.

20대 대선에서 민주당 이재명 후보는 국민의힘 윤석열 후보에게 불과 24만여 표 차이, 득표율로는 0.73%p 차이로 패했다. 말 그대로 '역대급' 혼전이었다. 그렇게 작은 격차로 패했으니, 민주당이 패한 이유는 100 가지 아니라 1,000가지가 되어도 할 말이 없었던 선거였다.

여기서 그 많은 패배의 원인을 기록하기는 어렵다. 이 책에서 주요 관점으로 다루고 있는 세대(世代) 구도와 대선판의 전체 구도로만 범위를 함축하여 언급하도록 하겠다.

세대 구도 측면에서 패배 원인은 앞선 단락에서 충분히 언급했으므로 간단하게 짚고 넘어가겠다.

먼저, X세대 얘기이다. X세대는 민주당에 절대적인 지지층이다. 그런 X세대가 20대 대선에서 생각보다 낮은 투표율을 보였고, 동시에 국민의힘 후보에게 생각보다 높은 득표율을 안겨주었다.

민주당으로서는 매우 뼈아픈 결과였다. X세대가 예상만큼의 투표율과 더불어 국민의힘 후보에게 예전만큼의 득표율만 안겼다면, 24만여 표는 뒤집히고도 남았을 것이다.

중도 또는 보수화된 86세대의 선택도 아쉬웠다. 86세대는 18대 대선에서 민주당 계열 후보에게 56.4%, 국민의힘 계열 후보에게는 43.4%의 득표율을 안겨주었다. 18대 대선은 20대 대선처럼 양자구도로 진행된 선거였다. 그런데 20대 대선에서는 민주당 후보 53%, 국민의힘 후보 43%로 그 격차가 3%p나 줄었다.

M세대의 경우를 생각하면 민주당에 매우 큰 타격이었다. 20대 대선처럼 양자구도였던 18대 대선에서 M세대는 민주당 계열 후보에게 66.7%, 국민의힘 계열 후보에게 32.5%의 득표율을 안겨주었다. 민주당 후보에게 국민의힘 계열 후보보다 무려 두 배가 넘는 득표율을 안겨주었다. 하지만 20대 대선에서는 민주당 후보 45%, 국민의힘 후보 47%로 오히려 국민의힘 후보를 더 많이 지지하였다.

특히 M세대는 다자구도로 진행됐던 19대 대선 당시에도 민주당 후보에게만 50%를 몰아주었을 정도로 민주당과 민주당 후보에게 강력한 우군이었다. 그런 M세대가 20대 대선에서 민주당 후보가 아닌 국민의힘 후보에게 더 많은 득표율을 안겨주었다. 이런 정도의 변화라면 민주당이 사전에 충분히 감지했을 텐데, 민주당은 적절한 대처를 하지 못했다.

M세대의 변심은 민주당 이재명 후보보다는 문재인 정부와 민주당 자체에 원인이 있기는 하다. 문재인 정부 당시 정부와 민주당에서 공정성이 의심되는 사례와 언급들이 자주 나왔다. 그때마다 정부와 민주당에서는 놀라움을 감추지 못했다. 자만했던 셈이다. 공감 능력도 의심스러웠다. 그러면서 민주당에 절대 우군인 M세대의 표심이 날아가 버렸고, 20대 대선 직전까지 회복하지 못했다.

캐스팅-보트 성향이 강한 Z세대 남성의 변심은 예외로 하더라도, M세대와 X세대 그리고 86세대에게서 나타난 변화는 20대 대선에서 민주당이 패했던 결정적인 요인이었다.

그 세 가지의 경우 중에 단 한 가지라도 변수가 생기지 않았다면, 20대 대선은 민주당의 승리였다. 민주당과 민주당 후보가 분명하게 각인하고 각성해야 한다. 세대 구도에서 민주당의 전략 실패가 명백해 보인다.

세대 구도와 관련해서는 이쯤하고, 대선판 구도의 전체 측면에서 얘기해 보겠다.

민주당과 민주당 후보는 어떻게 된 일인지 몰라도 대선 과정에서 군소정당과의 연합이나 연대, 단일화에 대해서 전혀 언급이 없었다. 이러한 점이 더욱 의아한 것은 20대 대선 내내 민주당 후보는 국민의힘 후보에게 지지율에서 약세 혹은 열세를 벗어나지 못하고 있었기 때문이다.

그렇다면 판도를 흔들만한 또는 구도를 주도할 만한 이슈를 시도해야 했는데, 전혀 그렇게 하지를 않았다. 이 역시 전략의 부재였다.

만약에 20대 대선에서 2.37%의 득표율을 보인 정의당 후보와 민주당 후보가 힘을 합쳤다면 어떻게 되었을까? 한때 10%를 상회(上廻)하기도 했으며 대선 기간 내내 3~5% 정도의 지속적인 지지율을 보인 안철수 후보가 국민의힘 후보와 단일화하지 않았다면 어떻게 되었을까? 또 안철수 후보가 국민의힘이 아닌 민주당 후보와 단일화했다면 결과는 어떻게 되었을까?

이 모든 경우의 수 중에 단 하나라도 이루어졌다면 0.73%p의 격차는 충분히 극복하고도 남았을 것이다.

그런데 민주당과 민주당 후보는 어떠한 후보 또는 진영에게도 함께하려는 시도나 노력을 보여주지 않았다.

만약 대선에 승리하여 집권했을 경우, 함께한 군소정당에 권력을 나뉘주기가 싫었을까? 아니면 전략의 부재였나?

어떤 이유이든 민주당의 실기가 분명하다.

민주당의 그러한 오판 또는 자만이 없었다면 윤석열 정권은 탄생하지 않았을 것이고, 그랬다면 2024년 12월에 발생한 우리나라 현대사에서의 흑역사가 되어버린 그런 불행한 일이 일어나지는 않았을 터이다.

세대 구도에서 3가지의 변수, 그리고 전체 대선판 구도에서 3가지 변수 등 6가지 변수 중에 단 하나라도 민주당에 유리하게 작용했더라면 윤석열 정부는 탄생하지 않았을 것이다.

민주당은 20대 대선에서 충분히 이겨야 했던 게임을 지고 말았다.

연정이 답이다-개혁대연합(DJP연합, 노-정 단일화에서 배워라)

따지고 보면 민주당 계열 정당(후보)은 6공화국 체제에서 벌어진 대선 중에 자연적으로 형성된 양자 대결에서는 승리한 적이 한 번도 없다. 그러나 민주당의 노력을 통해 인위적으로 구도를 잡아갔을 때는 민주당이 모두 승리했다.

1997년 대선과 2002년 대선은 다자구도였다. 그런 다자구도에서 민주당 계열 후보(김대중, 노무현)의 노력으로 선거를 선도하였다. 그리고 민주당 후보들은 승리했다. 반면, 자연적인 양자구도로 진행된 2012년 대선과 2022년 대선에서는 민주당이 모두 패했다.

다자구도의 경우는 1987년, 1992년, 2007년 대선에서 졌다. 1997년도 다자구도(3자 구도)였지만, 민주당 계열 후보의 노력으로 4자 구도를 3자 구도로 유리하게 잡아가면서 승리하였다. 그러나 다자구도에서 민주당 주도의 후보 단일화나 연정, 연대 등이 없다면 패했다. 유일한 예외가 2017년인데, 2017년에 민주당은 운이 매우 좋았을 뿐이다.

2017년 승리 당시 민주당 문재인 후보의 득표율은 41.1%였고, 제2당과 3당 후보들의 득표율 합(45.4%)은 문재인 후보의 득표율보다 높았다. 2당과 3당 후보 간 단일화가 있었다면 결과가 어떻게 되었을지 모를 일이었다. 거꾸로 민주당 후보가 제3당 후보와 합쳤다면 60%의 득표율도 가능했고, 안심하며 승리할 수 있었다.

다시 정리하면, 운이 좋았던 2017년을 제외하면 민주당은 대선에서 연대(혹은 단일화나 연정)가 있어야 승리를 담보할 수 있다는 얘기이다.

2022년의 경우도, 완주를 강조한 정의당 후보는 예외로 하더라도 제3당 격인 안철수 후보와 함께했다면 20대 대선의 결과가 달라졌을 것이다.

민주당은 김대중과 노무현, 두 대통령의 신념과 정신을 잇는다는 말을 자주 한다. 그런 민주당이 두 대통령의 정치력과 대국적인 판단 그리고 깊이 있는 전략 등에는 미치지 못했던 셈이다. 혹은 하지 않은 것일 수도 있다.

21대 대선을 앞둔 민주당의 승리 비법은 바로 김대중, 노무현 대통령의 정치를 벤치마킹하는 것이다.

'DJP연합'은 실질적으로 연정이었다. 김대중 대통령은 대선 승리를 위해 연정을 제안했고, 집권 후에도 몇 년에 걸쳐 연정 상대에게 매우 많은 양보를 해주었다. 공동행정부 형식으로 내각을 꾸렸다. 그런 노력과 양보 덕에 50년 만에 역사적인 정권 교체를 이룰 수 있었다.

**[표9. 87년 체제 이후 진행된 대선에서 구도 및 구도 변화,
그리고 민주당이 받아 든 결과]**

	1987년	1992년	1997년	2002년	2007년	2012년	2017년	2022년
원래 구도	다자	다자	다자	다자	다자	양자	다자	양자
바뀐 구도	없음 (단일화 실패)	없음	다자 (DJP 연합)	양자 (노-정 단일화)	없음 (단일화 실패)	없음	없음 (다자 그대로)	없음
결과	패	패	승	승	패	패	승	패

※ 역대 대선 사례. 다자구도를 민주당이 주도해서 재편하면 민주당이 모두 승리했다. 다자구도 그대로 진
　행하면 모두 패배했지만, 2017년만은 예외였다. 또한 자연적인 양자구도에서는 민주당이 모두 패배했
　다. 그렇다면 다자구도가 예상되는 2025년 대선에서 민주당은 어떤 선택을 해야 할지 분명해 보인다.
※ 2022년은 정의당 심상정 후보와 국민의당 안철수 후보가 존재하여 다자구도였다고 할 수도 있으나,
　군소후보의 지지율이 높지 않아 실질적인 양자구도였다. 설사 다자구도라고 하더라도 단일화는 민주
　당이 아닌 국민의힘에서 진행하여 양자구도로 재편하는 것을 주도하였으며, 민주당은 군소후보인 정
　의당 후보와 단일화하지 못했다. 그러므로 2022년이 다자구도였다고 하더라도, 민주당은 구도를 재편
　하려는 노력이 없었고 그런 상태(다자구도)에서 패했다.

　2025년 1월 현재 상황에서는 민주당 이재명 대표가 가장 유리해 보이는 것이 사실이다. 그렇다고 해서 이러한 흐름이 대선까지 그대로 적용될 것이라고 오판해서는 안 된다.

　앞선 단락에서 언급했듯이 대선전이 시작되면 결국 판세는 '리셋'이 된다. 진영마다 결집이 이루어질 것이다. 또한 20대 대선에서 민주당이 해결해 내지 못했던 세대 구도의 변수는 여전한 상태이다. 역대급 비호감 선거라고 불렸던 여파 중에 절반이 민주당 몫이었고, 지금도 진행형이다. 유력한 후보인 이재명 대표의 사법 리스크는 아직 끝나지 않았다. 세대 구도로 진행될 21대 대선에서 민주당이 내세울 만한 특별한 전략

도 보이지 않는다. 그렇다면 21대 대선에서 확실한 승리를 불러올 방법이자 전략은 연정(개혁대연합)밖에 없어 보인다.

김대중 대통령의 사례처럼 연정을 위해서는 상호 신뢰의 전략과 통 큰 양보, 그리고 끈질긴 설득과 강력한 의지가 있어야 한다. 민주당은 지금이라도 연정을 고려하고 시작해야 한다.

민주당+조국혁신당+개혁신당 ⇒ 개혁대연합 통한 공동정부(연합정부) 설립

민주당은 조국혁신당과 개혁신당이 함께하는(기타 군소정당들 포함) 개혁대연합을 꾸려서 21대 대선에서 확실한 승리를 담보해 놓아야 한다. 그렇게 출범한 연합정부를 통해 수많은 개혁을 이루는 것이다.

이미 22대 국회가 진행된 내내 김건희 특검, 채 해병 특검, 윤석열 탄핵 등을 통해 조국혁신당 또는 개혁신당과 함께했었다. 개혁대연합의 형태와 예행연습은 이미 해놓은 상태라고도 할 수 있다.

단일 후보를 내는 방법은 여러 가지가 있겠지만, 가장 단순한 방식은 각 당의 대선후보가 모여서 단일화 경선을 하는 것이다. 지방선거가 있을 때마다 진보 교육감 단일화가 단시일에 이루어졌다. 그러니 각 당의 후보 간 단일화는 절대로 어려운 얘기가 아니다.

개혁 진영이 함께하며 만들어 낸 단일 후보가 개혁대연합의 대선 후보가 된다. 연정에서 내각은 국회 의석수에 준해서 나누면 가장 얘기가 쉬울 수 있다. 다만, 각 당이 모여 논의한 후에 얼마든지 달라질 수는 있다.

가능하면 모든 야당이 함께해야 하고, 국민의힘 내부에서 '친윤' 계파에 환멸을 느낀 안철수 의원을 포함하여 국민의힘 국회의원과 세력까지 함께하면 금상첨화이다. 그리되면 개혁대연합의 국회 의석수는 200석이 넘을 수도 있다. 개헌은 물론이고 우리나라에 필요한 어지간한 개혁 정책을 수월하게 이끌 힘을 가지게 되는 것이다. 행정부에서 국회까지 개혁 드라이브를 일사천리로 진행할 수 있다.

　관건은 연정을 함께할 세력(정당)을 설득하는 일이다. 관건이라고는 하나 강력한 의지만 있다면 며칠 만에 해낼 수도 있다. 그러한 전략을 펼치기 위해 민주당 내부의 동의와 면밀한 계획, 역할 분담 등이 필요하다.
　우선 연합 세력 간 협의체부터 만들어서 룰과 연정의 형태를 논의하고 합의한 후에 연합의 범위를 더 넓혀가야 한다. 만약 개혁신당과 이준석 의원 측이 반대하며 함께하지 않는다면 그것은 개혁신당 측의 손해가 될 것이다. 개혁대연합을 거부하니 개혁신당이 아니라 반개혁신당이라는 프레임도 가능하다. 물론, 개혁신당이 함께하지 않을 것을 미리 생각하기보다, 개혁신당이 함께할 수 있도록 하는 설득과 양보 그리고 강력한 의지를 최우선으로 해야 한다.
　모든 정당에 의지와 진심을 보이면 충분히 가능한 얘기이다. 연정으로 개혁 정부를 함께할 것을 설득해야 한다는 말이다. 여기에는 집권 시 권력을 나누어야 한다는 점이 전제된다. 집권과 대한민국의 개혁을 위해서 필요한 나눔이다. 정치의 기본인 주고받기이다. 대한민국 정치사에 있어 두 번이나 탄핵을 받은 정권의 정당인 국민의힘을 뒤로 밀어내면서, 민주당이 강력한 개혁을 지휘할 기회이다.

　얼핏 보면 반윤(반윤석열) 연대로 보일 수 있으며, 그렇게 부를 수도 있다. 하지만 그것은 패착이다. 좋은 의도로 모인 연합의 명칭을 두고 (

민주당 표현대로라면) 내란 수괴의 성명을 차용해서 넣는 일은 멍청한 짓이다. 그 유명한 『코끼리는 생각하지 마』(저자 조지 레이코프)에서 강조한 얘기를 생각하면 된다.

개혁대연합은 우리 책에서 계속 주장해 온 세대 구도에 대한 해결책도 자연스럽게 이루어 준다. 앞에서 말한 20대 대선 당시 6가지의 아쉬운 부분도 모두 해소할 수 있다. 민주당 이재명 대표의 사법 리스크는 작은 이야기에 불과해진다. 산업화 세대를 제외한 거의 모든 세대에게서 압도적인 지지를 얻을 수 있는 전략이다.

유권자 지형에서도 "개혁대연합 70 VS 국민의힘 30"의 대결이 된다. 21대 대선 승리를 확실하게 해주는 것이다. 연합정부가 출범하면 한동안 진행되는 선거에서도 승리의 기운을 계속 이어갈 수도 있다.

연정의 형태와 후보 단일화 방법, 개혁대연합의 명칭, 행정부 운영과 국회 운영 등 각론들은 여러 방법이 있을 것인데, 협의 과정에서 논의하면 된다. 각자 의지만 있다면 그런 것들은 전혀 문제가 되지 못한다. 개혁대연합을 위한 민주당의 포용력과 유연함, 대국적인 선택과 치밀한 전략, 그리고 강력한 의지가 있다면 얼마든지 가능한 얘기이다.

다시 말하지만, 의지가 중요하다.

절대로 안 될 얘기, 불가능한 얘기가 아니다. 오히려 1997년 당시 DJP연합보다 더 수월한 상황이라고도 할 수 있다. 김대중 대통령은 그 쉽지 않은 DJP연합을 결국 해냈다. '개혁대연합' 전략과 구도의 실현은 '우리나라에 첫 번째 개혁 정부의 탄생'을 의미하는 것이다.

21대 대선 국민의힘 승리 공식

모든 것을 내려놔야 한다

21대 대선을 앞두고 국민의힘은 어떻게 해야 할까?

일단 국민의힘이 취해야 할 노력은 잠시 뒤로 미루고, 앞선 단락들에서 언급했던 내용 중에서 외부적인 요인에 대해 중요한 몇 가지만 되새겨보겠다.

· 국민의힘 입장에서 '2016년 탄핵 및 2017년 대선' 당시보다 '2024년 대통령 탄핵과 2025년에 상황'은 그나마 조금 나은 편이다. 당 지지율을 의미한다. 2016년 탄핵에 대한 학습효과로 인해 보수층이 결집했다. 무능한 대통령은 버릴지언정 보수 세력의 본진인 국민의힘까지는 버리지 않았다. 산업화 세대의 절대적인 지지는 여전하다.

· 대선이 시작되면 정치 판도는 결국 '리셋'될 것이다. 탄핵으로 인한 여파와 보수 정당의 지리멸렬은 어느 정도 회복될 것이다. 아무리 어려운 상황일지라도 잘만 하면 대선에서 이길 수도 있다.

· 비록 총선의 사례이기는 하지만, 국민의힘 계열 정당이 총선에서 원내 1당과 단독 과반 의석을 차지했던 시절이나, 지금처럼 유권자 지형이 민주당 우세의 운동장으로 되어있을 때나, 총선에서 비례선거는 33~37%정도의 득표율을 지속해서 얻고 있다. 대선에도 기본 지지세는 돌아올 것이다.

이번에는 21대 대선을 앞두고 국민의힘이 셋-업(Set-up)해 놓아야 할 기본 사항을 정리해 보겠다.

· 2020년대는 세대 구도이다. 세대 구도만 잘 짠다면 해볼 만하다. 그러므로 전략과 후보가 중요하다. 특히 후보가 중요하다. 그렇다고 해서 윤석열 대선 후보의 사례처럼 아무리 지지율이 높더라도 검증되지 않은 정치인 또는 신인급 정치인이나 정치가 능숙하지 못한 사람을 함부로 밖에서 끌고 오는 일은 하지 말아야 한다. 이는 국민의힘 자체의 수권 능력을 또다시 스스로 버리는 일이 되고 만다. 수권 능력을 잃어버린 국민의힘은 말도 안 되는 비상계엄을 막아내지 못했다.

· 윤석열 정권에 대한 확실한 단절이 필요하다. 국회에서 탄핵 소추를 받았고 헌재에서 결정하는 일이 남아있기는 하지만, 실질적으로는 국민에 의해 탄핵이 된 정권이다. 국민의힘은 비상계엄 사태로 밝혀진 내란죄 등 각종 반헌법적인 사항에 대해서 확실하게 단죄해야 한다. 그런 단죄에 국민의힘이 적극적으로 앞장서야 한다. 단순하게 꼬리 자르기 정도로는 안 된다. 국민의힘이라는 몸통 곳곳에 붙어있는 윤석열 정권과 관련한 모든 환부를 도려내야 한다.

· 윤석열 정권에서 여당이었던 점에 대해 국민 앞에서 석고대죄 해야 한다. 그래야 성난 국민의 마음을 조금이라도 돌릴 수 있는 여지가 생긴다. 내란 사태는 분명히 잘못된 일이다. 헌법이나 법적인 문제는 차치하더라도 정치적으로 그리고 국민감정 상 아무런 사과도 없이 그냥 넘어갈 일이 절대로 아니다.

국민의힘은 국민 앞에서 처절한 반성부터 해야 한다.

2024년 12월 말에 새로 임명된 국민의힘 당 지도부는(권영세 비대위원장) 취임하면서 비상계엄에 대하여 사과했다. 그 정도로는 턱도 없다. 그렇게 말 한마디로 '퉁' 치며 사과했다고 넘어갈 만한 일이 아니다. 그야말로 처절한 사과가 계속되어야 하고, 비상계엄의 사과뿐만이 아니라 내란 사퇴를 막지 못한 점과 대통령 탄핵 소추에 동참하지 않은 점까지 모두 절절하게 반성하고 사과해야 한다.

여기까지가 '디폴트 값'이다.

그런 정도의 기본값이 없다면 국민의힘은 아무리 묘수를 거듭한다고 해도 21대 대선을 풀어갈 수가 없다. 충분 사항이 아니라 필요 사항이다. 반드시 '디폴트 값'을 미리 완료시켜 놓지 않는다면, 제아무리 장량이나 제갈공명이 와도 허사이다. 세상에서 가장 뛰어난 전략과 방안을 마련해서 실행한다고 해도 '밑 빠진 독에 물 붓기'와 같은 것이다.

국민의힘은 20대 대선에서 질 뻔했다

20대 대선은 승자와 패자가 뒤바뀌어도 전혀 이상하지 않을 만큼 초박빙의 선거였다. 표차로 보면 24만여 표인데, 이 숫자는 국회의원 선거구 기준으로 인구가 가장 적은 선거구의 유권자 수보다도 적은 수이다. 우리 책에서 구분해 놓은 5개의 세대 중에서 인구가 가장 적은 Z세대 인구의 3%p 정도에 불과한 수이다.

20대 대선은 어느 작은 하나의 변수만으로도 그 결과가 달라졌을 수 있었다는 얘기이다.

누차 말하지만, 총선을 기준으로 볼 때 2020년대는 국민의힘이 단독 과반은 물론이고 원내 1당조차도 차지할 수 있는 시대가 아니다. 유권자 지형은 민주당이 우세한 운동장으로 형성되어 있다.

그럼에도 20대 대선에서 국민의힘(후보)이 승리했다는 점은 역설적인 이야기가 있다는 것이다.

첫째, 총선과 대선은 다른 이야기이다. 대선의 경우, 집권 세력이 민주당 정부이면서 정권 심판 성격이 발생하게 되면 아무리 유권자 지형이 민주당에 유리하더라도 선거 결과를 장담하지 못한다. 20대 대선이 딱 그랬다. 유권자들 다수가 윤석열 후보를 선택한 것은 국민의힘(후보)을 지지해서가 아니라 문재인 정부를 심판하기 위해서였다.

둘째, 세대 구도를 잘 활용하면 해볼 만하다. 20대 대선 당시도 국민의힘 이준석 당 대표의 영리한 전략이 일부는 통했다고 볼 수 있다.

다만 이런 관점에 대해서는 반론도 만만치 않다. 이준석 대표의 '세대 포위론'이라는 전략이 절반만 통하는 바람에 오히려 질 뻔했다는 것이다. 2030남성을 선동하면서 진행한 세대 갈라치기 전략은 2030여성들의 표를 절대적인 민주당 지지표로 만들어버렸다.

그래서 0.73%p보다는 더 많은 격차로 승리할 수 있었던 것을 초박빙의 차이로 만들어 버렸다고도 한다. 더 큰 문제는 20대 대선을 젠더 선거로 만들었고, '국민 통합'은커녕 국민을 분열하고 갈리치기만 하는 바람직하지 못한 정치를 해버렸다는 점이다.

셋째, 20대 대선은 비호감 선거로 불리기도 했다. 누가 더 나아서가 아니라 누가 더 싫어서 그 반대를 선택하게 되는 불행한 선거였다. 양 진영은 포지티브보다는 네거티브에 집중했다. 대한민국의 미래보다는 후보들의 과거에만 매달렸다. 심지어 군소후보들까지 양 후보를 비난하는 데 집중했다. 20대 대선은 우리나라의 매우 불행한 현실을 보여준 선거였다. 국민의힘은 그런 불행한 선거에서 승리했다. 그렇게 집권한 정부의 말로도 불행한 것으로 보인다.

넷째, 2016년 탄핵과 2017년 대선 패배 이후 국민의힘과 보수 진영은 제대로 '리셋'을 하지 못했다. 탄핵을 당했다면 그만큼 절실한 반성과 변화가 있어야 했지만, 그러지 않았다. 그러다 보니 당연한 일이지만 20대 대선을 앞두고 민주당 후보를 능가하는 후보가 없었다. 그런 사정으로 검증이 되지 않았더라도 지지율만 된다면 일단 외부에서 후보를 꿔와야만 하는 상황이었다.

국민의힘이 제대로 정비가 되어있지 않다 보니까, 보수의 정체성도 없고 국가 운영에 대한 철학도 전혀 없던, 그러나 지지율만 높았던, 초보 정치인을 국민의힘으로 끌어들일 수밖에 없었다. 국민의힘은 국민의힘 외부에 있었던 '윤석열'이라는 용병이 없었더라면 20대 대선도 민주당에 패했을지도 모른다.

국민의힘은 위와 같은 뼈저린 상황을 잘 되새기고 있어야 한다.

2025년 1월 현재 국민의힘은 잘하고 있는 것처럼 보이지 않고, 20대 대선 당시보다 나은 상태도 아니며, 이제는 외부에 지지율 높은 후보도 없다. 설사 외부에 지지율이 높은 인사가 있다고 하더라도 또다시 무턱대고 영입하기는 쉽지 않다.

국민의힘은 이러다가 까딱하면 대선 승리는 고사하고, 대선 패배와 함께 2016년보다 몇 배 더한 정도로 처참하게 추락할지도 모른다.

국민의힘의 승리 방안, 모두 내려놓고 최대의 파격 제시

21대 대선 승리 전략과 방안을 말하기 전에, 국민의힘은 위에 나열한 디폴트 값을 필수로 갖추어야 한다.

그것부터 되어있지 않으면 어떠한 방법이 있어도 '백약이 무효'인 상황이다. 이러한 점을 기본으로 설정해 놓고 시작해야 한다.

디폴트 값을 갖췄다면, 우선 20대 대선 당시만큼의 세력이 규합되어야 한다. 개혁신당과 이준석 의원의 존재를 의미한다. 혹시 어떤 어리석은 전략가가 "민주당, 조국혁신당, 개혁신당, 진보당 등이 각개전투를 해나가면 대선에서 국민의힘에 승산이 있다."라고 한다면, 즉시 그를 내쳐야 할 것이다. 그런 사례는 이미 19대 대선에서 확인했다.

탄핵 이후라는 점에서 현재 상황은 2017년 당시와 유사하다. 더구나 유권자 지형이 민주당 우위의 운동장으로 짜인 2020년대에는 국민의힘이 단독으로 승리하기는 하늘의 별을 따기보다 더 힘든 일이다. 개혁신당과 이준석 의원의 합류는 세대 구도라는 최근 트렌드의 영향을 고려해서도 필요하지만, 범보수 단일화라는 측면에서도 절실하다.

개혁신당이 필요한 이유는 또 한 번 터진 탄핵의 강을 건널 수 있기 때문이라는 측면도 있다. 아울러 당내에서 윤석열 정부에 대해 꾸준하게 지적해 왔던 유승민 전 의원과 '비윤계'도 포함해야 한다. 대선에서 그들이 전면에 나서야 국민의힘은 승산이 생긴다.

참고로, 민주당 편을 이야기할 때 민주당의 승리 방법으로 '개혁대연합'을 언급하면서 민주당이 개혁신당과 이준석 의원을 포섭해야 한다고 강조했다. 국민의힘도 마찬가지이다. 이는 21대 대선에서 개혁신당과 이준석 의원의 몸값이 매우 높아질 것이라는 뜻이다.

실제로 개혁신당과 이준석 의원은 절대 헐값으로 국민의힘과 함께하지는 않을 것이다. 개혁신당으로서는 국민의힘과 개혁신당이 합치거나 연대, 연정, 후보 단일화를 하는 것보다 국민의힘이 개혁신당에 한 수 접고 들어와야 한다고 주장할 수도 있다.

개혁신당은 국민의힘이 절대 자력으로 해결할 수 없는 '탄핵의 강' 건너가기, 젊은 정치인 합류, 젊은 세대의 지지 등이 가능하다. 국민의힘 단독으로 해낼 수 있는 것들이 아니다. 그러므로 개혁신당은 국민의힘과 적당한 값으로는 흥정하지는 않을 것이다.

어찌 되었든 국민의힘은 개혁신당이 필요하다.

합당이든, 후보 단일화를 통한 연대나 연정이든, 뭐든지 해야 한다. 만약 합당이 아니라면 연정을 기본 전제로 한 국민의힘 후보와 개혁신당 후보 간의 단일화를 해야 한다. 그리고 러닝메이트 개념으로 '대선 승리 후에 경선 승자가 대통령, 경선 패자가 총리'임을 밝히며 연정을 공식화하는 방안도 생각해 볼 수 있다.

만약 홍준표 대구시장이 단일화 후보로 결정되었다고 가정한다면, '홍준표 대통령-이준석 총리' 러닝메이트가 되는 것이다. 이런 조합은 매우 큰 파격이 되어 대선판을 충분히 흔들 수 있을 것이다.

후보 단일화 경선을 하다 보면 국민의힘 후보가 패할 수도 있다. 아닌 말로 21대 대선에서 보수 진영이 승리하려면, 후보 단일화 경선에서 국민의힘 후보가 패하는 것이 더 유리하게 작용할지도 모른다. 국민의힘은 그러한 점까지 감수할 각오가 되어있어야 한다.

그만큼 국민의힘은 21대 대선에서 거의 모두 내려놓아야 한다. 많은 것을 양보하면서 포용해야 한다. 기득권을 내려놓지 않고 얻어낼 표는 없다고 봐야 한다. 그럴 정도로 많은 것을 양보하고 내려놓아야 개혁신당과 이준석 의원에게 매력 있는 설득이 가능할 것이다.

개혁신당의 허락이 있어야 21대 대선을 앞두고 국민의힘은 패배의 그림자를 조금씩 지워나갈 수 있을 것이다. 그런 양보는 개혁신당뿐만 아니라 당내의 '비윤', 반윤' 계파를 설득하는 데도 필요하다. '친윤'과 기존 정치인들은 최대한 뒤로 숨겨 놓아야 한다.

대선 제1호 공약 '대통령 임기 단축과 개헌', 기득권 내려놓기의 종착지

앞서 말한 '디폴트 값'을 완료하고, 개혁신당(후보)과의 합류가 이루어졌다고 가정하자. 그것으로 끝난 것이 아니다. 이제 겨우 20대 대선 직전으로 돌아온 것뿐이다. 그럼에도 비상계엄 사태와 탄핵 소추 여파로 인해 20대 대선 직전보다도 못 한 상태이다. 20대 대선 당시처럼 국민의힘 외부에는 민주당 후보의 지지율을 능가할 만한 사람도 없다. 더구나 유권자 지형이 민주당 우위의 운동장이다.

여기까지만 가지고 '대선 승리'를 기대하기는 아직 까마득하다. 그저 패배의 그림자가 약간 가시는 듯해 보이는 정도이다. 그래서 추가 작업이 더 필요하다. 아마 국민의힘이 개혁신당과 함께한다면 많은 것을 내려놓았고 포용력이 좋아졌음을 의미하는 수준일 터이다. 그렇다면 그것을 민주당과 민주당 주변의 세력에게 똑같이 하지 못할 것도 없다, 이미 개혁신당과 함께하고 있을 테니 더 수월할 것이다.

민주당 안팎의 '비명', 반명' 세력을 포함해 '친문' 세력도 포용해야 한다. 물론 조건은 개혁신당에게 제시했던 것과 마찬가지이다.

그래서 비록 소수일지라도 성과를 가져와야 한다. 그러고 나서 유권자(국민)에게 결정적이고 파격적인 제안을 내놓는 것이다. 바로 정권의 임기 단축과 개헌이다.

개헌 작업은 대선에서 승리한 직후부터 바로 시작하여 2026년 지방선거와 함께 국민투표를 하고, 2028년 23대 총선과 동시에 새로운 정부를 선출하는 선거를 하는 것이다.

[보기14. 국민의힘의 21대 대선 승리 공식]

① '디폴트 값' 구축 및 기득권 내려놓기

② 개혁신당과 결합(후보단일화(연대) 시 연정. 혹은 합당)
　경선 승자가 대통령, 경선 패자는 총리. 러닝메이트 선언

③ 민주당 안팎에 '비명, 반명, 친문' 등 세력까지 포용

④ 집권 시 임기 단축(3년) 및 개헌 선언(2028년 총선과 새로운 정부 동시 선거)
　제1호 공약 – 집권 시 3년으로 임기 단축과 개헌 완성

이는 21대 대통령의 임기를 3년으로 단축한다는 뜻이다. 국민의힘이 21대 대선에서 승리하면 새로운 대한민국을 위해 자신들의 권력(정부)을 스스로 단축하겠다는 선언이다.

이것이야말로 기득권을 버리는 가장 상징적인 선언이 될 것이다. 또한 민주당에도 상당한 압박으로 작용할 것이다.

국민의힘이 집권 여당으로 있을 때의 정부는 8년 사이에 두 번이나 탄핵을 당했다. 두 번의 탄핵을 국회의원으로서 경험한 일부 국민의힘 정치인들은 아직도 건재하다. 그래서는 국민에게 새로움을 전혀 주지 못한다. 또한 수십 년의 공백이 있었지만, 국민에게 비상계엄의 경험을 또다시 안겨주었던 정당이다. 그런 정당이 모든 기득권을 버리고 대한민국과 국민을 위한 선언을 하는 모양새가 된다면 어떻겠는가?

임기 단축과 개헌을 '대선 제1호 공약'으로 내걸자는 것이다.

만약 야당인 민주당이 개헌 공약을 받지 않거나 무시한다면 허사가 될 수도 있다. 그럴수록 국민의힘은 기득권을 더 버려야 한다. "국민의힘이

집권하면(21대 대선에서 승리하면) 민주당의 개헌 협조 여부와 상관없이 대통령 임기를 3년으로 끝내겠다."라는 점을 확실하게 해두면 '말로만 공약'으로 치부하기는 어렵다. 또 그 정도는 되어야 국민의힘의 의지에 대하여 유권자의 표심이 움직이기 시작할 터이다.

국민의힘이 '디폴트 값'을 해냈고, 개혁신당에 대부분을 내어주면서까지 다시 함께했으며, 민주당 안팎의 세력까지 포용하고, 대통령 임기도 스스로 3년으로 단축하면서 동시에 개헌을 약속한다. 이 정도면 국민의힘이 어지간한 기득권까지 다 내려놓았음을 충분히 알 수 있게 해준다.

국민의힘은 소수당이다. 개혁신당 의석수를 합쳐도 마찬가지다. 개헌을 하려면 민주당의 동의 없이는 절대 불가하다. 그러므로 개헌이 이루어지려면 민주당과의 합의 또는 민주당의 동의를 의미한다. 개헌 내용에 있어서 민주당에 상당한 양보를 해줄 수 있음을 뜻한다.

국민의힘은 21대 대선에 임하면서 그런 정도의 내려놓기를 각오해야 한다. 국가와 국민을 위해 파격을 거듭하는 공약과 제안을 내놓사는 밀이다. 그러면 분위기가 달라질 것이다.

개헌의 내용을 두고 국민의힘이 고집을 부려서는 안 된다. 지금 유권자 지형은 민주당 우위의 운동장이다. 우리나라 권력체제가 내각제라면 당분간 민주당의 집권을 계속 바라봐야만 한다. 어쩌면 민주당에 20년 이상 장기 집권을 그냥 내어주는 꼴이 될 수도 있다.

그러니 국민의힘이 내각제를 주장하는 것은 멍청한 일이고, 민주당이 내각제를 반대하는 것은 더 멍청한 일이다. 결론은 뭔가? 개헌의 내용에 대해서도 국민의힘이 민주당에 많이 양보하는 것이 나을 수 있다. 기득권을 버렸다는 이미지까지 덤으로 얻을 수 있을 테니까.

참고로 2025년 1월 현재 윤석열 대통령 탄핵 국면에서 국민의힘이 주장하는 개헌은 아무 의미가 없다.

잠시나마 관심을 다른 곳으로 돌리자는 의미인데, 정작 아무도 관심을 보여주지 않는다. 더구나 국민의힘은 개헌을 위해 진정한 자세를 보인 적도 없었고, 자세한 내용을 명확하게 제시하지도 않았다. 앞서 제안한 21대 대선에서 '제1호 공약'인 개헌과 탄핵 국면에서 주장하는 개헌은 그 의미와 내용, 의도 등 모든 점에서 차원이 다르다.

이 모든 제안은 세대 구도의 측면에서 봐도 충분히 통하는 전략이다.

국민의힘에는 좀 더 패배의 그림자가 걷히고 승리의 빛이 보이기 시작하는 계기로 작용할 것이다.

먼저 중도화되어 있고 정책과 미래를 중시하는 86세대부터 움직일 것이다. 해가 갈수록 연령 효과를 확실하게 보여주고 있는 86세대는 어쩌면 20대 대선보다 더 크게 출렁일 수도 있다. 캐스팅-보트 그룹인 2030 남성들의 여론도 변화할 것이다. 20대 대선 당시 민주당에 변수가 되었던 X세대 일부는 이번에도 계속된 변수가 되어줄 수 있다. 산업화 세대는 국민의힘을 향해 여전히 '묻지 마 식 지지'를 하겠지만.

다시 강조하지만, 앞서 언급한 '디폴트 값'이 전제이다. 또한 제시된 전략의 전제조건은 국민의힘이 많은 것을 내려놓아야 한다는 것이다. 임기 단축을 첫 번째 공약으로 해야 한다. 기득권을 버려야 한다. 그것 없이 개헌만 주장하면 아무 소용이 없다.

모두가 짐작하고 있겠지만, 관건은 국민의힘이 그렇게 내려놓을 수 있을지의 여부이다.

세대 구도론의 유권자 지형 100% 이해하기

\\

세대 구도, 대선(大選)은 물론 기초·광역·총선까지

    선출직 공무원으로 출마를 준비하려는 정치인 가운데는 세대 구도나 세대별 특성은 대통령 선거나 광역단체장급 선거에서나 참고해야 한다고 생각하는 분들도 있다. 세대별 특성이 드러나려면 같은 세대의 사람들이 어느 정도의 규모가 될 정도로 많아야 할 테고, 그런 이유로 인해 세대별 대책은 최소한 광역단체장급 선거 규모 정도는 되어야 한다고 생각할 수도 있기 때문이다.

    사람이 많을수록 세대별 특성이 더욱 잘 나타나게 될 테니, 맞는 말로 들리는 듯하기도 하다. 그러나 규모가 작은 선거에서도, 아니 유권자 집단의 규모와는 상관 없이 세대 구도와 특성은 항상 존재하고 선거 전략을 수립하거나 정책을 개발하는 데 충분히 적용할 수 있다.

    정치 선거 중에서 가장 작은 단위가 기초의원 선거이고, 그다음이 광역의원을 선출하는 선거이다. 지역(선거구)에 따라 다르지만, 기초의원 선거구의 유권자 수는 적으면 약 25,000명, 많으면 80,000여 명 정도가 된다. 광역의원은 적으면 40,000여 명, 많으면 120,000~130,000명이 넘는 곳도 있다.

    그런 정도의 유권자 수라면 세대 구도를 바탕으로 분석하고 전략을 수립하는 데 있어서 광역의원은 이미 충분히 많은 숫자이고, 기초의원도 결코 적은 숫자라고 할 수 없다. 농어촌 지역이 아닌 지방의 도시지역을 포함하여 서울, 경기, 인천, 충청 지역은 기초의원 선거구에서도 세대 구도가 어느 정도 작용한다고 할 수 있다.

지방선거는 투표해야 하는 용지도 많고 선거 종류도 많으므로 유권자는 지역에 출마한 기초의원과 광역의원 후보자가 누구인지 면밀하게 관찰하지 않는다고 생각하겠지만, 당연히 모든 유권자가 그렇지는 않다.

우리 유권자들은 비례선거와 지역구 선거를 분명하게 별도로 인식하고 있으며, 각자가 자신의 주관적 판단에 따라 개별적인 선택을 한다. 그러한 점은 여러 곳에서 발표하는 많은 자료를 통해 이미 확인된 바이다.

지방선거에서 기초의원 투표와 광역의원 투표 역시 유권자들은 분명하게 구별하면서 자신이 선택할 후보를 선별해서 결정한다. 물론 자세한 구별 없이 비례선거와 지역구 선거에 이어 기초의원과 광역의원까지 특정한 기호로만 연달아서 선택하는 유권자도 있다. 그런 유권자들의 대부분은 특정 정당, 정파, 이념이 강하게 형성된 유권자이다.

그러나 그런 유권자 중에서도 개인적인 인연이 있거나 특별한 공약 때문에, 또는 전략적인 이유 등으로 특정한 기호로만 선택하는 데서 벗어나 다른 기호의 후보를 선택하는 경우가 종종 있다. 이미 특정 기호로만 선택하는 유권자조차도 예외적인 선택을 할 때가 있는데, 일반 유권자는 당연히 개별적인 선택을 한다.

어쨌든 유권자들은 기초의원과 광역의원 선거에서도 자신이 선택할 후보를 분명하게 인식하며 선택할 뿐만 아니라, 비례대표 선거의 경우에는 각 당이 제시하는 세대별 공약에 눈길을 보내기 때문에, 적어도 정치 선거라면 묻지도 따지지도 말고 세대 구도에 따른 정책과 캠페인 전략의 수립을 통한 세대별 공략(攻略)은 여전히 유효하다고 할 수 있다.

지역별 특성은 세대 구도의 텃밭

모든 지역은 저마다 각각의 특색이 있다. 그것은 선거구마다 특정 연령대의 유권자가 유독 많거나 적은 데 따른 특색인 경우가 많다.

예를 들면 해당 선거구나 선거구 주변에 종합대학이나 산업단지(공단) 또는 오피스타운이 위치하는 경우, 유독 아파트가 많거나 아니면 일반주택 유형의 주거지가 많은 경우, 도심의 중심부와 다소 떨어져 있거나 도심 중심부 또는 중심부 주변인 경우, 유독 지하철역이 많거나(트리플 이상 역세권 포함) 아니면 지하철역과 멀리 떨어져 있는 경우 등 지역마다의 특색에 따라 특정한 연령대가 많거나 반대로 적을 수 있다.

그렇게 특정 연령대가 많은 지역이라면 세대 구도에 따른 전략을 좀 더 집중적으로 활용할 수도 있을 것이다.

그렇다면 기초의원·광역의원 등 지방선거에서 세대 구도에 따른 전략의 수립과 공략 방안은 어떻게 해야 할까? 우선 지방의원 선거는 선거판 자체를 흔들만한 관심을 받는 선거가 아니므로 지역 현안 공약을 중심으로 세대 구도에 따른 방안을 세우는 것이 효율적이다.

어느 특정 세대를 공략하기 위해 정치적인 포지셔닝이나 메시지 등에 집중하기보다는 해당 세대가 필요로 하는 내용이나 해당 세대에게 잘 통할만한 지역 이슈를 정책으로 제시하며 어필을 하는 것이다.

예를 들면 2030 연령대인 M세대와 Z세대 여성을 대상으로 안전한 지역을 강조하며 치안, 보안 관련 내용의 정책을 세밀하게 세워 제시하는 식이다. '여성 안심 귀가길' 등을 확대하거나 CCTV 확대, 가로등 사각지대 방지, 방범창 설치 지원, 기타 방범 관련 정책 등이 유용할 것이다. 가능하면 해당하는 지역에 거리명이나 도로명, 골목 이름 등을 구체적으로 언급하면 그런 세밀함에 대해서 더욱 높은 신뢰를 얻을 수 있다.

MZ세대 여성은 민주당 경향이 매우 강하다. 그 이유 가운데 하나가 안정한 사회를 갈구하기 때문이다. 이념 때문에 민주당 지지 성향이 강한 것이 아니라 평등과 안전이라는 어젠다에 민감하기 때문이다. 그러므로 위와 같은 내용으로 공략한다면 정당 여부를 떠나 좋은 결과를 얻을 수 있을 것이다.

86세대는 연령을 고려할 때 지역 발전 등 지역공약에 관심이 많을 수 있다. 다만 86세대는 공약이나 정책에 대해 구체성과 현실성, 필요성 등을 면밀하게 볼 것이므로 애써서라도 공을 들이며 공약·정책을 만들면 86세대에게 좋은 반응을 얻을 수 있을 것이다.

누차 강조했지만, 86세대는 우리나라 유권자 중에서 가장 많은 인구를 가진 중도층 집단이다.

정당, 정파, 이념보다는 정책, 공약을 중심으로 살펴보고 따져보면서 지역구에 나선 후보들을 검증하며 선택할 가능성이 크다.

어떻게 하면 SNS-인스타그램 활용 효과 높일 수 있을까?

어느 선거구에서나 후보자와 캠프 관계자들은 20대 유권자를 만나기가 쉽지 않다. 설사 만나더라도 젊은 세대는 정치인(출마자)과 인사를 건네려 하지 않는다. 특히 Z세대는 아무리 후보자라도 자신이 아는(알던) 사람이 아니라면 대면 접촉을 피하려는 경향이 있다.

결국 Z세대와 접촉하려면 SNS를 활용해야 하는데, 우리나라 정치인과 출마자들은 SNS를 홍보 도구 정도로만 생각하기 때문에 공을 들이며

SNS 활동을 해도 눈에 보일 정도의 효과를 얻고 있지 못하다.

정치인의 SNS 계정에 찍히는 수많은 '좋아요' 표시는 대게 고정 지지자들이 남긴 것이다.

그리고 그런 지지자들조차 해당 정치인의 선거구에 거주하는 사람은 드물다. 그렇다고 해서 포기할 수 없는 것이 SNS이다.

젊은 사람들이 SNS를 많이 사용한다고 해서, 일반 청년들이 정치인 SNS 계정을 팔로우하거나 접할 일은 거의 없다. 이는 거리에서 정치인이 젊은 세대를 만나지 못하는 것만큼이나 드문 일이다.

그런 이유는 정치인과 출마자들이 SNS를 홍보 도구로만 생각하지, SNS 특유의 공유·공감 및 진정한 소통을 위한 매체로 인식하고 효율성을 높이려고 나서지 않기 때문이다.

예를 들면, 보좌진들이 SNS에 올릴 게시물을 만들고 보좌진이 SNS 활동을 대신하도록 맡기는 국회의원이 많다. 그것은 홍보 도구로서의 이용일 뿐이지, 다른 계정과 공감하며 소통하는 일은 아니다. 그래 놓고 팔로워 수가 증가하길 바란다면 대단한 욕심이다.

Z세대를 설명하는 부분에서 언급한 대로 Z세대는 인스타그램 세대라고 할 수 있을 정도로 인스타그램을 많이 사용한다.

그런데 그 많은 Z세대도 절대로 정치인의 인스타그램 계정과는 교류하지 않는다. 정치인 대부분이 Z세대가 사용하는 인스타그램의 특징에 맞는 활동을 하지 않기 때문이다.

방법이 없는 것은 아니다. 당연히 여기에도 방법이 있다. 지방의원에 나설 사람이라면 자신의 선거구 안에 있는 맛집, 분위기 좋은 커피숍, 가 볼 만한 장소, 데이트하기 좋은 가게나 명소, 독특한 매장, 지역 행사 등을 중심으로 선거구 현장을 이용한 게시물을 올린다면 어떨까.

그리고 그런 게시물에 관심을 가지는 청년들과 팔로우십을 확장해 나가는 것이다. 게시물의 감성을 2030이 애용하는 방법으로 하면 금상첨화일 것은 당연지사이다.

또 인스타그램에 시간을 조금 투자해서 선거구에 거주하는 청년을 찾아보면 어떨까? 인스타그램을 통해 유권자를 직접 발굴하는 셈이다. 선거구 내의 장소(매장)와 관련한 게시물을 올린 계정을 따라 들어가서, 해당 계정에 있는 게시물 몇 개만 확인하면 얼마든지 가능하다.

정치인의 선거구에 있는 동네에 거주하고 있다는 사실을 어렵지 않게 확인할 수 있다(이해가 잘 가지 않는다면 당신은 인스타그램을 제대로 사용하지 못하고 있는 셈이다. 주변에 인스타그램을 많이 하고 잘하는 사람을 찾아서 배우시라).

그런 계정과 서로 맞팔도 하고 상대 게시물에 '좋아요'와 댓글 활동을 하며 소통을 활발하게 한다. 그리고 정치인(후보) 자신의 계정에 게시물은 90% 이상을 위에 언급한 청년들이 좋아할 만한 장소(매장)에서 활동을 즐겼음을 알리는 내용으로 올린다.

정치적 활동이나 의사를 밝히는 게시물은 아예 올리지 않는 것이 좋다. 계정 홈에 어느 지역에서 활동하는 활동가(정치인, 후보)임을 밝히는 정도만 남겨둔다. 정치인 계정인지 아닌지 알 수 없을 정도로 정치적인 홍보를 하지 않으면서 우리 동네에 맛집을 많이 아는 인스타 친구 계정이 되는 것이다.

그런 후에 선거 때가 되어서 출마하는 후보로서 자신을 소개하는 게시물 한두 차례 정도, 그리고 청년 세대를 위한 정책·공약으로 한두 차례 정도 게시물을 올리며 자연스럽게 홍보한다면 생뚱맞다거나 불쾌감을 준다고 생각지는 않을 것이다. 아울러 사전투표와 본 투표에 대한 투표 독려 캠페인을 몇 번 올려도 좋겠다. 요즘 청년들은 인스타그램에서 투표인증 게시물을 올리는 것이 유행이다. 일반인이라도 투표 독려 캠페인은 거부감이 적은 편이다.

이런 정도면 집으로 배송되는 선거 공보물조차 눈여겨보지 않는 Z세대 유권자들에게 후보자인 해당 정치인에 대한 충분한 인지와 홍보가 될 수 있다. 정당 여부를 떠나 자신의 '인친'을 향한 최소한의 행동을 해줄 것이다.

정치인의 SNS는 그렇게 활용해야 한다. 특히 인스타그램에서는!

제9부

대한민국 정치과제

저출생 난제는 정치권에서부터 풀어가야 한다

\

저출생 현상은 2020년대 대한민국과
모든 세대에게 당면한 과제

2000년 우리나라의 합계출산율은 1.47명이었다. 이후 계속 감소하여 2023년에는 0.72명으로 세계 최저 수준에 도달했다.* 2000년 이후 저출생은 본격적으로 우리 사회에 영향을 미치기 시작했다.

> *통계청 자료에 따르면 2023년 12월 기준으로 출생아 수는 2025년 22만 명, 2072년에는 16만 명까지 감소할 것으로 전망, 합계출산율은 2024년 0.68명에서 2050년 1.08명으로 예상하기도 했다.

생산가능 인구(15~64세)의 감소는 노동력 부족과 경제성장 둔화로 이어진다. 우리나라는 조만간 초고령화 사회 진입이 예상된다. 초고령 사회가 되면 연금 수급자가 늘어난다. 반면 연금을 부담할 젊은 인구는 줄어든다. 결국 연금 고갈로 이어지게 된다.

우리나라의 걱정거리는 여기에 그치지 않는다. 출생률 저하와 함께 수도권 인구 집중 현상이 심화하면서 소멸 위기에 처한 지방 도시가 증가하는 추세이다. 지방소멸은 단순히 지역 경제 기반을 무너뜨리는 데 그치지 않는다. 빈집, 폐허 등이 늘어나면서 사회적 비용 증가를 유발하고 국가 전체에 심각한 영향을 미치기도 한다.

이처럼 출생률 저하로 인해 발생하는 급격한 인구 감소는 우리 사회 전반에 걸쳐 구조적 변화로 이어질 것이다. 그런 위기감으로 인해 우리 사회는 저출생 문제를 국가 존립이 달린 중대한 문제로 인식하기 시작했다. 그래서 선거 때마다 주요 의제로 다뤄졌다.

너도나도 저출생 문제 해결을 위한 출생률 제고, 육아 지원, 청년 지원 정책 등 다양한 공약을 내놓았다.

인구 감소와 고령화가 함께 진행되고 있는 우리나라는 저출생 문제에 있어서 청년층과 고령층의 이해관계가 다르고, 정책에 대한 기대치도 다르므로 선거에서 표심의 향방을 가르는 주요한 이슈로 떠오를 수밖에 없다. 따라서 너도나도 저출생 공약을 들고나오게 마련이다.

정부 지원사업, 경제적 부담 완화 정책(지원금 제도) 위주

저출생 관련 정부 지원사업은 경제적 부담 완화를 위한 지원금 제도가 주류를 이루고 있다. 출산과 육아를 위한 지원금 제도는 저출생 문제를 해결하기 위해 국가나 지방자치단체가 제공하는 재정적 지원 정책이다. 출산과 양육에 대한 경제적 부담을 줄여 출생률을 높인다는 취지로 현금이나 물품 지원, 세제 혜택 등 다양한 형태로 운영된다.

지방자치단체도 인구소멸 위기가 갈수록 심각해지면서 인구정책을 강화하고 있다. 이를테면 전라남도 강진군은 저출산 문제 해결을 위해 출산 및 육아 지원금을 최대 5천40만 원을 지원*하고 있다. 육아수당의 경우에는 지역화폐인 '모바일 강진사랑상품권'으로 매월 60만 원씩 지급하는데 이는 꽤 큰 금액이어서 살림에 큰 도움이 된다는 반응과 함께 제도의 시행이 실제 출생아 증가로 이어지기도 했다.

*강진군은 강진에 6개월 이상 주소를 둔 주민이 아이를 출산하면 만 7세까지 84개월 동

우리정치 정상영업 합니다

안 매월 60만 원씩(총 5,040만 원) 지급하며, 2022년 1월 1일 이후 출생한 아동이 대상이다.

전라북도 진안군의 경우에도 '아이 낳고 키우기 좋은 가족 친화 도시' 프로젝트를 시행했다. 임신 때부터 대학을 마칠 때까지 최대 1억 3천만 원을 지원*한다.

물론 경제적 지원만으로는 출생률을 높이는 데 한계가 있다. 결혼을 기피하고 출산을 꺼리는 청년들에게는 정책의 실효성이 낮을 수 있다. 또한 지원금 정책은 국가재정 부담이 가중되기 때문에 지속성이 떨어지는 단점도 있다.

높은 출산 지원금이 단기적으로는 출생률 증가에 긍정적인 영향을 미칠 수는 있겠지만, 장기적인 인구 증가를 위해서는 경제적 지원뿐만 아니라 주거 안정, 여성의 경력 단절 문제 해결, 육아 인프라 확충 등 종합적이고 지속적인 정책 마련이 필요하다.

육아·보육 환경 개선과 일·가정 양립 정책

육아와 보육 환경 개선 정책은 부모들이 안심하고 자녀를 키울 수 있도록 경제적·심리적 부담을 줄여주는 다양한 제도와 지원을 포함하는 정책으로 구성되어 있다. 예를 들면, 국공립 어린이집 비율 확대를 통한 보육시설의 접근성을 높이고 부모들이 경제적 부담 없이 자녀를 맡길 수 있도록 지원하는 정책 등이 있다.

24시간 운영 어린이집과 유아 돌봄 센터 확대, 다양한 연령대에 맞는 아이 돌봄 서비스 제공, 초등학교 돌봄 교실 운영시간 연장, 방과 후 학교 프로그램 다양화와 무상 지원 등 부모의 양육에 따른 스트레스와 부담을 줄여주고 출산 의지를 높이는 데 도움을 주고자 하는 것이다.

일과 가정 양립 정책은 인구 절벽을 막을 수 있는 대표적인 대책으로 꼽힌다. 재택근무, 시간제 근무, 탄력근무제 등을 전면 도입하도록 하고 유연근무제를 활용하는 근로자에게 임금 보전 또는 근로 시간 단축 지원금 제공 등이 있다. 중소기업에도 유연근무제 도입을 지원하기 위해 재정적 혜택과 인센티브를 제공할 수 있도록 제도화하고 있다.

직장 내 보육시설 설치를 의무화하고 직장 어린이집 운영비를 정부가 보조하여 기업의 부담을 줄여주는 등 육아를 이유로 경력 단절을 선택하지 않아도 되는 환경 조성하고 있다. 부모가 일과 가정을 모두 병행할 수 있어 출산에 대한 두려움을 완화할 수 있도록 하자는 목적이다.

맞벌이 가정과 한부모 가정을 위한 공공 아이 돌봄 서비스의 지원 시간과 범위를 확대하고, 아이 돌봄 서비스 비용에 대한 정부의 보조 비율 상향과 저소득층 무상 지원, 지방과 농어촌 지역에 대한 돌봄 인프라 구축 등 양육 공백이 발생하지 않도록 지원하는 내용이다.

부모들이 자녀 출산을 부담스럽게 느끼지 않도록 하고, 지방의 육아 환경을 개선하여 지방소멸 문제 해결에도 이바지할 수 있을 것으로 기대한다.

무엇보다 부모가 일과 가정 중에서 양자택일을 하는 상황을 만들지 않도록 하는 것이 중요하다. 일과 가정 양립 정책은 단순히 저출생 해결 대책에 그치지 않고, 성별 평등 실현, 사회적 안정성 강화 등 여러 방면에서 효과를 발휘할 수 있을 것이다.

그런데 이러한 정책들이 아직 우리 사회 깊숙하게 뿌리내리고 자리를 잡지 못하고 있다. 관공서, 공공기업, 대기업과 일부 중견 기업 등에는 법적·제도적 효과가 바로 나타나서 해당하는 곳에 직장을 둔 사람이라면 혜택을 받고 있지만, 중소기업과 소상공인, 자영업 등에서는 그런 정책과 제도는 그야말로 '언감생심'일 뿐이다.

그러므로 정책의 지속은 물론이고 우리 사회 곳곳에 자리 잡을 수 있도록 제도적으로 좀 더 촘촘하게 살펴봐야 한다.

서로 다른 세대별 관심 사항

각 세대가 처한 경제적, 사회적 환경과 삶의 우선순위가 달라서 저출생 문제에 대한 관심사는 서로 다를 수밖에 없다.

하지만 저출생 해결을 위한 경제적 지원의 필요성과 육아 환경 개선의 필요성은 공통으로 인식하고 있다.

사람은 누구나 자신의 현재 삶과 직결된 문제를 중심으로 바라보게 마련이고, 저출생 관련 문제도 마찬가지이다. 특히 세대별로 그 차이와 관점이 크게 나뉜다. 청년층, 중·장년층, 노년층까지 세대나 필요로 하는 저출생 관련 정책의 종류는 모두 다르다.

20대는 경제적 안정성과 사회적 환경, 30대는 일과 가정의 균형을 중시하는 특징을 갖는다. 2030은 출산과 결혼을 고민하는 세대이며, 취업과 주거비 부담으로 출산은 삶의 주요 선택지에서 제외하는 경우가 많다. 그에 더해 결혼하지 않아도 된다는 가치관과 함께 출산을 미루거나 포기하는 경우마저 증가하고 있다. 맞벌이가 필수인 경제 구조에서 육아로 인한 경력 단절에 대한 두려움 때문에 출산보다 자기계발 등 개인적 행복과 자신에게 투자하려는 경향이 강하다.

40대는 자녀 교육과 사회적 안전망에 관심이 큰 세대이다. 다수는 이미 자녀를 양육 중이며 자녀 교육 문제가 가장 중요한 관심사로 양육 중인 자녀에게 양질의 교육을 제공하는 데 초점이 맞춰져 있다. 이미 출산의 시기가 지난 탓도 있지만, 교육 관련 문제로 인해 자녀를 더 많이 낳는 것을 꺼리게 된다. 맞벌이 가구 증가로 방과 후 돌봄, 아이돌봄 서비스에 관심이 높으며, 저출생으로 인해 자녀 세대에게 사회적 부담(노령화, 세금 증가 등)이 전가될 것에 대한 우려가 깊은 특징을 갖는다.

50대 이상에서는 경제활동에서 점차 은퇴하고, 자녀와 손주 세대의 문제에 관심을 두는 경향이 있다. 아울러 자신의 노후 복지와 의료비 문제에 관심이 크기 때문에 저출생으로 인한 생산 가능 인구 감소가 노인 복지에 미칠 영향과 저출생 문제가 사회 구조에 미칠 영향을 우려한다. 자신의 노후 안정성을 위협받을 수 있다는 걱정과 맞벌이 자녀를 대신해 손주를 돌보는 사례가 많아짐에 따라, 조부모 세대를 위한 육아 지원책에 관심이 많다.

이처럼 세대별로 저출생에 대한 관심사가 서로 다른 이유는 각자 처한 상황과 형편이 다르기 때문이다. 젊은 세대는 결혼과 출산을 결정하는 시기에 맞물린 경제적 불안과 함께 주거와 고용 불안 등의 우려가 가장 클 것이다. 자녀를 키우거나 교육하는 시기에 놓인 중·장년층은 자녀 교육비와 노후 준비가 가장 큰 관심 사항이고, 노년을 준비하는 시기와 겹치는 생애주기와 역할의 차이가 걱정일 것이다. 그리고 고령층에게는 연금 문제와 같은 경제 여건의 변화가 고민과 걱정거리로 보인다.
결혼과 출산에 대한 사회적 가치관의 변화 등 세대별 차이는 저출생 지원 정책에서 선결해야 할 또 다른 과제가 되고 있다.

저출생 문제 해결과 정치의 상관관계

저출생이 지속되면 고령화와 함께 유권자 구조에 영향을 미치게 마련이다. 청년층의 유권자 수가 감소하고 고령층 유권자가 상대적으로 많아지게 되면 정치적 관심은 고령층을 대상으로 한 복지정책 등에 정책의 우선순위를 둘 수밖에 없다.

인구의 분포 비율이 높은 고령층의 표심을 잡기 위해서이다.

따라서 노인 복지와 연금 문제를 중심으로 공약을 구성할 가능성이 커질 것이다. 이처럼 국가의 예산이 한정된 상황에서 연금 지급과 저출생 문제 해결을 위한 지원 정책 사이에 경쟁이 발생할 수 있고, 자칫 고령층과 청년층 간의 이해관계 충돌로 이어질 수도 있다.

선거마다 저출생 문제 해결이 주요 이슈로 떠오르기는 하지만, 한여름 소나기처럼 지나가 버리기 일쑤이다. 선거는 단기적인 이슈에 초점이 맞춰지는 경향이 강하기 때문에 장기적이고 구조적인 관심과 문세 해결 노력이 필요한 저출생 같은 분야는 지속적인 노력은커녕 소외되기도 한다.

정부도 2006년부터 저출생 예산을 편성하고 지난해까지 400조 원 이상의 돈을 쏟아부었지만, 예산과 노력에도 불구하고 출생률 하락을 막지 못하고 있다. 정부와 전문가들이 경쟁하듯 다양한 정책을 제시하고 있지만, 예산 투입의 효율성과 정책의 효과부터 재검토가 필요해 보인다.

저출산 정책은 선거 공약의 단골 메뉴처럼 자주 활용되지만, 이제는 새로운 관점과 발상의 전환이 필요하다.

세대별·지역별로 표심에 영향을 미치는 만큼 정책의 실현 가능성과 세대 간 갈등 조정은 필수 요소이다.

2023년 저출산·고령사회위원회와 문화체육관광부는 공동으로 「2023
년 저출산 인식 조사」를 실시④했다.

저출생에 대한 전반적인 인식과 결혼과 자녀 현황 및 계획, 저출생 정
책, 저출생 인식개선 방안 등을 조사 내용으로 했다.

여론조사에 따르면 양육비 부담, 육아의 어려움, 일·가정 양립의 어
려움이 아이를 낳고 싶어 하지 않는 주된 원인이었다. 정책에서 가장 중
요하게 고려되어야 하는 대상으로는 '결혼하지 않은 청년 세대'가 가장
큰 비중을 차지했다.

가장 효과가 높을 것으로 생각되는 해결 방안으로 육아휴직, 근로 시

간 단축 등 일·육아 병행제도 확대였고, 저출생 문제 대응에 가장 중요한 역할을 해야 하는 주체로는 '중앙정부'가 가장 높은 비중을 차지했다.

이 조사에서도 이미 해결 방안이 나왔지만, 문제는 여전히 저출생의 근본 원인에 대한 방안 부재라는 점이었다.

먼저, 저출생 문제 대응에서 가장 중요한 역할을 해야 할 주체로 중앙정부를 꼽았다는 사실은 저출생이 개인의 문제가 아니라 사회적 문제라고 보는 것이다. 그런데 국가는 여전히 저출생을 사회적 문제로 인식하지 않고 있다. 이에 대해서는 뒤에서 자세히 얘기하겠다.

또 하나는 다양한 가정 형태가 필요하다는 지적에 대한 정부의 대응이 없다는 점이다. 해당 조사 결과를 보면 응답자의 81.0%가 '결혼제도에 대한 다양한 형태를 인정해야 한다.'라고 응답했으며 그중에 76.8%가 '프랑스의 팍스 제도로 불리는 결혼제도를 도입한다면 저출산 문제 극복에 도움이 될 것'이라고 응답했다.

1999년에 시행된 프랑스의 팍스 제도는 동거하는 커플은 물론이고 비혼 가정, 한부모 가정 등 모두에게 법적 권리를 부여하여 신생아 출생에 대한 각종 지원과 제도에 혜택을 받을 수 있도록 규정한 법이다. 결혼신고를 하지 않고도 재산권과 사회보장 등 다양하고 많은 법적 보호를 받을 수 있다.

프랑스 사회는 팍스 제도의 도입을 계기로 전통적인 결혼에 대한 인식이 변화되며 큰 변화를 가져왔다. 팍스 계약을 체결한 커플의 수가 급격하게 증가하여 결혼제도의 대안이 되었고, 이를 통해 신생아의 출생률도 함께 상승하는 결과를 가져오기도 했다.

위와 같이 정부가 주도하여 진행된 조사에서 국민 여론이 직접적으로 괜찮은 제도를 선호하여 필요하다고 응답했지만, 정작 정부는 그런 정책에 대해서는 뚜렷한 대안이나 방안을 내놓지 못하는 것이 현재 우리나라의 현실이다. 국가 예산을 써가며 진행한 조사에서 현실적이면서 국민이 바라는 정책이 답으로 나왔지만, 정작 중앙정부는 그에 대한 구체적인 대안은 물론이고, 그 응답의 후속 연구가 제대로 이루어지고 있는지 알려진 바도 없다.

이는 저출생 문제에 대한 생색내기 관심이라고 의심할 수도 있는 대목이다. 정부가 진정한 자세로 저출생 문제를 해결하겠다고 한다면 단발적인 조사에 그치지 말고 좀 더 심층적인 조사와 연구가 병행되어야 한다.

가장 중요한 점은 현재 우리나라 저출생 문제의 원인부터 제대로 파악하고 있는가에 대한 의문이다. 어떠한 일이든 원인 파악이 되지 않고는 수박 겉핥기식 정책이 될 수밖에 없다. 지난 십수 년간 수백조 원의 국가 예산을 사용하고도 해결하지 못한 이유가 바로 여기에 있을 것이다.

그러한 태도에 대해서는 보수 정권이든 민주당 정권이든 마찬가지이다. 어느 정당, 어느 정파이든 이런 겉핥기식 정책에 대한 지적은 달게 받아야 한다. 저출생 문제의 원인에 대해서는 다음 장에서 좀 더 자세하게 다뤄보도록 하겠다.

원인을 알아야 문제를 해결하지!

용어부터 '저출산' 대신 '저출생'으로 해야~

한국 사회는 그동안 저출생 문제를 '저출산'이라고 표현하며 문제를 인식해 왔다. 당연히 가부장적이고 차별적인 표현이라는 지적이다. 한국민족문화대백과사전에서는 저출산의 사전적 의미를 '아이를 적게 낳아 사회 전반적으로 출산율이 감소하는 현상'이라고 설명한다.

저출산이라는 단어의 내용을 뜯어보면 '아이를 낳는'이라고 표현하면서 출산의 문제를 여성으로 국한했다. 여성을 사회적 존재로 인식하지 않고 출산하는 존재로 국한하여 대상화한 것이다. 출산율이 감소하는 현상에 대한 책임을 여성에게 안겨주는 맥락이다.

저출산이라는 표현을 고집하는 사람들은 여성들이 아이를 낳지 않게 되는 원인을 여성의 경제활동 증가, 가족 형태의 변화(1인 가구 증가), 비혼 문화 확산 등으로 다뤄왔다. 그러한 관점은 저출생 문제를 여성의 책임으로 전가할 수 있도록 해준다. 그런 점에서 대한민국 사회는 아직도 가부장제 문화가 강력하게 내재해 있는 셈이다.

저출생 문제를 개인이나 가족에게 전가하는 것은 우리 사회가 갖고 있는 저출생에 대한 고정화된 인식 중의 하나이다.

여전히 한국 사회는 저출생의 원인을 경제활동, 스스로 결정한 가족 형태, 주거 문제, 삶의 만족 등 개인의 영역이나 가족의 영역에 있는 문제로 고정하여 인식하고 있다.

앞에 나열된 문제들은 개인의 문제나 가족의 문제가 아니라 한국 사회가 가지고 있는 사회문제로 인식해야 한다. 개인이 해결해야 할 범주가 아님에도 그 책임을 전가하기 위해 개인의 문제로 치부하였다. 그러면서 출생 문제에 해당하는 세대는 다양한 억압을 받아 왔다.

우리 책의 독자들께서도 '연애는 하니?', '왜 결혼 안 하니?', '아이는 언제 만들 거니?' 등의 이야기를 들었을 것이다. 그러한 말들은 모든 문제의 책임을 개인에게 전가하는 인식에서 시작되었다고 볼 수 있다. 저출생은 개인이나 가족이 아닌 사회적 문제로 인식하고, 그러한 관점으로 실마리를 풀어나가야 한다. 그렇게 하지 않는다면 앞으로 수십, 수백조 원의 세금을 추가로 쏟아붓더라도 저출생 문제는 해결하지 못할 것이다.

인식 전환이 저출생 문제 해결의 시작!

이제라도 저출생 현상에 대한 인식의 기준을 제대로 잡아야 한다.

저출생 현상 또는 저출생 문제에는 우리 사회의 모든 문제가 다 연결된 것으로 인식해야 한다.

그러한 인식의 전환을 통해 우리 사회의 공통 과제로 삼아야 한다.

첫째, 저출산이라는 표현은 여성을 도구화하는 맥락의 단어이다. 따라서 '저출산'이 아닌 '저출생'이라는 단어를 사용해야 한다. 여성이 아이를 적게 낳는 것이 아니라 아이가 적게 태어난다는 의미로 인식해야 한다. 주체의 전환이 이루어지면 사회적 문제로 전환할 수 있기 때문이다.

둘째, 저출생을 개인의 문제가 아닌 사회의 문제로 인식해야 한다. 위에 언급했듯이 한국 사회에 내재한 가부장제의 인식 때문에 저출생 문제를 개인에게 전가하는 우리 사회의 구조적인 문제가 발생한다. 이제부터

라도 저출생 현상을 개인의 문제가 아닌 사회의 문제로 인식해야 한다.

윤석열 정부에서 저출산고령사회위원회를 구성했지만, 명칭에서 볼 수 있듯이 아직도 정부는 '저출산'이라는 인식에서 벗어나지 못하고 있다. 저출산고령사회위원회의 운영위원회는 구성원 열 명 전부가 정부위원이면서 장·차관으로 구성되어 있다. 본 위원회 또한 정부 인사와 교수들로 구성되어 있다. 위원회가 현장의 목소리를 대변하지 못할 것이라는 사실은 물어보나 마나이다.

[보기16. 인사혁신처의 카드 뉴스 중 한 부분]

저출생 문제에 대한 논의는 인식의 전환을 기반으로 접근해야 하고 당사자와 지자체, 정부가 함께 협업할 수 있는 구조로 만들어야 한다. 하지만 아직도 저출생이 아니라 '저출산'이라는 명칭을 쓰고 있는 것처럼 저출생 문제에 대해 변하지 않은 인식부터가 문제이다. 저출생 대책을 위한 위원회의 구성과 운영도 형식에 치우쳐 있는 수준이다.

이처럼 국가와 사회는 저출생 문제에 대해 여전히 개인과 가정에 책임을 전가하고 있다. 개인(가정)에게 책임이 있다고 인식하기 때문에, 저출생 정책은 국가가 개인(또는 가정)에게 기꺼이 베풀어 주는 시혜(施惠)처럼 된다. "국가가 이 정도로 베풀어 주는데도 아이를 낳지 않을 거냐?" 하는 식이다.

만약에 저출생 현상을 사회적 문제로 인식한다면 국가와 우리 사회가 함께 저출생 문제를 해결하기 위해 적극적으로 나서는 주체가 될 수 있다. 그러나 정부는 그런 주체가 되기를 여전히 거부하고 있는 셈이다.

2024년 출생률 상승은 일시적 현상, 원인 파악과 정책의 지속성 중요

인구 구조의 변화에 대해 정부는 2005년 저출산·고령사회기본법을 제정하며 대비해 왔다. 하지만 인구 구조의 변화에 대한 본질적인 해결보다는 전체가 아닌 부분적인 측면에서의 접근으로 큰 효과를 보지 못했다. 한마디로 미시적인 접근만 했다. 실제로 매년 평균 20조에 가까운 예산을 투입했고, 현재까지 약 400조에 달하는 예산을 투입했지만, 인구 감소의 흐름을 막지 못하였다.

그 많은 세금을 투입하고도 저출생 문제는 더욱 심화했다. 이유는 간단하다. 정치권의 근본적인 문제로도 볼 수 있다. 특히 정부는 5년 단임

제 안에 최대의 성과를 가져오기 위해 질적인 부분보다 양적인 부분을 강조할 수밖에 없다. 짧은 시간에 최대의 효과를 내야 하는, 흔히 말하는 성과주의에 매몰된 결과이다.

이런 현상은 정권을 어느 쪽이 잡느냐의 문제가 아니다. 민주당 계열의 정당이 집권했을 때나, 국민의힘 계열 정당이 집권했을 때나 다르지 않다. '87년 체제'는 어느 정당이 집권하든 변하지 않는 시스템이다. 그러한 틀에서는 저출생 문제에 대한 대응이 미시적 접근일 수밖에 없고, 단기간에 이룰 수 있는 성과만을 재촉하게 마련이다.

국가 체제라는 틀과 그로 인해 탄생한 모든 정부는 저출생 문제의 근원을 파악하지 못했다. 5년 임기의 정부는 어찌 보면 매우 한시적인 조직이다. 그래서 문제의 근원을 파악하기보다는 당장 눈앞의 내용에만 집중한다. 근원을 모르니 문제의 실타래가 되는 첫 지점이 어디인지 알지 못한다. 실타래의 첫 지점부터 해결하지 못하니 뭉쳐있는 부분이 어딘지 진상을 파악하기는커녕 엉뚱하고 형식적인 노력에 치우칠 수밖에 없는 것이다.

2024년에 합계출산율은 0.74명으로 저출산고령사회위원회가 예측한 0.68명을 웃도는 결과를 가져왔다. 이는 코로나19 이후 결혼 인구의 증가와 정부의 현금성 지원으로 인해 출생률이 일시적으로 상승한 것이다.

문제는 혼인율과 잠재적 출생률은 상승추세가 아니라는 사실이다. 잠시 2023년과 2024년에 몰려있었을 뿐이다. 그러므로 2024년의 일시적 상승은 온전하게 정부의 노력에 의한 결과라고 할 수 없다.

다만, 최근에 각 지자체의 현금성 지원이 증가했고, 지역소멸과 같은 궤의 정책 방향으로 다양한 지원방안 등이 시행되어 출생률 상승에 약간의 도움이 되었을 것으로 보인다. 그러나 해당 정책 대부분은 현금 지원이나 현금성 지원 형식의 정책들로서 근본적인 대책이 아니다.

현재 '현금 지원'에 초점을 맞추고 있는 저출생 정책 방향의 문제점은 일회성 또는 단기목적을 지향하고 있다는 것이다. 지속가능성에 목적을 두지 않고 있다. 또한 인권, 성평등, 노동, 교육 시스템 등 전면적인 인식의 개선이 필요한데도 저출생 정책을 오로지 '복지'의 관점으로만 바라보고 있다는 점도 문제이다.

또 하나 지적할 부분은 저출생 대응 예산이 영유아, 아동, 청소년에만 집중하고 있다는 것이다. 출생하기까지의 단계에는 구체적인 지원이 부족하다. 출생 이후의 대책에 집중했다는 점은 '결혼'이라는 공식적인 의식, 공인 절차가 있어야만 지원이 가능하다는 것이다.

이는 철저하게 가부장제의 인식에 근거한 정책이다. 결혼 여부(동거혼 포함)에 따라 지원을 받을 수 있으니 비혼 가정은 전혀 혜택을 받을 수가 없다. 어떻게든 결혼부터 해야 아이를 낳은 후에 혜택을 주겠다는 것인데, 정작 현재 우리나라의 혼인율은 점점 낮아지고 있다.

그렇다면 혼인율을 높일 수 있는 사회적 기반을 만들고 그것을 위한 지원책부터 따라야 할 텐데, 여기에는 아무런 대책이 없다. 혼인을 강조하는 데서부터 시작하면 범위가 한도 없이 커지기 때문이다

이처럼 아직은 정부 차원의 저출생 대책은 근시안적인 수준에 머물고 있다. 저출생 현상을 바라보는 관점부터가 문제이고, 그런 관점으로 인해 원인을 제대로 파악하지 못하고 있다.

아직 미완의 성평등, 유리천장

흔히 지금의 시대를 탈경계의 시대라고 말한다. 2000년대 이전 시대는 가부장제 문화가 뿌리 깊게 박혀있어서 남성과 여성의 성역할 구분이

명확했다. 그리고 그 경계를 넘는 것에 대해 터부시해 왔다.

2020년대에 진입한 현재의 우리 사회는 세계화의 흐름과 각종 미디어의 발전, 과학기술의 발전으로 인해 성(性)역할 경계의 벽이 무너져 왔다. 그리고 탈경계의 시대가 진행될수록 성평등이 구체화될 것이라 예상했다. 그런데 이상하게도 성역할의 차이와 차별은 깨지지 않고 있다.

성평등의 구체화는 문화적 측면도 있지만, 정치적 측면에서 그 영향력을 강화해 왔다. 어느 정당이 집권하느냐에 따라 성평등 정책이 변화하게 되는데, 문재인 정부 당시는 '사람'을 중심으로 두고 성평등 구현을 목표로 삼았다. 반면 윤석열 정부는 성평등보다는 일과 가정 양립, 양육, 주거 등을 중점 과제로 삼았다.

이처럼 정치적 맥락의 차이로 성평등 정책의 지속가능성은 낮아졌고, 저출생 정책 역시 효능을 느낄 수 없을 정도가 되어버렸다.

[보기17. 남성 대비 여성 임금 현황]

		2019년	2020년	2021년	2022년	2023년
여자	월임금총액	2,371,000원	2,408,000원	2,476,000원	2,683,000원	2,783,000원
	남성대비 비율	64.4%	64.7%	64.6%	65.0%	65.3%
남자	월임금총액	3,682,000원	3,722,000원	3,833,000원	4,127,000원	4,260,000원

* 자료 출처 : 고용노동부 고용 형태별 근로 실태조사

2000년대에 들어서면서부터 여성의 전문직 진출이 많아졌고, 대기업과 공무원 취업률이 높아졌다. 그러나 결혼과 출생에 대해 신체적으로 감당해야 할 부담의 범위는 여전히 여성에게 몰려있다. 그러다 보니 자연스레 경력 단절이 일어났고 저소득으로 연결되는 현실을 마주하게 되었다.

'보기17'을 참고해 보겠다. 우리나라의 최근 남성 대비 여성 임금 현황이다. 남성 대비 여성 임금의 비율은 2022년이 돼서야 겨우 65%가 되었다. 이러한 상황은 2025년 1월을 기준으로 봐도 크게 달라지지 않았을 것으로 보인다. 우리나라 여성 임금은 남성 임금의 3분의 2 수준에도 미치지 못하고 있는 현실이다.

임금에서부터 남녀 격차가 그렇게 심한데, 임금을 제외한 다른 부분에서 사회가 여성에게 부담을 지우는, 또는 사회가 여성에게 바라는 점은 그 이상이라는 점이 문제이다. 2000년대 들어 학교에서 성평등에 대한 교육이 시행되었지만, 여전히 우리 사회는 여성에 대한 차별이 존재하고 있다.

[보기18. OECD 가입국의 남녀 임금 격차]

(단위 : %, 중위임금 기준)

구분	한국	OECD	일본	캐나다	덴마크	핀란드	프랑스	독일	호주	영국	미국
2022	31.2	12.1	21.3	17.1	-	-	-	-	9.9	14.5	17.0

* 출처 : OECD Data 2024년 1월 조회 기준

우리나라의 남녀 임금 차별은 OECD 데이터에서도 잘 드러난다. 우리나라의 남녀 간 임금 격차는 OECD 평균과 비교하면 2.5배가 넘는다. 창피한 일이 아닐 수 없다.

남녀 간 임금 격차가 큰 이유는 출생과 돌봄으로 인해 여성의 경력 단절 형태가 많이 나타나고, 이후 재취업의 과정에서 종사업무의 낮은 지위와 고용 안정성이 떨어지기 때문이다. 경력 단절로 인해 낮은 질의 노동시장으로 유입되는 것으로 해석할 수 있다.

바로 이러한 사회경제적 이유가 결혼과 출산을 기피하는 현상이 현실로 나타나게 된 핵심 원인이다. 저출생 문제를 사회의 문제 또는 사회적 문제로 보고 다뤄야 하는 또 하나의 강력한 이유이기도 하다.

사회경제적 요소 외에 깊숙하게 고민해야 할 또 하나의 관건은 여성의 주체성이다. 여성은 출산에 이르기까지 모든 과정을 직접 감당해야 하는 당사자이다. 임신의 과정부터 약 10개월이라는 기간 동안 겪는 다양한 경험은 모두 여성의 몫이다. 출산의 고통 역시 여성이 짊어져야 한다. 이후 보육과 돌봄의 과정에서도 배제될 수 없는 주체이다.

이처럼 여성은 출산의 모든 과정을 강요받는 받고 있다. 그러한 여성들을 위해 여성의 주체성에 대한 사회적 논의가 필요하다.

아울러 한국 사회의 성차별적 요소들도 깊게 논의해야 한다. 차별의 종류는 가부장적인 가족문화 속에서 받는 차별, 직장 내 성역할로 인한 차별, 직종의 한계와 사회적 시선으로 인한 직업 선택의 차별, 여성이 가지고 있는 사회적 지위에 대한 차별 등 매우 다양하다.

그러한 각종 사회적 차별에 대해 단순하게 사건화해서는 안 된다. 원인의 분석과 대안이 함께 움직여야 한다.

성평등 문제와 여성 인권, 그리고 여성의 사회적 지위 향상 능은 우리나라 저출생 문제와 직접 닿아있는 심각한 문제라는 사실을 깊이 인식해야 한다. 그래야 저출생 문제에 대한 실타래가 풀릴 수 있다.

저출생 촉발 사례 연구부터 제대로

우리나라는 2010년대에 들어서면서부터 저출생 현상을 심각한 문제로 받아들이기 시작했다. 그래서 국내는 물론 우리나라보다 먼저 저출생 문제를 겪었던 외국 사례와 수많은 연구 결과를 접할 수 있게 됐다. 그 많은 내용 중에서 우리나라 저출생 현실의 원인으로 부각된 사례가 하나 있었다. 바로 인구 밀집 또는 급격한 도시화에 따른 문제였다.

일본의 어느 연구 결과에 따르면, 일본 도시 중심지의 면적당 높은 집값 때문에 도쿄 아파트의 평균 크기가 1인당 17.5제곱미터에 불과하다고 한다. 그런 여건에서는 한 자녀만 두거나 자녀를 두지 않은 부부가 매우 많아질 수밖에 없었다. 자기의 주거 공간을 공유하고 싶지 않다는 이유로 결혼을 아예 하지 않는 사람들도 증가했다고 한다. 일본에서의 그러한 현상이 한국에서도 2010년대부터 나타났다고 할 수 있다.

미국의 국제 정치학자로 잘 알려진 '피터 자이한(Peter Zeihan)'은 자신의 저서인 『붕괴하는 세계와 인구학』에서 "동아시아는 이미 인구밀도가 높다. 대대적인 도시화도 출생률을 높이는 데 도움이 되지 않았다."라고 했다. 그러면서 자이한은 "아파트는 어디에 위치하든, 누가 살든 상관없이 가족의 규모를 하향 조정하는 요인으로 작용했다."라고 지적했다.
피터 자이한은 "자녀가 적다는 것은 더 나은 주거환경과 양질의 영양공급이 가능하며, 여행과 은퇴 준비에 더 많은 투자가 가능하고, 높은 생활 수준을 가질 수 있다는 의미이다."라고 하면서, "현대 시대에 들어서 1인당 소득과 전반적인 생활 수준이 빠르게 개선된 나라들을 보면 가족당 자녀의 수가 눈에 뜨이게 감소한다."라고 했다. 앞서 예를 들었던 일본의 연구 사례와 비슷한 논리이다.

실제로 우리나라의 주택문제는 저출생 현상을 부추기는 데 큰 몫을 하고 있다. 우리나라에 5천만 인구를 4인 가족으로만 본다면 주택은 1,250만 호 정도가 필요하지만, 실제로 현재 4인 가족 가구는 전체 가구에서 16%에 불과하다. 그러므로 현재 우리나라는 주택이 턱없이 부족하다.
지금의 주택시장은 국민평형을 여전히 4인 가족을 기준으로 하여 전용면적 85제곱미터로 설정하고 있다. 그런 결과 1~2인 가구에 맞는 주택이 적으니까, 주택의 가격은 꾸준하게 상승했다.

거주할 곳이 부족한 1~2인 가구들은 오피스텔, 원룸, 쉐어하우스, 고시원 등을 전전하게 된다.

그렇게 협소하고 생활공간이 거의 없는 주택에서 거주하는 사람들은 결혼은 물론이고 연애도 쉽게 하지 못할 형편이다. 아이를 갖는 일은 더욱 어려운 현실이 된다. 국민평형의 기준을 정할 당시인 1980년대와 현재는 상황이 많이 달라졌다. 이제는 2020년대에 맞는 기준으로 다시 책정해야 한다. 다만, 최근 신축 아파트들은 전용면적 59제곱미터 정도의 주택을 많이 공급하기 시작했으나, 이는 국가가 또는 우리 사회가 좀 더 적극적으로 장려(獎勵)해야 할 필요가 있다.

저출생 현상에 대한 원인으로 거주지와 관련한 것 외에 다른 가설을 제시하기도 했다. 『대한민국 인구 트렌드 2022~2027(전영수 지음. 블랙피쉬)』라는 책은 출산을 효용가설로 설명하면서, '부모가 자녀를 갖는 판단 근거는 효용과 비용의 정밀한 셈법이다.'라고 주장힌다. 사람들은 효용이 비용을 웃돌 때만 출산한다는 의미이다.

『대한민국 인구 트렌드』의 저자는 '근로 시간과 육아시간의 대결 구도는 현재의 출생률 저하를 두고서 봐야 할 이슈'라고 지적하면서, "똑똑한 한국 청년들은 효용을 최대화하기 위해 노동·육아·여가 시간을 배분할 때 출산을 후순위에 둘 수밖에 없다."라고 얘기한다.

그리고 "특히 신세대(Z세대)는 무자식을 표준으로 받아들일 기세이며, '졸업-취업-결혼-출산-양육'이라는 전통 모델의 궤도를 이미 이탈했다."라고 한다. 그러면서 "신세대(Z세대)들의 시대 의제는 다양성이다. 기성세대의 정해진 궤도를 고집하지 않는다."라고 주장했다.

이는 수요가 가격을 정하는 시장의 기본원리 같은 현상이다. 욕구가 선호를 정하고 있음을 보여준다. 다시 말해 신세대의 욕구는 저출생으로 귀결되는 자연스러운 현상이라고 보는 것이다. 그러한 가설은 주택의 크기 그리고 피터 자이한이 지적했던 대대적인 도시화에 원인이 있다고 지적한 것과 일맥상통하는 얘기이다.

일부에서는 현재의 한국은 '인구〉자원'의 과밀 상태로, '인구=자원'의 교차점까지 인구가 감소하는 것이 오히려 좋다는 의견이 있기도 하다. 실제로 『총·균·쇠』의 저자인 제레드 다이아몬드는 한국의 어느 언론과의 인터뷰에서 "자원이 부족한 한국에서 적정한 인구 감소는 자원의 적절한 재분배 측면에서 보면 오히려 기회"라고 말하기도 했다.

무엇이 옳고, 저출생의 원인인지는 정확하게 알 수 없다. 문제는 무엇이 원인이고 어떠한 방법이 옳은 것인지에 대한 장기적인 안목에서의 연구와 사회적인 관심이 필요하다. 그리고 저출생 현상을 사회적 문제로 받아들여서 흩어져 있는 많은 연구를 몇 가지의 귀결로 모은 후에 국가적인 대책으로 이어가야 한다는 것이다.

다시 말하지만, 저출생 문제는 국가와 우리 사회가 적극적으로 나서야 한다. 또한 사회적인 문제로 인식하고 원인 파악부터 제대로 시작해야 한다.

다른 선진국은 저출생 현상을 어떻게 극복했나?

선진국은 지금 한국 사회가 가지고 있는 저출생과 인구 감소 문제를 먼저 경험하였다. 1차 산업과 2차 산업, 3차 산업, 지금의 4차 산업까지 변동하는 과정에서 자연스레 파생된 인프라의 문제, 주택의 문제, 도시화의 문제 등으로 저출생의 문제가 심화되었다.

하지만 다양한 정책을 통해 인구수의 유지 또는 소폭의 감소로 나타났다. 그런 정책에서 기반이 되는 지점은 바로 성평등이었다. 성평등은 각 성의 성역할 구분을 최소화하고 성차별을 없애는 것이다. 선진국들은 성평등을 이루면서 저출생 현상에서 탈출하기 시작했다.

대표적인 몇 국가를 살펴보겠다.

스웨덴의 경우 여성이 출산 후에도 노동시장에 참여할 수 있는 제도적 장치로 육아휴직 남성 할당제가 있다. 한 자녀 당 부모가 사용할 수 있는 육아휴직이 각 240일, 총 480일 보장되어 있다. 이 가운데 90일 이상을 반드시 아빠가 사용하도록 했다.

그리고 보육시설에 대한 강한 신뢰가 있어 무상보육이 가능하며 8세가 될 때까지 근무 시간을 최대 25%까지 단축할 수 있다. 유급 임시 부모 휴가제가 제도화 되어 당연한 권리로 자리 잡았다. 또한 다자녀 가구의 무상보육에 대한 혜택도 제공하고 있다.

독일의 경우 장기 요양 보험료를 자녀 수대로 할인하는 제도가 있다. 또한 14주 출산휴가 동안 임금의 100%를 지급하고, 부모 합산 최대 3년간 육아휴직을 할 수 있으며 이 기간에는 해고를 금지했다. 최대 36개월의 휴직을 무급으로 제공하는 부모 휴직제도가 있으며 육아휴직 시 부모수당은 소득의 67%를 12개월간 보장하는 제도가 있다.

가구 소득과 상관없이 만 18세가 될 때까지 현금을 지급하는 아동수당과 함께, 중앙정부 차원의 보육 서비스와 방과 후 돌봄 서비스, 아이 돌보미 서비스 등 돌봄 정책이 있다. 또한 전일제 학교 도입으로 학생들이 학교에서 돌봄을 받을 수 있어서 부모의 보육 부담을 덜어주는 정책도 시행 중이다.

헝가리의 경우 출산 관련 과감한 정책을 진행했는데, 바로 금융 지원이다. 40세 이하 부부가 출산을 약속할 시 정부는 약 4천만 원을 대출해 주고, 5년 이내 1명 출산 시 이자를 면제, 2명은 대출액의 3분의 1 감액, 3명은 대출액 전체 탕감, 4명 이상의 경우 평생 소득세가 면제되는 정책이다.

세제 혜택을 주는 나라도 있다. 프랑스의 저출산 대응 소득세제가 있다. 소득에 부과되는 세금을 가구원 수만큼 나눈 후에 부과하는 제도이다. 가족수당을 도입해 가족 지원을 체계화하였으며 이는 미혼인 가구에도 적용된다.

이탈리아도 세제 혜택을 주고 있다. 첫아이 출산 시 2천5백 유로 공제, 둘째는 7천5백 유로, 셋째는 1만 2천5백 유로, 넷째는 1만 7천5백 유로 등 공제액을 확대하는 제도가 진행 중이다.

현금 지원성 정책은 우리나라도 있다. 그러나 그 내용을 자세하게 들여다보면 지원 범위에서 그 크기가 다르다. 그야말로 화끈하게 지원해서 부모들의 경제적 부담을 덜어주고 있다.

현금성 지원 외에 아빠의 출산휴가 등도 우리나라에 일부 적용되어 있다. 그러나 그 역시 내용을 자세하게 들여다보면 우리나라의 정책 범위와는 크기가 다르다. 선진국들은 정책의 시행을 위해 확실한 장치를 하였다. 하지만 우리나라는 공무원, 공기업, 대기업 등에서 종사하는 사람이 아니라면 아직도 육아휴직은 직장을 그만둘 각오를 해야 한다.

여전한 유교문화와 가부장제 인식, 정상 가족만이 정상?

2024년 11월에 우리나라에서 큰 이슈가 하나 있었다. 바로 배우 정우성과 모델 문가비 사이의 혼외 자녀 출산 소식이다. 대중의 반응은 충격과 응원으로 나뉘었다.

정우성이 가지고 있던 독신주의의 이미지와 유명 연예인의 혼외 자녀 출산에 대한 충격의 반응이 하나다. 다른 하나는, 정우성이 아버지로서 끝까지 책임을 다하겠다는 사실과 문가비가 출산한 아이의 존재를 알린 사실에 대한 응원의 반응이었다.

응원 못지않게 부정적 의견이 적지 않았다. 그 이유는 정상(正常) 가족에 대한 오래된 문화적 인식과 유교적이며 가부장적인 인식이 깔려 있기 때문이다. 아직도 대한민국 사회는 정상 가족의 프레임이 작동되는 사회이다.

우리나라 국민 대부분은 어렸을 때부터 교육과정에서 암묵적인 정상 가족의 형태를 주입받았다. '철수와 영희'라는 성의 상징, 4인 가정을 가족이라고 표현하는 삽화 등이 대표적이다. 그렇게 주입된 사회적 인식은 저출생을 여성의 문제로 치부하게 만든다.

한국 사회의 가족 형태는 이미 변화하고 있다. 산업화 이후 가족 형태가 대가족에서 핵가족으로 분화했고, 전통적 가족 역할이 변화해 갔으며, 여성의 사회 진출과 개인주의의 확산으로 다양한 가족 형태가 등장하고 있다. 1인 가정, 동거 가정과 한부모 가정, 다문화 가정, 동성 가정 등이 대표적인 형태로 나타난다.

이미 한국 사회의 변동과 변화의 과정에서 기존의 가족 형태가 해체되고 새로운 가족 형태가 등장했다. 그렇다면 우리도 새롭고 다양한 가족 형태에 대한 법적·제도적 보장 방안을 고민해야 한다.

특히 저출생의 관점에서 바라보면 비혼 출생에 대한 제도적 장치가 반드시 마련되어야 한다.

우리나라 사회가 비혼 출생을 바라보는 또 하나의 사례가 있다.

바로 방송인 사유리 이야기다. 사유리는 2020년에 정자를 기증받아 아이를 낳게 됐다. 사유리의 비혼 출생은 사회적으로 큰 반향을 일으켰다. 유명인이 자기가 선택한 삶이라는 선례와 사회적 인식의 변화는 비혼 출생에 대한 인식의 변화를 가져왔다.

2024년 사회조사에서 20대 5명 중 2명은 결혼하지 않고도 자녀를 낳을 수 있다는 인식을 보여주고 있다. 2014년엔 30.3%가 긍정적인 답변을 했으나, 2024년에는 42.8%로 12.5%p가 증가했다. 반대로 반대한다는 응답은 2014년 34.9%에서 2024년에는 22.2%로 감소했다.[5]

우리 인식은 그렇게 변하고 있지만, 사회적으로 깊숙이 박혀있는 인식은 아직도 달라지지 않은 상태이다. 사유리 씨가 방송에 출연하면 비혼 출생이 크게 알려지고 유행할 것을 우려하여, 현재는 사유리 씨의 방송 출연이 막혀있는 상태로 보인다. 우리 사회 깊숙한 곳에 가부장제의 요소와 기성세력의 힘이 여전히 강하게 작용하고 있다는 반증이다.

비혼 출생은 저출생 문제를 극복하는 것에 가장 핵심적인 해결 방법이 될 수 있다. 하지만 우리나라는 남녀가 공식으로 혼인해서 낳은 아이만을 정상 가정의 출생으로 보고 있다. 저출생 대책이라고 나온 모든 정책과 내용 역시 이른바 '정상 가정'에 집중되고 있다. 그러한 관점과 인식 상태에서는 저출생 문제를 해결할 수가 없다.

앞서 언급한 대로, 국가 위원회에서 조사하여 나온 결과에서 '결혼제도에 대한 다양한 형태를 인정해야 한다.'라는 응답이 가장 압도적이고 높은 비율로 나왔다. 하지만 정작 국가 위원회나 국가 정책은 그와 관련한 대책이나 대응이 전혀 없는 실정이다.

다시 말하지만, 관점과 인식을 변화시키지 않는 한 우리나라의 저출생 관련 예산 집행은 '밑 빠진 독에 물 붓기'가 될 뿐이다.

비혼 출산에 대한 지원과 인식의 전환이 해결 방법

비혼 출산에 대한 대표적인 국가는 프랑스이다.

프랑스의 비혼 출산율은 63%가 넘는데 이는 양육지원제도가 잘 뒷받침되고 있기 때문이다. 공공 돌봄, 무상 또는 저렴한 학비, 각종 수당 등을 지원하는데 결혼을 통해 출산한 아이뿐만 아니라 비혼 커플에게도 똑같이 적용된다

앞서 얘기했던 팍스 제도 덕분이다. 혼인 유무와 상관없이 부모와 아이가 법적으로 보호받을 수 있다. 혼인에 준하는 법적 보호제도로 결혼이라는 전제가 없이도 아이를 가질 수 있고 낳을 수 있으며 키울 수 있는 법적 장치를 마련해 준 것이다. 이러한 제도뿐만 아니라 교육 경쟁이 없고 주거 문제 없이 아이를 돌보기에 좋은 환경과 자유로운 문화가 또 다른 이유로 나타나고 있다.⑥

2022년 기준 프랑스의 합계출산율은 1.8명이다. 비혼 출생률은 63.9%이다. 1.8명 가운데 1.15명이 비혼 가정 출생이라는 말이다. 2022년 우리나라 합계출산율 0.78명보다 훨씬 높은 숫자이다.

프랑스 외에 주요 정치·경제 선진국의 합계출산율과 비혼 출생률을

보면 적정한 합계출산율을 유지하고 있다. 더불어 높은 비혼 출생률을 나타내고 있다. 2022년을 기준으로 노르웨이의 합계출산율은 1.5명이며 비혼 출생률은 58.5%이다. 스웨덴은 합계출산율 1.7명에 비혼 출생률은 55.2%이다. 앞으로 우리나라가 저출생 문제를 어디에서부터 풀어가야 할지를 잘 알려주는 사례이다.

2018년 OECD 가입국의 평균 비혼 출생률은 41.5%이며 한국은 2.2%이다.⑦ 이 정도면 우리나라는 비혼 출산을 정책적으로 막고 있는 것이라고 해도 될 정도이다. 우리나라의 비혼 출생률이 매우 낮은 것은 비혼 출생에 대한 법적·제도적 방안이 전혀 없기 때문일 것이다. 그에 더해서 비혼 출생에 대한 사회적 인식도 한몫하고 있다. 가부장제의 관점이 지배하기 때문이다.

선진국을 포함하여 많은 나라들은 저출생 문제를 비혼 출생 지원을 통해 해결하고 있다. 이런 사실은 우리나라도 비혼 출생에 대한 지원과 인식 전환이라는 빗장을 풀어야 저출생 문제를 해결할 수 있음을 뜻한다. 우선 미완의 성평등 해결과 가부장제 인식의 탈피가 필요하다.

더불어서 그동안 한국 사회에서 부정적으로 인식해 온 한부모 가정을 우리 사회가 포용하는 방안도 마련해야 한다. 한때 우리 사회는 다문화 가정을 꾸리는 데 대하여 불편한 시각을 가졌다. 그러나 서서히 다문화 가정에 대해서 편견 없이 바라보기 시작했다. 다문화 가정의 사례처럼 시간이 걸리겠지만, 비혼 가정과 한부모 가정에 대한 대대적인 인식 전환부터 있어야 한다.

프랑스의 경우 타인의 생각, 행동, 가치관을 존중하고 차이에 대해 이해하는 관용적 태도, 즉 '똘레랑스'라는 가치관이 역사적으로 내재해 있다. 한국 사회는 최근의 사건들만 보더라도 승자독식, 흑백논리만 지배하는 사회였다. 차이와 다름을 인정할 수 있는 사회문화적 인식의 전환이 필요하다.

인식의 전환과 더불어 제도와 법을 만들고 운영하는 정치권의 전향적인 모습도 필요하다. 입법과정과 정책 결정 과정에서 당리당략과 다름을 '틀림'으로 규정해서는 안 된다. 현실을 직시하고 차이를 존중하면서 지속가능성 있는 정책으로 결정해야 한다.

가짜뉴스는 민주주의를 어떻게 망가뜨리고 있나?

곽준영/ 법무법인 웨이브 대표변호사

사상 초유의 사태, 2025년 1월 19일 서울서부지법 폭동

2025년 1월 19일, 대한민국 법조계는 미증유의 충격을 받았다.

이제까지 단 한 번도 일어나지 않았고, 일어나서도 안되는 일이 벌어진 것이다. 바로 서울서부 지방법원이 공격당한 일이다.

사상 초유의 현직 대통령 구속도 전례가 없었지만, 그 어떤 경우에도 법원이 물리적인 공격을 받은 적은 없었다. 단 한 차례도. 그런데 2025년 1월 19일 새벽 3시경, 당시 국회의 탄핵 소추로 인해 직무가 정지 중이었던 윤석열 대통령에게 내란수괴 혐의로 구속영장이 발부되자 시위자들은 경찰을 공격하며 법원 내부에 침입했다.

법원 시설에 침입한 이후부터 일부는 방화를 시도하기도 했고, 일부는 판사실에 들어가 구속영장을 발부한 판사의 이름을 부르며 폭동을 일으켰다. 단순한 기물파손이나 폭행 정도가 아니라 분명한 폭동이었다.

법원에 대한 물리적 공격이라니!

윤석열 대통령의 계엄 정당성 여부, 내란 유무죄 여부, 탄핵 가부에 관한 판단을 내려놓고 생각해 보더라도 이해할 수 없음은 물론 상상도 하지 못한 일이었다.

과연 무엇이 그들을 그렇게 만든 것인가?

무엇이 우리 사회를 이런 방향으로 흘러가게끔 추동(推動)하고 있는 것인가?

그 원인은 바로 가짜뉴스에 있다.

가짜뉴스의 시작과 정체

사실이 아닌 정보를 마치 진실인 것처럼 꾸며댄 콘텐츠를 의도적으로 유포하는 것이 가짜뉴스(Fake News)이다. 꼭 뉴스의 형식이 아니더라도 숏폼(유튜브 쇼츠나 페이스북 또는 인스타그램 릴스, 틱톡 등과 같이 짧은 영상으로 이루어진 콘텐츠) 형식이나 단톡방 메시지 등 다양한 형태를 취할 수 있다.

특히 고의(의도성)가 가짜뉴스의 중요한 성립 요건이 된다.[8] 다만, 미필적 고의나 과실, 확신범이나 정치범에 의한 가짜뉴스도 형사 처벌의 대상이 되는지에 대해서는 논란이 있을 수 있는데, 이에 대해서는 뒤에서 얘기하도록 하겠다.

고의(의도성)를 성립 요건으로 요구하는 것이 타당하지 않다는 견해는 형사처벌이나 민사상 손해배상 등 제재 수위를 결정하는 데 있어서 난관을 겪을 수밖에 없음은 물론 그 어떠한 거짓 정보 유통도 모두 가짜뉴스의 범위 안에 포섭되는 문제를 낳는다. 이 외에 목적성, 허위성, 형식, 주체 등의 요건이 고려될 수 있다.

가짜뉴스의 형성 원인을 리 매킨타이어(McIntyre, Lee)는 그의 저서 『포스트 트루스Post-Truth』(MIT Press, 2018)에서 크게 다섯 가지로 들고 있다.

첫째, 과학적 사고를 부인하는 태도(Science Denialism)로서, 널리 인정받는 과학적 사실 자체를 부정하는 것

둘째, 인지부조화, 집단동조, 확증편향을 포함하는 인간 심리의 인지 편향 문제로 특히 미디어가 범람하는 현대에는 오히려 다양한 생각을 주고 받지 못하고 자기 자신을 고립시키는 문제

셋째, 전통적 미디어의 쇠퇴

넷째, 소셜 미디어의 등장

다섯째, 그대로 모든 것을 의심하면서 있는 그대로를 받아들이지 않는 철학적 사조로서의 포스트모더니즘의 영향이 그것이다.

위와 같은 요소들이 종합적으로 포함된, 가장 최근의 가짜뉴스라고 평가할 만한 맞춤 사례가 있다.

바로 어느 언론사가 '비상계엄 당일 계엄군이 중국인 간첩 99명을 체포해 미국 측에 인계했다.'라고 보도한 기사이다. 해당 기사는 비상계엄 선포 당시인 2024년 12월 3일 수원 선거관리위원회 연수원에서 그동안 한국 선거에 개입해 오던 중국인 간첩 혐의자들을 한·미 공조로 체포하였다는 내용을 골자로 한다.

이에 대해 선거관리위원회는 2025년 1월 20일 "계엄 당일 선거연수원에서는 선관위 5급 승진(예정)자 50명 및 6급 보직자 69명을 대상으로 교육과정을 운영하고 있었다."라고 전하면서, 해당 언론사와 기자를 위계에 의한 공무집행방해·명예훼손·출판물 등에 의한 명예훼손 및 정보통신망 이용 촉진 및 정보 보호 등에 관한 법률·전기통신기본법 위반 혐의 등으로 경찰에 고발 및 언론중재위원회에 정정보도 청구를 하였다.

참고로, 가짜뉴스는 어느 한쪽 이념 진영만의 문제는 아니다.

극우 또는 극좌 성격의 계정들에서 생산하는 콘텐츠들을 보면 가짜뉴스 유포라고 평가할 만한 내용들이 상당히 많다. 가짜뉴스를 퍼뜨리는 쪽은 조회 수나 슈퍼챗 등을 통한 수익 창출이 가능하다. 긍정적인 기사보다는 부정적이고 음모론적인 기사를 쓸수록 훨씬 더 많은 관심을 불러일으킨다. 그렇게 거짓을 꾸며내면 진실을 이야기하는 것보다 훨씬 큰 수익률을 올릴 수 있다.

이처럼 가짜뉴스를 만들고 퍼뜨리는 것은 금전적 이득과 연결되어 있다는 점이 문제이다. 그런데 가장 큰 문제는 진실을 덮는 사고와 거짓말이 개인적 신념에 그칠 때와는 다르게, 사회적 리더나 영향력을 가지는 사람(국회의원, 종교 지도자, 전문직·지식인 등 인플루언서) 특히 대통령은 그중에서도 정점에 있다. 이 가짜뉴스에 종속되는 경우이다. 그렇게 되면 법원을 공격하는 사건과 같이 사회가 전혀 경험해 보지 못한 큰 충격을 받는 불행한 일이 발생한다.

이와 함께 현재 서민들이 느끼는 최악의 경제난과 트럼프 2기 집권 이후 국제정치의 대전환 속에 한국의 소외는 추가로 나타나는 피해이다.

가짜뉴스는 어떻게 작동하는가?

'한국 정치에 군대를 활용해서 안 된다.'라고 하는 전제는 적어도 1987년 6공화국 헌법 이후로 어느 정치 세력을 불문하고 모든 대한민국 국민에게 약속된 '룰'이었다. 그러나 우리는 2025년 1월에 벌어지고 있는 대한민국의 유사 내전 상황을 통하여, 가짜뉴스가 언제든 전체주의 사회로의 길목을 열어줄 수 있다는 점을 확인하는 중이다.

결국 이번 계엄 시도가 실패한 근원적인 이유도, 민주화 시대 이후의 교육을 받은 군에게 이 약속이 깨지는 것에 대한 합리적인 설명이 없었고, 군도 또한 이러한 약속이 깨지는 것을 이해할 수 없었기 때문이라고 본다. 국회에서 보여준 젊은 장병들과 현장 지휘관들의 움직임을 보면 이러한 룰에 대한 최소한의 합리적인 설명이 없었다는 점이 극명히 나타난다.

전체주의는 단순한 독재나 전제정과는 본질적으로 다르다. 전체주의는 인간의 자유와 자발성을 억압하는 완전히 새로운 형태의 지배이다. 또한 인간의 본성과 현실을 재구성하려는 시도로서 다양성과 개별성을 말살하고 대중을 고립시키며 이념적 일관성을 강제한다.⑨ 그러한 전체주의의 길에서 가짜뉴스는 구체적으로 어떻게 작동하는지 알아보겠다.

『파시즘은 어떻게 작동하는가(How Fascism Works: The Politics of Us and Them, 2020)』에서 제이슨 스탠리(Jason Stanley)는 파시스트 정치의 수행 전략을 10가지로 분석하였고, 그중 가짜뉴스에 의한 현실 왜곡을 구체적 기술로 제시하고 있다.

요약하면 다음과 같다. ①'신화적 과거(예를 들면 고성장 시대의 향수)'를 발명하고 사람들에게 과거에 대한 열망을 불러일으키는 것 ②문제가 있는 정치가의 목표를 도덕적 이상으로 프로파간다(정치라는 수단으로 풀 수 있음에도 불구하고 문제가 있는 방법을 쓰는 정치인을 도덕적으로 치환) ③순종적인 노동력으로 기능하는 시민을 만들기 위해 전문가와 대학을 약화시켜 '반지성'을 조장 ④가짜 정보와 두려움으로 현실을 왜곡 ⑤우열에 의한 '위계' 사회가 인류의 가장 자연적인 상태라고 주장 ⑥우월한 지배계층인 '우리'가 '그들'에게 이익을 빼앗겼다고 말하며 '피해자 의식'을 부추김(예를 들어, 남성은 페미니즘의 가장 큰 피해자이며, 백인은 흑인의, 독일인은 유대인의 가장 큰 피해자라는 사실 등)

정치에서 가짜뉴스는 진실이든 거짓이든 정보를 전달하는 목적이 아니라 '네 편을 선택하라'고 강요하는 것이다. 특히 가짜뉴스는 내 말의 진실을 확신시키려 하는 것이 주된 목적이 아니고, 현실보다 나의 권위가 더 높다고 선언하는 것에 가깝다.

가짜뉴스를 이용하려는 세력은 진실의 존재 여부에 관심이 없다. 그들은 자신들의 정치적 입장에서 진실을 덮을만한 사실을 만들어내는 것이 중요하다. 바로 이럴 때, 일반적인 사람들의 관점에서 보면 가짜뉴스에 경도된 사람들이 지구 반대편에서 건너온 이상한 외계인처럼 느껴지게 된다. 진실을 말하거나 보지 않고, 애써 허무맹랑한 얘기에만 빠져있는 모습을 보니 이해할 수가 없는 것이다.

불행하게도 그러한 시도가 우리 사회에서 이미 상당수 진행되고 있는 것으로 보인다. 2024년 12월 3일 계엄 시도에 대한 신화적 설정이나 도덕을 부여하는 프로파간다 설정, 그리고 계속 주장되는 부정선거론이나 중국인 해커그룹에 관한 주장 등을 보면 극명하게 나타난다.

다시 말하지만, 이 글은 중국인 해커의 존부(存否) 문제를 다루는 내용이 아니다. 간첩은 당연히 있을 수도 있고, 얼마든지 국내에 암약할 수도 있으나 적어도 이 글을 쓰는 현재 시점까지 그로 인한 국내 선거에 문제가 나타났다는 증거는 없어 보인다.

계엄이 정당하고 대통령 탄핵 심판이 부당하다는 입장을 취하는 세력은 '편'을 선택한 것이고, 세력이 만들어 낸 사실에 합류한 것이다. 따라서 그들에게 과학적인 반론이나 선거관리위원회의 공식 해명은 별로 중요하지 않을 뿐만 아니라 먹혀들 틈새도 없다.

그렇다면 진실을 설득하는 것은 계속 유효하지 않은 방법인가? 아니면 다른 방법이 있는 것인가?

가짜뉴스와 어떻게 싸울 것인가 1, −보편적 정의로서의 법

유튜브가 한국 국민의 정치 사회화에 미치는 영향과 관련하여 확증 편향과 양극화를 심화시킨다는 주장[10]과 그렇지 않다는 주장[11]이 갈린다. 하지만 적어도 유튜브 앱의 사용 시간[12] 등에 비추어 볼 때, 오늘날 한국인의 1차적인 정치사회 식견은 유튜브에서 이루어진다는 강한 의구심을 낳는다.

사상의 자유시장 이론(Marketplace of Ideas Theory)이란 것이 있다. 존 밀의 『자유론』에 뿌리를 두고 미국 Abrams vs. United States 사건 당시 Oliver Wendell Holmes Jr. 대법관 반대의견 이후 확립된 것이다. 이론의 핵심은 '다양한 사상과 의견이 자유롭게 표현되고 경쟁하는 환경이 조성될 때, 결국 진리와 우월한 아이디어가 승리한다.'라는 내용이다.

그러나 이 이론은 완전경쟁시장과 같이 서로의 사상이 아무런 방해를 받지 않고 공정하고 자유롭게 교환되는 상태를 전제로 한다. 위에서 언급했듯이 유튜브가 한국 정치사회 식견을 1차적으로 뒷받침하고 알고리즘에 의하여 보고 싶은 것을 보게 하는 지금의 사회 구조를 고려한다면, 사상의 자유시장 이론은 한국 사회에서 기대하기 어려운 이론으로 판단된다. 그 이론은 오늘날 유튜브의 숏폼과 같은 강한 중독성과 알고리즘 추천을 전혀 예상하지 못했던 시대의 산물이기 때문이다.

　이러한 문제들을 해결할 수 있는 것은 결국 법이다.
　가짜뉴스의 형성 원인으로 포스트모더니즘이 영향을 끼쳤다는 점은 위에서 살핀 바와 같은데, 가치 상대주의를 먹고 자란 가짜뉴스는 결국 보편적 정의를 추구하고 과학적 증거를 논증 기반으로 하는 법률을 바탕으로 싸워야 한다.
　그렇다면 그 구체적인 방법은 무엇일까?

　방법을 알아보기 전에 확인해 놓아야 할 사항이 있다. 가짜뉴스라 하더라도 표현의 자유에 의한 보호를 받는다는 주장이 다수설이다. 표현의 자유는 사상·의견의 표명은 물론이고 사실에 관한 진술도 보호한다. 또한 가짜뉴스라 하여도 표현의 자유 보호영역에 포함된다. 그러므로 비록 의도된 가짜뉴스라 하더라도 사전 검열을 할 수 없음은 당연하다.
　민사법적 손해배상이나 행정상의 제재 확대를 두고는 찬성 의견이 다수이지만, 그렇다고 형사법적으로 가짜뉴스의 처벌을 확대하는 것에 대해서는 반대의견도 상당히 많은 편이다.

　결국 가짜뉴스에 대한 법적 조치의 핵심은 바로 확증편향을 확대하는 소셜 미디어에 대한 조치이다. 이와 함께 약해져 가는 전통적 미디어에 대한 지원도 일맥상통하는 조치가 될 것이다.
　다시 말해 인지부조화, 집단동조, 확증편향을 포함하는 인지 편향 문제를 해소하기 위하여 해외 기업이자 민간 회사인 유튜브에게 어떻게 직접적이고 실효적인 조치를 할 수 있는지가 관건이다.

최소한 확증편향을 강화하지 않는 방법의 알고리즘 추천을 법으로 강구시키는 방법이 있을 수 있다.

가짜뉴스와 어떻게 싸울 것인가 2.
─과학과 전문성으로의 재초대

위에서 가짜뉴스의 대응 방안으로 입법적 조치를 먼저 거론한 것은 가짜뉴스에 대한 일차적이고 직접적인 대응을 포기한다는 뜻이 결코 아니다. 가짜뉴스에 대한 일차적이고 직접적인 대응은 결국 거짓말을 거짓말이라고 지적하고, 그에 반대되는 진실을 알리는 것이다.

구체적으로 설명해 보자.

첫째, 양적인 측면에서 훨씬 더 많은 진짜 뉴스로 가짜뉴스를 덮어버리는 것이다. 다만 이런 방법은 가짜뉴스 쪽에서도 똑같은 전략을 취할 수 있다는 단점이 있다.

둘째, 질적인 측면에서 가짜뉴스를 퀄리티로 압도할 수 있을 만한 출처를 가지고 훌륭한 탐사보도팀을 가진 미디어를 지원하는 방법이 있을 것이다. 다만 가짜뉴스는 짧은 메시지만으로도 신속하게 퍼지는 데 비해서, 두 번째 대응은 준비부터 알리는 과정까지 상대적으로 많은 시간 소요가 필요하다는 단점이 있다.

위의 두 가지 방법에는 과학자와 전문가에 대한 권위 존중이 필수이다. 일반적으로 가짜뉴스 신봉자들은 거짓이라도 진실이라 믿는 일종의 정치범·확신범과 유사한 행동을 보인다.

결국 이들을 설득할 수 없다면 남는 방법은 객관적으로 검증할 수 있는 증거이고, 동일성이 반복될 수 있는 '과학' 뿐이다.

결론: 민주주의 망가뜨리는 가짜뉴스 퇴치법

고대 정치 사상사에서 민주주의는 늘 독재 다음으로 최악의 정부형태로 분류되어 왔다. 좋은 정체(政體)로서 군주정(monarch), 귀족정(aristocracy), 혼합정(mixed system)이 있고, 나쁜 정체로서 독재(tyranny), 과두정(oligarchy), 민주정(democracy)이 있다.

이러한 구분은 아리스토텔레스에 의해서 명확하게 제시되었지만, 그의 전유물이라고 보기는 어렵다. 오히려 그리스에 팽배해 있던 생각을 아리스토텔레스가 정리한 것이라고 보는 것이 옳다.

그러나 오늘날 민주주의가 가장 성공한 정치체제로 자리매김할 수 있는 이유는, 민주주의가 만들어 내는 의사 결정(정치적 결정) 결과의 퀄리티가 그 어떤 다른 정치체제보다도 상당히 좋은 성과를 도출해 내는 경우가 많기 때문이다. 또한 근세에 의해 정립된 인본주의 사상과 자본주의, 인구의 증가도 민주주의 성공의 큰 요인이 된다.

민주주의는 좋은 결과를 내는 도구로서의 가치뿐만 아니라 그 제도 자체가 평등, 공정성, 자가 회복성과 같은 특정한 가치들을 실현하는 데도 많은 장점을 가지고 있다. 다만 이러한 민주주의는 해석적 개념(interpretive concept)으로서 절차에 동의하고 참여하는 대화와 연결이 가장 중요한 요소가 된다.

따라서 이 과정에 가짜뉴스는 민주주의를 이루는 대화와 타협에서 자기 자신을 위협하는 노이즈로 작용한다.

문제는 어떤 것이 가짜뉴스라고 규정짓고 처벌하는 것 또한 민주주의를 위협하는 적이 될 수 있다는 점이다.

마치 감시자는 누가 감시하느냐(Who watches Watchman?)와 같은 딜레마 상황인데, 우리 헌법은 위헌정당해산심판과 같은 방어적 민주주의 개념을 통하여 자신을 수호하고 있다. 그렇다면, 비록 가짜뉴스에 대한 대응은 위헌정당해산심판과 똑같은 헌법적 층위는 아니더라도 충분히 입법적으로 당위성을 가질 기회와 가능성이 생긴다.

최근에 발생한 헌정사적 불행에 비추어 볼 때, 현재의 법률만으로는 가짜뉴스에 대한 정당한 대응이 어려워 보이지만, 입법적 대응은 가능할 것으로 보인다. 다만 입법적 대응은 어디까지나 표현의 자유를 침해하지 않아야 하고, 확증편향을 증대시키는 소셜 미디어에 대한 조치가 주된 것이어야 한다.

무엇이든 쉽고 간단한 얘기는 아니다. 하지만 이제라도 본격적으로 연구하고 논의해야 한다. 가짜뉴스가 우리 사회와 우리 민주주의를 계속해서 망가뜨리는 것을 그냥 두고 봐서는 안 되기 때문이다.

탄생의 비극이 낳은 현재의
고위공직자범죄수사처(공수처)

2025년 1월을 기준으로, 헌법재판소에서는 연일 윤석열 대통령에 대한 탄핵 심판 변론기일이 진행 중이다. 법원에 대한 형사사건 기소도 끝나 공소장이 공개된 상태이다.

법적인 내용의 정당성 여부는 백인백색(百人百色) 생각이 다르겠지만, 절차적 부정의에 대해서는 비교적 쉽게 결론을 내릴 수 있다.

"공정한 절차가 공정한 결과를 낳는다(Due Process)."라는 절차적 정의론은, 법을 전공하지 않은 사람이라 할지라도 누구나 기본적으로 동의하는 명제이다.

특히 이번 사내에서 고위공직자범죄수사처(이하 '공수처')가 보인 행위들은 절차적으로 이상할 뿐만 아니라 내용으로도 "과연, 왜?"라는 모습을 자주 연출하였다.

공수처는 윤석열 대통령에 대한 강제 구인을 3차례나 실패하였다. 결국 공수처는 사건을 이첩(移牒)하지 않은 채로 공조수사본부(경찰청 국가수사본부 특별수사단)에 체포를 일임하였고, 경찰이 체포에 성공한다.

이후 공수처는 윤석열 대통령을 구속하는 것에는 성공하나 구인하지도 못한 채 검찰에 사건을 이첩하게 된다. 그런데 검찰이 보완 수사를 위하여 법원에 구속영장 연장 신청을 한 것도, 공수처와의 관계가 문제 되어 불허되었다(공수처의 공소제기 요구가 있는 경우 검찰은 보완 수사를 할 권한이 없다는 해석인 것으로 보인다).

좀 더 근원적인 문제를 살펴보겠다. 공수처법 제2조 제3호 및 동조 제4호는 공수처의 수사 범위(고위공직자범죄 등)를 규정하고 있는데, 여기 어디를 둘러보아도 내란죄가 없다. 공수처가 대통령의 내란죄에 관한 수사권이 없음은 법률상 명백해 보인다.

내란죄 수사 권한은 명확히 경찰이 가지고 있다. 경찰법(국가경찰과자치경찰의조직및운영에관한법률) 제16조 제2항은 경찰청 산하 국가수사본부장이 형사소송법에 따른 경찰 수사에 관하여 경찰을 지휘·감독하는데, 형사소송법 제195조 제2항 및 검수완박법에 따른 수사 준칙(검사와사법경찰관의상호협력과일반적수사준칙에관한규정) 제7조는 '내란' 수사권이 명시되어 있다.

즉, 경찰은 군인을 제외한 내란죄 수사권은 있지만 체포·구속영장 청구권이 없고, 공수처는 수사권이 없다는 문제를 해결하기 위하여 공조수사본부가 결성되었다.

그런데 공수처가 경찰에 대한 지휘권을 행사할 수 있는가?

적어도 명문의 법 규정은 존재하지 않는다. 그렇다면 공수처는 수사·기소권이 없고, 공조수사본부 내 경찰에 대한 지휘권도 없으므로 체포·구속영장 청구권 또한 없는 것이 아닌가? 만약 법원이 이 부분을 문제 삼으면 윤석열 대통령에 대한 수사는 모두 무효가 되는 것이 아닌가?

물론 이런 시나리오는 어디까지나 법리적 가정에서 출발한 상상이고, 현실에서 법원이 그렇게까지 할 것으로 보이지는 않는다. 다만 헌법이 보장하는 기본권을 가장 직접적으로 침해하는 수사는, 수사 권한을 배분하는 것이 가장 핵심이다.

형사 사법절차는 가능한 객관적이고 단순명료하여 국민이 직관적으로 이해할 수 있어야 하지만, 공수처는 그러하지 못하였다.

사상 초유의 비상계엄을 선포하고 내란죄로 구속되어 있는 윤석열 대통령은 이러한 허점을 파고들며 항변하고 있다.

그러한 윤 대통령의 행동은 극우단체의 결집을 불러오며, 우리 사회의 불안 요소로 떠오르고 있다.

공수처가 무조건 잘못되었다는 것은 아니다.

신속한 법 집행도 절차적 정의에 못지않게 중요한 법익(法益)이고, 능력의 부족함이 의지의 부족함을 나타내지는 않는다.

공수처는 분명히 인력이 늘어나고 장비가 충원되면서 경험이 쌓일수록 보다 나아질 가능성이 있다.

다만, 태생적으로 공수처는 시민을 위한 수사기관이라기보다는 검찰 견제의 정치적 목적에서 탄생한 것으로 보아야 한다.

수사기관의 신설은 인권의 보호를 목적으로 해야 하는데, 공수처법은 문재인 정부 당시 대선 1호 공약인 네나 패스트트랙으로 지정되어 급속 입법되었고, 검수완박과 맞물려 민생 범죄 적체에 상당한 영향을 끼친 것으로 생각된다. (당시 공수처법을 유일하게 반대한 민주당원 금태섭 전 국회의원은 징계를 받기까지 하였다.)

또한 가장 큰 문제는 다음과 같다.

지난 정권에서 공수처를 신설한 것은 검찰권을 견제하는 측면이라는 점에 많은 사람이 동의할 것이다. 그런데 정작 소위 적폐라 부르는 정치 세력을 축출하기 위하여 검찰 권한이 사용되었고,

그러한 스토리가 얽혀 현재의 윤석열 대통령이 탄생했다는 점에도 많은 사람이 공감할 것이다. 역사의 아이러니라고 할 수 있는데, 현재의 정치 상황에도 곱씹어 볼 만한 부분이다.

2025년 대한민국, 아키텍트가 필요하다

아키텍트는 플레이어가 아니라 설계자

2023년 11월 당시, KBO 리그에서 29년 만에 통합 우승을 거둔 프로야구 엘지윈스와 그 팬들이 만들어 낸 신드롬으로 떠들썩했다. 프로야구 엘지윈스는 두 번째 통합 우승을 거두었던 1994년을 포함하여 1990년대 후반까지만 해도 나름 괜찮은 성적을 거두었지만, 2000년대에는 일명 '암흑기'를 거쳤다.

2013년이 되어서야 정규시즌 2위로 11년 만에 가을야구에 진출했고, 이후부터는 줄곧 중상위권 전력을 유지하였으나 막상 우승과는 거리가 있었다. 그래서 엘지윈스 구단은 다시 처음부터 우승 전력을 구축하기 위한 재설계에 들어갔다. 2019년 차명석 단장을 영입하여 조바심 내지 않고 차근하게 우승 전력 만들기에 들어갔다.

차명석 단장은 2023년 통합 우승 이후 어느 언론과의 인터뷰에서 "아키텍트(architect·건축가)로 이 선수단을 내가 만들었잖아요. 그 선수들이 마침내 우승을 이루니 더욱 기뻤던 것 같아요."라는 말을 남겼다.

실제로 차 단장은 취임 직후 한 달 이상 동안 중장기 계획을 세웠다고 한다. 코치 공부시키기, 3년간 외부 FA 계약 대신 내부 선수 육성, 매년 포스트시즌에 올라가는 팀으로 전력 유지, 5년 내 우승으로 이어지는 5개년 운영 계획을 구단 고위층에 보고했다고 한다.

이후 엘지윈스는 차 단장이 취임한 2019년부터 빠지지 않고 포스트시즌에 진출했으며, 최종 성적도 한 단계씩 높여가며 우상향의 결과를 가져왔다. 그리고 차 단장이 계획한 5개년 계획의 마지막 해인 2023년에 드디어 통합 우승(정규시즌 1위와 한국시리즈 챔피언)을 이루는 열매를 맺게 되었다.

차명석 단장이 아키텍트로서 역할을 충실하게 해놓았기에 강력한 팀을 이룰 수 있었던 것이다.

비록 한국 프로야구 구단 하나의 팀에 국한된 이야기이지만, 어느 정도의 규모를 갖춘 조직이나 사회에서 '아키텍트'의 역할이 얼마나 중요한지 깨닫게 해주는 일화이다.

대한민국 곳곳마다 필요한 아키텍트가 없다

현대는 다양성의 시대이다. 일률적인 사회가 아니다. 그래서 2000년 이전까지 통용되었던 우리 사회의 프로토콜로는 21세기의 우리 사회를 제대로 돌아가게 할 수가 없다. 2000년대부터 또는 늦어도 2010년대부터는 21세기의 우리 사회에 맞는 체제와 매뉴얼을 새로 만들었어야 했다. 새로운 정도까지는 아닐지라도, 최소한 기존의 매뉴얼을 수정하며 시대와 사회에 맞게 재설계했어야 했다.

그러나 대한민국은 그렇게 하지 못했다. 거의 모든 분야에서 구시대 방식이 여전히 통용된다. 국민의 수준과 인식은 선진국 이상으로 향상되었는데, 우리 사회와 국가의 시스템은 그런 수준을 따라가지 못하고 있다.

현재 대한민국은 거의 모든 분야에서 새로운 시대에 맞춰진 설계 구축이 필요하다. 분야마다 새로운 설계를 해줄 아키텍트가 필요하다. 하지만 그렇지 못한 실정이다. 국가 지도자나 우리 사회에서 권한을 갖고 책임을 져야 할 사람들 대부분이 즉흥적이다.

특정 사안이 발생하면 그것을 막아내기에 급급하다. 솔직히 말하면 막아내는 것조차도 제대로 해내지 못한다.

국가적인 사안이라고 할 수 있는 것에 대하여 정책적 깊이나 충분한 공감대 없이 포퓰리즘에 기댄다. 지금 당장의 악재에서 벗어나기 위한 위기 모면용으로 정책을 남발한다. 정말 형편없는 수준이다.

최근에 크게 회자되었던 몇 가지의 사례를 들어보자.

먼저 김포시의 서울 편입 문제가 대표적인 사례이다. 서울 메가시티는 국가 차원의 안목에서 장기적인 계획과 프로세스가 필요하다. 시민들의 절대적인 공감도 필수이다. 그런 메가 이슈이자 큰 정책을 당시 여당에서 보궐선거 패배 후 관심을 돌리기 위해 불쑥 꺼내 들었다. 또한 총선용 이슈로 띄우기 위한 용도도 있었을 것이다. 이루지도 못할 얘기들을 화제 전환을 위해 사용한 것이다.

서울 메가시티나 서울 주변 지자체의 편입 문제는 수많은 전문가와 아키텍트에 의해 장기적 안목으로 탐구해야 한다. 엄청나게 많은 단계의 계획과 철저한 준비가 필요하다.

특히 시민의 동의라는 동력이 절대 필요하다. 당시에 국민의힘 지도부가 내놓은 것처럼 졸속으로 던져버릴 프로젝트가 아니다.

과연 어떠한 국가적인 설계와 안목으로 내놓았을지 의문이다. 제대로 된 아키텍트 한 명이라도 있었는지 의문이다.

만약 그랬다면 당시의 방식처럼 김포시 서울 편입 문제를 그렇게 졸속으로 내놓지는 않았을 것이다.

또 다른 사례는 저출생 관련 사항이다.

저출생과 관련한 주제는 앞선 부분에서 언급했지만, 지금은 아키텍트라는 주제에서 간단하게 얘기하겠다. 우리나라는 저출생 문제에 대한 정책만 보더라도 제대로 된 아키텍트 하나 없이 주먹구구식으로 운영하였다. 그때마다 즉흥적으로 예산을 편성하기에만 급급했다.

저출생 문제는 우리나라에서 십수 년 넘게 불거진 문제이다. 하지만 역대 모든 정권이 근시안적으로만 보았다.

국가적인 사안임에도 큰 틀에서 바라보며 설계하지 않았다. 모든 정권에서 그랬다. 저출생 대책에 20년 가까이 수백조 원을 쓰고도 나아지지 않았다. 그때마다 이것에 얼마, 저것에 얼마 등의 방식으로 예산만 퍼부었다.

저출생 문제를 해결하려면, 우리 사회 전반의 문제로 인식하면서 해당 분야마다 연계된 정책이 필요하다. 그런데 역대 어떤 정부도 그렇게 풀어가지 못했다. 저출생 문제가 국가적인 문제라고만 떠들었을 뿐 정작 범국가직인 내용을 하지 않았다. 각계각층의 전문가들이 모여서 깊은 논의를 통해 원인부터 파악해야 했다.

특히 국가 단위라는 큰 틀에서 설계를 해줄 아키텍트가 원인 파악 단계부터 함께했어야 했다. 그리고 원인을 해소하기 위한 첫 그림부터 제대로 그려가야 했다. 그러나 모든 정권은 저출생 문제에 예산을 얼마나 사용했는지를 홍보하는 것에만 그쳤다. 그러면서 수백조 원의 세금만 낭비했다.

대통령부터 시작하여 정치권 대부분이 그것에 대한 철학이 없으니 당연한 일이다. 문제라고 떠들기만 하면서 원인에 대해 근본적으로 같이 고민하고 설계하지 못한다. 단편적인 것에만 매달렸다. 우리나라 정치권과 정부 고위직 인사들의 시각이 그렇다. 현상에만 급급하고 대통령의 말 한마디에만 쫓아다니며 단발적인 대책만 내세울 뿐이다.

우리나라의 현실이 그렇다.

이는 어느 정부에서나 똑같은 전철을 밟았다.

또 다른 사례를 들어보겠다.

2023년도에 발생한 국가 전산망 마비 사태이다. 국가 전산망 마비 사태 당시, 언론을 포함하여 사람들 대부분의 관심은 비상사태에 직면했을 때 위기에 대응하는 정부의 대처 능력이었고, 우리 정부가 국가 전산망을 관리하는 일에 있어 총지휘자를 두지 못하고 있음이 확인됐던 사건이었다.

2023년 11월 17일 행정 전산망 마비 사태가 열흘 넘게 이어졌다. 그러는 동안에 보여준 정부의 위기 대처 능력과 국가 전산망에 대한 인식은 우리나라가 IT 선도 국가라고 외쳤던 자부심과는 한참 동떨어져 있는 수준이었다. 문제가 발생한 이후 정부가 언론을 통해 내놓은 답변부터가 정리되어 있지 않았다. 그러면서 단편적인 대책만 내놓았다.

많은 전문가의 의견을 종합해 보면 문제가 발생한 이후부터 열흘 가까이 정부가 내놓은 답변은 마비 사태에 대한 원인을 제대로 파악하지 못했거나, 아니면 거짓말을 하는 것 같다는 의견이 다수였다.

어느 것이 진짜인지는 모르겠지만, 국가 전산망에 대한 제대로 된 아키텍트가 있었다면, 또는 어느 정도 관련 지식을 갖춘 총지휘자가 있었다면, 그것도 아니라면 책임 있는 행정 관료 중에 전산망 구축에 대한 이해가 조금이라도 있었다면, 그처럼 문제를 장기간 끌지 않았을 것이다.

IT 선도국이라는 대한민국에서 보여준 낯부끄러운 사건이었다.

대한민국에서 재설계가 가장 필요한 분야는 정치

대한민국은 우리 사회 곳곳을 정상적으로 또는 선진적으로 유지하고 운영하기 위한 아키텍트가 없다. 거의 모든 분야에서 그렇다.

엄밀하게 말한다면 그런 능력을 발휘할 수 있는 사람이 없는 것이 아니라, 아키텍트로서의 역할을 하기에는 부족한 사람들이 책임을 져야 할 위치에 있기 때문이다.

특히 대한민국에서 아키텍트가 가장 필요한 분야는 바로 정치이다.

단순하게 어느 특정 정권만의 얘기가 아니다. 대한민국은 권력체제 및 선거 시스템과 관련하여 새로운 설계가 필요하다. 권력체제와 선거 시스템이 제대로 구축된다면 그것이 우리나라, 우리 사회에 얼마나 큰 영향을 끼칠 것인가에 대해서 설명해 줄 내용은 차고 넘친다.

이미 한국 정치는 체제와 시스템을 다시 설계하고 구축해야 했지만, 번번이 기회를 놓쳤다. 지금은 적절하지 못한 시스템으로 인해 정치적 갈등만 심화하고 있다. 2024년 12월에 발생한 비상계엄 사태와 이어진 탄핵은 그리한 짐을 난석으로 설명해 주는 사례이다.

그런데 그런 비슷한 일이 우리나라에서 처음은 아니었다. 이미 그 8년 전인 2016년에 경험했었다. 지금의 권력체제와 시스템은 현시대 및 대한민국 체제와 어울리지 않는다. 이 점은 그런 일을 두 번이나 겪어야 할 정도로 확실하게 확인됐다. 하지만 2016년 당시에 정치권은 이를 바로잡지 않았다. 그 후과가 2024년에 일어난 사건이라고 할 수 있다.

대한민국 정치는 사람의 문제가 아닌 시스템의 문제

우리나라는 후진적 정치문화를 바꿔야 한다.

우리 정치의 후진성은 사람의 문제가 아니라 시스템의 문제이다. 정치 시스템이 정치 자체를 후진적으로 몰아갈 수밖에 없으므로, 아무리 양질의 사람들이(정치인들이) 정치 분야에 계속 유입되더라도 후진성을 벗어날 수가 없다.

정치 시스템은 국가 운영에 가장 근본적인 체계이다. 정치가 제대로 작동되면 국가 전체가 흔들릴 일이 없다. 실제로 정치 선진국인 나라 중에서 경제 선진국이 아닌 나라가 없다. 다만, 경제 선진국일 수는 있어도 정치 선진국이 아닌 나라는 종종 존재한다.

후자의 경우, 정치와 사회 전반에 있어 안정적인 선진 사회를 구축하기가 힘들다. 바로 우리나라가 그 경우에 속한다고 할 수 있다. 그러나 정치 선진국인 나라는 어김없이 경제 선진국이며, 사회 전반에 안정적이고 선진적인 질서가 구축되어 있다.

우리나라 정치가 얼마나 불안정한지에 대해 알아보기 위해 세계은행의 전문가들이 공을 들여 개발한 국가관리지수(WGI, Worldwide Governance Indicators)를 참고해 보자.

세계은행의 WGI를 구성하는 지표들 가운데 정치적 안정성은 정부·정치·사회의 안정 정도를 나타낸다. 우리 대한민국은 드라마와 K-POP 등 문화에 있어서는 세계 최고나 다름없는 문화 선진국이며, 경제로 보면 세계 13위 수준인(2023년 명목 GDP 기준) 경제 선진국이다. 그런데, 유독 정치 분야에서만 후진적인 수준을 보여주고 있다.

WGI가 2021년에 194개국 기준으로 발표한 순위를 보면 우리나라는 59위였다. 우리나라는 라오스(55위)보다 정치적으로 불안전한 정치 후진국으로 나타났다. 194개국 중에서 OECD에 가입한 나라(2021년 조사 당시는 37개국)로만 한정해서 다시 순위를 나열해 보면 우리나라는 30위에 해당했다. OECD 가입국을 기준으로 보면 하위권에 속한다. 정말 부끄러운 순위이다.

[표10. 2021년 OECD 가입국 중에 WGI 발표 정치적 안정성 지수(8위까지) 및 국가와 권력 시스템 비교]

순위	국가명	OECD 가입국 중 1인당 GDP 순위(2021)	정부 형태	(국회의원) 선거제도
1	뉴질랜드	15위	내각제	연동형 비례대표제
2	아이슬란드	7위	내각제	권역별 비례대표제
3	룩셈부르크	1위	내각제	권역별 비례제 형태
4	스위스	2위	내각제	비례제도
5	노르웨이	4위	내각제	연동형 비례대표제
6	일본	18위	내각제	소선거구제,병립형 비례제(석패율제)
7	스웨덴	9위	내각제	대선거구제(정당명부 비례제)
8	핀란드	11위	대통령제(이원집정부제)	완전 비례대표제
30	대한민국	20위	대통령 중심제	소선거구(제한적인 연동형 비례)

'표10'에서 나타났듯이 정치적 안정성이 높은 국가, 즉 정치 선진국들은 하나 같이 경제에서도 높은 수준을 보이는 경제 선진국임을 알 수 있다. 그런 이유는 명확하다. 국가 운영에 근간이나 다름없는 것이 권력체제(정치 시스템)가 안정되어 있기 때문이다.

안정적인 형태의 권력체제가 안정적인 정치를 구가할 수 있도록 해주고, 정치 선진국이 될 수 있게 해준다. 그리고 정치가 안정되면 경제를 포함해 대부분의 사회 분야가 안정적으로 유지될 수밖에 없다. 정치 선진국이 경제 선진국으로 되는 것은 너무나도 당연한 일이다.

또 하나, 권력을 선출하는 선거제도 역시 정치적 안정성을 보장해 주는 장치이다. 정치 선진국 중에 다수의 국가가'표의 등가성을 확보해 주면서 표심이 의석에 그대로 반영되는 제도'를 택하고 있다.

바로 여기에서 한국의 정치 안정성이 낮은 이유, 다시 말해 한국이 정치 분야만큼은 후진성을 보이는 이유를 알 수 있다. 바로 권력체제와 함께 선거제도에서 기인한 것이다.

우리나라의 경제와 문화는 세계적인 수준인데 정치만 그렇지 못하다. 이는 권력체제와 선거제도가 원인이다. '표10'을 참고하면서 설명하자니 마치 의회제(의원내각제)를 주장하는 것처럼 보일 수도 있을 듯하다. 의회제를 주장하는 것은 아니다.

대통령제를 유지한다고 하더라도 결선 투표제 등을 도입하여 최소한 국민 과반이 지지하는 정부가 탄생할 수 있도록 해야 한다. 어찌 됐든 우리 정치도 이제는 제대로 된 (다수의) 아키텍트가 모여서 치열하게 논의한 후, 우리 현실에 적합하면서 동시에 선진적인 정치가 될 수 있도록 다시 설계해야 한다.

혹자는 이런 말을 할지도 모른다.

"박근혜 정권에서 국정농단이 있었고 그로 인해 대통령이 탄핵으로 쫓겨났어도 대한민국은 나름의 시스템으로 인해 나라 자체가 망하지는 않았다. 그런 맥락에서 현재의(2025년의) 윤석열 대통령의 비상계엄 사건과 탄핵이 있었어도 그럭저럭 나라가 보존될 수 있을 것이다."

딴에는 그럴싸하게 생각해 낸 말이긴 하지만, 그러한 말에 대해서 동의할 수 있는 부분은 거의 없다. 우리가 말하는 국가 시스템의 재설계가 필요하다는 의미는 '국민이 나서 탄핵을 외쳐야 하고, 법치를 위반하며 민심을 외면하는 정부에 대해 국회가 탄핵 가결을 했으며, 이어서 헌재가 탄핵을 인용하는 소동을 두 번이나 겪을 만큼 지금의 시스템은 사전 검증도 불완전하고 정권에 대한 견제 기능도 불안하다.'라는 것이다.

무엇보다, 애초부터 능력이 의심됐던 후보가 대한민국 권력의 상당 부분을 차지하는 대통령이 될 수 있었던 것부터가 우리나라 정치와 선거 시스템에 심각한 오류가 있는 것이다.

만약에 '표10'에 기록된 정치 선진국들이었다면, 대통령이 되기 전부터 국정농단의 징후가 농후했던 박근혜 정권이 탄생할 수 있었을까? 사상 초유의 비상계엄 선포를 했던 윤석열 정권이 탄생할 수 있었을까? 설사 집권까지는 가능하다고 하더라도 정권을 가진 후에라도 그러한 비상식적인 국정 운영을 할 수 있었을까?

선진적인 정치 시스템(권력체제)과 선거제도가 있었다면 탄생하기 힘든 정권들이었고 국정 운영 방식이었을 것이다.

2016~2017년에 절호의 기회를 놓친 대한민국

현재 우리나라의 권력체제와 선거제도는 87년 이후 30년 넘게 이어져 왔다. 많은 사람이 현 체제에 대한 문제점을 지적하고 새로운 제도의 도입을 얘기한다. 그냥 단순하게 오래되어서 바꿀 필요가 있다는 것이 아니다. 30년 이상 극단적인 정치 대립과 후진적 정치 수준을 보였던 데서 벗어나기 위해 새로운 합리적인 제도가 필요하다는 것이다.

정치 시스템이 국가 전반에 영향을 끼치는 만큼, 우리나라는 이제라도 제대로 된 설계를 해야 한다. 그러기 위해서는 중요한 두 가지가 필요하다. 앞에서 계속 강조한 아키텍트, 그리고 동력이다.

우리나라는 제1공화국 이후 정치 제도(권력체제)가 크게 바뀔 때마다 역사상으로 기록될 만한 대규모의 시민 혁명이 있었다. 첫 번째가 4.19 혁명이다. 이승만 정부를 시민의 힘으로 끌어내린 후 정치권은 시민 혁명을 동력 삼아서 내각제로 개헌을 이룰 수 있었다.

두 번째가 87년 체제의 탄생이다. 군사정권에 저항한 86년 시민 항쟁의 동력으로 가능했다. 그렇게 우리나라 권력체제의 큰 변화를 이끌었던 두 가지의 경우는 대규모 시민 혁명이라는 동력이 있었다.

참고로 유신 정부와 3선 개헌 등은 예외이다. 국민 공감대도 없었고, 우리나라에 필요한 체제도 아니었으며, 군사독재 정부에 의한 강제적인 개헌이었기 때문이다.

이후 우리는 세 번째 기회를 맞았었다. 바로 2016년 촛불 시위였다. 시민의 직접 행동(시민 혁명)으로 정치 제도를 바꿀 수 있었던 절호의 기회였다. 하지만 그 기회를 놓치고 말았다. 시민 혁명을 통해 국민의 동행과 공감대가 형성되었음에도 제대로 된 국가 제도(권력체제)로 바꾸지 못했다. 그 점은 우리나라 정치 역사에서 두고두고 아쉬운 일이 되었다.

당시에 촛불 혁명이라는 엄청난 동력이 확보되었음에도 문재인 정부는 (대선 전에는) 정권교체에만 혈안이었다. 집권 후에는 시스템 개편보다는 적폐 청산에만 몰두했다. 그냥 실기했다고 표현하기에는 부족하다. 분명한 잘못이었다.

국가 제도 또는 권력체제를 바꾸려면 엄청난 국민적인 동력이 필요하다. 시민 혁명이 그 핵심 역할을 해준다. 촛불 시위라는 엄청난 시민 혁명의 동력을 두고도 진즉에 바꿨어야 할 국가 제도(권력체제)를 바꾸지 못한 것은 우리 정치가 크게 반성해야 할 일이다. 그냥 반성 정도가 아니라 깊은 참회를 해야 한다. 특히 문재인 정부가 이에 속한다.

촛불 시위 때 정치권은 제도를 바꿀 생각보다는 비어있는 권력과 대통령 자리를 차지하려고만 혈안이었다. 우리 정치가 얼마나 권력에만 목메고 있는지 알 수 있는 대목이다. 현재도 개헌이나 국가체제 변화 등의 목소리가 간헐적으로 나오고는 있지만, 정작 그럴 수 있는 동력이 없다. 그럴 만한 힘이 부족하다.

그냥 정치권의 합의만으로는 진행하기 힘들다. 정치권이 알아서 합의할 것이라 기대하기도 힘들다. 무엇보다 국민의 거대한 공감과 행동, 동의가 수반되어야 한다. 촛불 시위 같은 국민의 거대한 행동, 즉 시민 혁명이 있을 때 시도했어야 했다. 하지만 당시 정치권은 그것을 위한 아키텍트가 없었기에 불가능했다.

우리나라의 불운은 2016년에 촛불 시위 같은 시민 혁명을 겪고도 정치 시스템(권력체제)을 바꾸지 못한 것이다. 만약 우리 정치에 큰 획을 그었던 YS와 DJ 같은 정치계의 거목들이 2016년 시민 혁명 당시에 존재했다면 그 기회를 그냥 두었을 리가 없다.

2016년 당시에는 그럴 만한 아키텍트 또는 아키텍트의 제안을 받아들일 민한 지도사가 없었다.

절호의 기회를 놓친 것이다. 우리나라의 현대사라는 큰 틀에서 본다면 대한민국의 역사에서 매우 아쉬운 순간이었다.

그러한 점은 2025년 1월 현재 시점에서도 마찬가지이다.

2016년 과거나 2025년 현재나 두고두고 아쉬운 일이 될 것이다.

2025년에 다시 돌아온 기회. 선진사회, 선진정치 대한민국을 위하여

아키텍트라는 존재는 직접 권력자라도 되지만, 권력자가 아니어도 상관없다. 설계자는 직접 통치자가 아니어도 충분히 가능하다.

양반과 성리학의 나라였던 조선 건국만 하더라도 권력자와 아키텍트는 따로 있었다. 바로 조선 태조 이성계와 정도전의 사례이다. 중국 고대 국가인 한나라도 비슷하다.

한나라를 세운 것은 한고조 유방이었지만 설계자는 따로 있었다. 한고조의 절대적인 신임을 얻었던 장량의 사례이다.

동양 역사서의 근간이자 영원한 고전인 사마천의 「사기(史記)」에서는 '수많은 참모 중에 가장 이상적인 참모는 장량'이라고 했다.

혹자는 '만약 장량이 없었다면 중국의 역사는 크게 달라졌을 것이다.'라고 평가하는 사람도 있다. 장량은 권력자가 아니라 철저하게 참모의 역할에 충실했던 인물이다.

이처럼 국가나 정부 운영에 아키텍트는 굳이 직접 권력자가 아니어도 아키텍트를 적절하게 기용한 권력자에 의해 국가와 사회 설계가 얼마든지 가능하다.

2025년 현재의 대한민국은 어떠한 형태나 역할이든 아키텍트가 필요하다. 그동안 우리나라는 아키텍트가 없었던 것이 아니라 대한민국 지도층과 권력 중심부의 부족한 인식이 문제였다. 이제라도 우리는 거의 분야마다 존재하는 다수의 아키텍트를 활용해야 한다. 21세기에 맞는 새로운 사회질서를 그려야 한다.

다시 말하지만, 각 분야에 아키텍트는 충분하게 많이 있다. 국가 지도자와 권력층의 인식이 중요하다. 만약 2025년에 새로운 정부가 들어선다면 가장 먼저 해야 할 최우선 과제로 삼아야 한다. 세계를 선도하는 선진국 대한민국을 위해서 말이다.

주 ──●

① 오마이뉴스, "탄핵 집회에 2030 여성이 많을 수밖에 없는 이유 - [이슬기의 뉴스 비틀기] 여자는 항상 광장에 있었다", 2024.12.12.

② MBN, "2030여성 7431명, 이재명 지지 선언. '대선판도, 여성들이 바꿀 것'", 2022. 03. 03., https://v.daum.net/v/Ehofc2Xvka

③ 주로 성교육과 관련된 논의에서, 성소수자나 젠더평등에 관한 관심이 급증하면서 이를 반대하거나 불편해하는 일부 사람들의 반응을 나타내는 용어로 사용되었다. 이는 성소수자나 여성주의적 관점에 대한 반발, 또는 성교육을 통해 성적 지향에 대한 논의가 커지면서 발생한 사회적 저항을 의미하기도 했다

④ 한국갤럽조사연구소, 전국에 거주하는 만 18세 이상 79세 이하 일반 국민 총 1,200명 대상(2023년 10월 17일~24일)

⑤ 통계청 2024 사회조사, 국가통계포털

⑥ MBC, 프랑스 혼외 출산 63%.. "다양한 가족 형태가 출산율 높여", 2023. 5. 13

⑦ 김영철 서강대학교 교수, 인구정책으로서의 비혼 출산, 2023. 6. 20, 한반도미래인구연구원 제2차 인구 2.1 세미나 자료집

⑧ 가짜뉴스의 법적 개념 정의는, 김종현, 「이른바 가짜뉴스에 관한 헌법적 연구」, 헌법재판소 헌법재판연구원, p12쪽 이하 참조.

⑨ Hannah Arendt, The Origins of Totalitarianism(New York: Harcourt, Brace, 1951), 474쪽.

⑩ 정승진, 한정훈, "유튜브는 사용자들을 정치적으로 양극화시키는가?: 주요 정치 및 시사 관련 유튜브 채널 구독자에 대한 설문조사 분석", 「현대정치연구」, 서강대학교 현대정치연구소, 2021.

⑪ 한정훈, "한국인의 유튜브 뉴스 이용과 확증편향성", 「아시아브리프」, 2023년 3권 56호.

⑫ 포브스코리아의 '한국인이 사랑한 모바일앱 200'에 따르면 2024년도 앱 사용량 순위로 유튜브가 압도적인 1위를 차지하였다.

에필로그 & 집단 지성 중상모략
(衆想謀略)

'중상모략(衆想謀略)'의 발칙한 꿈

\

조형국 경향신문 기자

6년차 기자로 처음 여의도 국회의사당에 출근했던 2018년 7월, 정치부 기자로서 맡았던 첫 현장 일정은 안철수 전 바른미래당 대표의 기자간담회였다. 국회의사당 인근의 한 카페가 노트북과 카메라로 발을 디딜 틈도 없이 가득 찼다. 안 전 대표는 서울시장 선거에서 패배한 후 독일로 향했고, 이후 우여곡절을 거쳐 지금은 여당의 의석 하나를 차지하고 있다. 바른미래당 출입기자로 시작한 정치부의 경험 탓일까. 이후에도 정치를 바라보는 나의 관점에는 늘 이 같은 질문이 따라다녔다.

'민의를 가장 정확히 반영한 정치는 어떤 모습이어야 하는가.'

결론은 씁쓸한 몰락이었다.

2024년 제22대 총선 결과에서도 그랬지만, 이미 21대 총선에서부터 제3지대는 소멸의 길을 걸었다. 권력을 분점하지 않으려는 거대정당의 구심력은 선거제 개편 정도로 꺾을 수 없다는 걸 알게 됐다.

제3지대를 지켜온 여러 정당의 몰락을 바라보며, 나는 권력이 없는, 시민의 지지마저 잃은 정당이 얼마나 처참히 갈라지고 빠르게 무너지는지 지켜봤다. 집권만이, 당선만이 생존인 냉혹한 여의도의 현실에 '정치란 무엇인가?' '민의를 대변한다는 것은 무슨 의미인가?' 같은 질문은 메아리만도 못 한 한가한 소리라고 자인할 수밖에 없었다.

그 자인은 존중과 납득이라기보다는, 환멸과 포기에 가까웠다.

그러던 중 2019년 9월 중상모략(衆想謀略)을 알게 됐다. 국회를 출입하며 알게 된 당직자 선배의 소개를 통해서였다. 당연히 처음엔 이름이 붙은 모임도 아니었다. 여의도의 안과 밖에 있는, 정치에 관심 있는 이들이 모여 시국을 논하고, 정보를 나누고, 독서하며 지식과 교양을 쌓자는 취지에 마음이 움직였다.

정당이나 정파를 가리지 않고 모여 이야기를 나눌 수 있다는 점도, 연령대는 20대부터 40대까지, 여의도에선 비교적 젊은 축에 속하는 이들이 모인다는 점도 마음에 들었다.

'혹시 알아? 내일 발제 아이템 하나라도 건질지.'

이런 마음도, 없었다면 거짓말이다.

그렇게 시작한 모임이 햇수로 7년이 됐다. 30명 가까이 불었던 구성원도 시간이 지나며 추리고 정돈돼 10명 안팎의 고정 멤버로 정착됐다. 다양한 정당의 당직자와 보좌진, 선출직 당직자와 정치인, 선거 기획 전문가, 작가이자 칼럼니스트, 시민사회 활동가와 법조인, 여러 매체의 언론인들이 이 모임에서 만나고 헤어졌다.

세월이 지나오는 동안 초대 김효태 회장님과 2대 이시은 회장님, 3대 이윤재 회장님, 4대 홍수민 회장님을 거쳐 지금은 '시즌3' 모임에서 5대 장미희 회장님이 모임을 이끌고 계시다.

우리 모임은 '시즌3'까지 거쳐 오는 동안 모임을 잇지 못할 난관은 차고 넘쳤다.

돌아서면 오는 선거, 코로나19 팬데믹, 구성원 각자의 신변에 닥치는 크고 작은 일 등 셀 수 없는 우여곡절이 7년 안에 담겼다. 그 기간에 선출직 공직자가 된 사람도, 로펌을 만든사람도, 책을 쓴 사람도, 로스쿨에 진학한 사람도 생겼다. 또한 그사이에 결혼한 사람도 있으며, 2세를 본 사람도, 승진한 사람도, 큰 병에서 완쾌하여 다시 웃음을 찾은 사람도 있었다. 7년의 기간 동안 우리가 삶에서 접할 수 있는 희로애락을 모두 함께 나누기도 했다.

다양한 배경과 경험을 가진 이 모임에서는 여의도에서 하지 않는 정치 얘기를 나눌 수 있었다. '청년'은 왜 번번이 정치적 동원에만 그치는지, 정당 내 민주주의를 가로막는 문화는 어떤 것인지, 전 국민을 비탄에 빠지게 한 재난 앞에서 정치는 무엇을 해야 하는지 등이 현장에서의 고민에 녹아 자연스럽게 다뤄졌다.

정치 내의 성평등은 어디까지 와있는지, 다낭세는 실현이 가능한 미래인지, 정치의 세대교체가 왜 필요하며 어떤 방식으로 이뤄져야 하는지 등을 두고 진지한 고민과 고민이 오갔다.

더 의미 있었던 것은, 그 모든 당위와 담론이 현실 정치라는 선명한 조건을 전제로 다뤄졌다는 점이다. 여의도는 민의의 전당이자, 투쟁의 현장인데 미디어로 볼 수 있는 공식적인 의사 결정은 전자에서 이뤄지지만 대부분의 비공식적 의사 결정은 후자에서 이뤄진다.

결국 더 많은 시민을 설득해서 더 많은 의석을 확보하는 것이 정치적 이상과 당위를 구현할 가장 가깝고 직접적인 경로라는 것을, 나는 중상모략에 참여한 구성원들로부터 배웠다.

그런 이유로 이 책은 앞으로 다가올 선거에 관여할 많은 이들에게 도움이 되고 필요한 정보를 제공할 수 있을 것이라 예상된다. 정당에서 선거 전략을 기획하고, 민심의 방향을 가늠하는 분들에게도 여러 시사점을 줄 수 있었으면 하는 바람을 담았다.

그뿐만 아니다. 정녕 중요한 독자는 따로 있다. 정치에 관심이 많은 시민과 향후 대한민국의 미래가 선거를 거쳐 어떻게 달라질 것인지 궁금한 유권자들에게도 흥미로운 주제를 다뤘다고 생각한다.

중상모략(中傷謀略)은 본디 근거 없이 헐뜯는 말, 남을 해롭게 하는 속임수를 뜻하는 말이지만, 우리 모임 중상모략(衆想謀略)의 지향과는 거리가 있다. 집단 지성을 지향하며 '대중의 상상과 함께 꾸미는 술책, 시민의 생각을 현실로 만드는 꾀'를 찾아내는 것. 이를 통해 대한민국의 정치 발전에 이바지하는 게 이 모임의 발칙한 꿈이다.

그 꿈을 독자들과 나누기 위해 맺은 결실, 이 책에 담긴 희망이 온전히 전해질 수 있길 바라며 글을 맺는다.

홍수민

\

- 2025~ 전남대 법학전문대학원 재학(17기)
- 2020~2025 국회의원 비서관
- 2017~2020 더불어민주당 서울특별시당 대학생위원회 부위원장

"정치는 불완전한 인간이 함께 추구하는 가능성의 예술입니다."

그 누구도 완벽한 사람은 없기에, 우리가 만들어 가는 정치 또한 완벽하지 않습니다. 그래도 조금이나마 더 좋은 정치를 위해, 한 발짝 나아가는 법과 제도를 위해 오늘도 다양한 사람들이 모여 이렇게도 해보고, 저렇게도 해보고 있습니다.

결국 민주정치는 그렇게 모인 '사람'들이 하는 것이고, 그 사람들이 어떤 사람들인가에 따라 한 나라의 정치 향배가 결정됩니다. 그래서 오늘날의 대한민국을 구성하고 있는 사람들이 어떤 생각을 가졌는지, 무엇을 원하는지를 정확히 파악하고 그를 실현하기 위해 끊임없이 노력하는 일은 정치인의 책임이자 의무이기도 합니다.

그래서 다양한 세대, 성별, 성향이 모인 '중상모략' 9명의 저자들이 모여 대한민국의 정치 앞날을 내다보는 소중한 시간을 가졌습니다. 복잡하고 다양한 국민의 요구를 조금이나마 간명하게 드러내기 위해 저희가 머리를 맞대고 고민했던 시간과 시간이 모여서 이 한 권의 책이 됐습니다. 이 책을 보시는 모든 분께 작은 도움이나마 가닿을 수 있기를 진심

으로 바랍니다.

　숲은 단 하나의 나무로 이루어지지 않고, 한여름 벌판이 아름다운 까닭은 다양한 꽃들이 함께 어우러져 있기 때문입니다. 우리 공동체도 그렇습니다. 서로 다름을 인정하고 서로를 이해하는 정치문화가 정착된다면, 아직 오지 않은 것만 같은 우리나라 민주정치의 화양연화가 비로소 실현되리라 생각합니다.

　그날을 앞당기는 일에 이 책이 자그마한 자양분이라도 될 수 있기를 바랍니다.

　이 책이 나오기까지 함께 고생해 주신 중상모략 멤버 여러분께도 다시 한번 감사의 말씀을 올립니다.

　이름은 '중상모략'으로 일견 '불량'해 보이지만, 한 사람 한 사람을 통해 우리 정치의 백화제방을 내다볼 수 있게 해준 소중한 분들이었습니다. 나이로는 막내이지만 회장 역할을 맡기도 했는데, 믿어주시고 함께 해주신 데 대해 더 없는 감사의 마음을 표합니다.

　그 과정이 힘들고 지난하더라도 결국 민주주의 미래는, 그리고 민주주의의 가장 큰 매력은 다양성과 역동성에 있다고 믿습니다. 우리 중상모략과 함께 '가능성의 예술'을 함께 그려갈 독자 여러분께 다시 한번 감사드립니다. 여러분과 함께할 수 있어 진심으로 영광입니다.

함대건

- 현) 서울특별시 용산구의원
- 현) 더불어민주당 서울특별시당 청년위원장

서로 다른 세대에 속하고, 서로 다른 정당을 지지하며, 서로 다른 직업을 가졌지만, 정치와 밀접한 곳에서 일하는 사람들이 '우리'가 되어 모임을 가졌다는 사실은 꽤나 흥미로운 일이다.

우리 모임인 '중상모략'이 그러하다(다들 파이팅!).
우리 모임이 흥미로운 이유는 서로의 다름을 이해하고 각자의 경험을 공유하기 때문이다.

이는 정치에도 꼭 필요한 부분이며, 세대 또한 그렇다.
사회학적인 관점에서 세대마다 공통으로 경험하는 역사적인 중요한 사건은 그 세대의 관점에 영향을 미치는 중요한 이슈가 된다.
이런 관점에서 세대별 정치 성향에 대한 분석이 투표에 어떤 결과를 미치며 어떤 정책을 행해야 하는지 돌아보는 계기가 되기를 바란다.
공중파 방송에서는 선거철마다 세대별 투표 양상에 대해 언급하지만, 그 양상이 유발된 이유를 표현하는 것엔 여러 한계가 있었고 어느 순간부터는 그래야 하는 이유조차 잊기 시작한 듯하다.

　서로의 다름을 이해하고 견해를 좁혀나가는 사회구성원이 자신을 대변하는 정치인에게 투표해, 더 성숙한 민주주의로 나아가는 밑거름이 되기를 바라고 그런 정치인이 되고자 한다.

우리정치 정상영업 합니다

윤승민

- 경향신문 기자
- 2013년 6월부터 국제부, 경제부, 사회부, 스포츠부, 정치부, 전국사회부 등 다양한 부서를 거쳤다.
- 저서: 『이 도시에 살고 싶다』(시대의 창, 경향신문 기획취재팀 공저)

정치부 기자가 돼 한국 정치를 딱 한 발거리를 두고 지켜보기 시작했을 때도, 다른 부서에 있는 지금도, 한국 정치를 보면 여전히 기대보다는 걱정이 앞선다. '미국도 도널드 트럼프가 대통령이 되지 않았느냐?'라는 말을 들은 뒤로는 더욱 그렇다.

트럼프가 처음 대선에서 당선됐을 때는 현대 정치의 이변이 벌어졌노라고 이해하면 됐었다. 지난해 트럼프의 두 번째 당선을 보며, 이상 현상이라고 느꼈던 일들이 '뉴노멀'화 되는 게 아닌가 싶어 씁쓸했다.

한국의 상황도 크게 다르지 않다. 국민의힘이든 더불어민주당이든, 극성 지지자들이 '일부'라면서 지도부가 그들의 입맛에 맞는 행동과 언행을 하거나 방조하는 일은 몇 년째 반복되고 있다.

기성 언론사에 몸담으며 현재 정치 현상에 대한 문제의식을 느끼고 '이래선 안 된다.'라는 식의 기사도 몇 번 썼다. 대세는 바뀌지 않았다. 어느 진영이든, 각자 진영에게 듣고 싶은 말만 하는 유튜브에서 전하는 말을 들을 뿐이었다.

기성 언론의 지적은 진영별로 원하는 것들만 골라 들었다. 누구든 불리한 뉴스에는 '사실도 알아보지 않고 쓰느냐?'라며 따지다가도 유리한 뉴스에는 '언론에 따르면'이라는 말로 눈 하나 깜짝 않고 보도 내용을 인용했던 걸 지금도 보고 있다. 이건 '일부'라는 온라인 세상 안팎의 문제가 아니라, 공당의 공개 석상에서 일어나고 있는 일이다.

윤석열 대통령의 당선과 비상계엄 후 윤 대통령 지지자의 서울서부지법 습격이, 트럼프의 당선과 트럼프 행정부 1기 말인 2021년의 미국 국회의사당 점거 폭동을 떠올리게 하는 걸 보면 미국 정치의 어두운 모습이 한국에서도 반복되는 건 이미 다가온 현실인지도 모르겠다.

트럼프가 자신에게 불리한 사실을 '가짜뉴스'로 매도하고 '탈(脫)진실'을 운운하던 것과도 한국의 상황은 닮았다.

정치부 기자로 지내며 느꼈던 (대체로 부정적인) 감정이나 가졌던 생각들을 이번 기회를 통해 정리할 수 있어 다행이라고 생각한다. 사실 산개한 생각들을 머릿속에서 1차적으로 정리할 수 있었던 건 중상모략 덕분이었다.

책을 완성하기 위해 노력한 많은 분에게, 특히 완성도를 높이느라 불철주야 고생하신 김효태 작가께 감사드린다.

이 책과, 모임 구성원들이 각자 자리에서 하는 활약이 비정상이 일상화돼 가는 한국 정치에, 나아가 한국 사회에 조금이나마 도움이 되길 소망한다.

곽준영

- 2009 고려대학교 법학과 졸업
- 2013 서울시립대 법학전문대학원 졸업 (2기)
- 2017 서울시립대 세무전문대학원 졸업 (세무학석사)
- 2021 고려대학교 대학원 박사과정 수료 (헌법학)
- 2013 법무부서울출입국외국인청/법률구조공단 공익법무관
- 2016 EY한영회계법인 세무본부 Transaction-Tax(M&A)
- 2018 법무법인·특허법인 다래
- 2019 법무법인(유한) 원
- 2024 법무법인 웨이브 대표변호사

13년차 변호사로서, 대형 로펌, Big4 회계법인을 거치며
① 롯데그룹 신격호 회장 후견(자산 관리 전담)
② 한진칼 경영권분쟁 사건(~2019)
③ 초고액 자산가 상속 분쟁
④ 자본시장법·기업 형사사건 등 고난이도 업무들에서 다수의 성과를 올려왔습니다.
　현재 법무법인 WAVE의 대표변호사를 맡고 있으며, 회계·세무와 관련된 전문성을 바탕으로 아래와 같은 고난이도 기업 컨설팅(금융 조세, 경영권분쟁, M&A, 투자 컨설팅) 및 상속·민사·형사·행정소송 업무를 주로 하는 중입니다.

· 일반송무 (민사·형사·이혼 소송)
· 기업 법무 (Finance-Tax /
  경영권분쟁 / PEF)
· 상속 분쟁 (재산 분할 분쟁 /
  증여 세무 / 유언)
· 부동산 (재개발·재건축·하도급
  분쟁·PF·NPL)
· 벤처투자 (SNUSV엔젤클럽/
  개인투자조합GP)

　박사과정으로 헌법을 전공하면서, 현재 대한민국 헌정사의 불행을 진심으로 안타까워하며 미래를 걱정하는 마음에 공저자로 참여했습니다.

장미희

\\

- 국회의원 보좌관
- 건국대학교 법학박사(Ph.D)
- (전) 사회적참사특별조사위원회 조사관
- (전) 서울시립대학교 법학연구소 연구원
- (전) 건국대학교 법학연구소 연구원
- (전) 건국대학교, 신한대학교, 명지전문대학, 용인송담대학(현 용인예술과학대학교) 출강
- 박사학위 논문: 간호사의 의료행위와 의료과오 책임에 관한 연구

지난 수십 년 동안 대한민국의 정치는 끊임없이 변화하고 발전해 왔으며, 특히 선거는 이러한 정치적 변화를 이끄는 중요한 요소로 작용해 왔습니다.

우리 책은 한국 정치의 중요한 이정표인 선거 결과와 세대별 투표 경향을 중심으로, 표심 변화를 이끄는 주요 원인과 각 세대가 선거에서 어떤 요소를 중요하게 여기는지 시대적 흐름에 따라 분석한 결과물이라고 볼 수 있습니다.

저는 법학 전공자로서 입법기관에서 근무하는 보좌관으로서 정치적 변화가 법, 제도, 그리고 사회적 규범에 미치는 영향을 체계적으로 정리하였습니다. 이를 통해 정부의 정책과 제도를 되짚어 보고, 유권자들의

정치적 선택이 어떻게 변화해 왔는지 서술했습니다.

선거 결과 분석을 통해 유권자들의 선택은 단순히 정치적 지형에 국한되지 않고, 세대 간의 가치관 차이, 사회적 갈등, 경제적 불평등 등 복합적인 요소들이 영향을 미친다는 점을 알 수 있었습니다.

우리 책을 통해 강조하고 싶은 것은 세대 간 정치적 관점의 차이가 선거에서 중요한 변수를 형성한다는 점입니다. 각 세대가 선호하는 가치와 정책은 선거 결과를 좌우할 수 있고, 세대 간 정치적 관점의 차이가 점차 확대되는 현상은 국가의 미래에 매우 중대한 영향을 미치게 됩니다.

독자들이 우리 책을 통해 한국 정치의 흐름을 넓은 시각으로 바라볼 수 있고, 쉽게 이해하는 데 미력하나마 도움이 되었으면 합니다.

7년이라는 시간 동안 9명의 저자들은 '중상모략'이라는 독서 모임을 통해 정치 현상에 관한 생각과 독서를 통한 지식을 함께 나누어 왔고, 이렇게 그 생각을 모은 결과물까지 만들어 냈습니다. 이는 결코 쉬운 일은 아니라고 생각합니다. 마음을 모아 책을 완성한 이 순간, 모임 구성원 모두에게 "잘했다! 멋지다!" 칭찬해 주고 싶습니다.

감사합니다.

고강섭, '길이 끝나는 곳에서 다시 길은 시작되고!'

- (현) 서울특별시 중랑구의회 의원
- (전) 박홍근 국회의원 선임비서관
- (전) 재단법인 한국청년정책연구원 책임연구원
- (전) 경희대학교 사회학과 출강
- (전) 경희대학교 일반대학원 총학생회장
- 저서: 『을들의 한비동행』(공저, 2015. 책보세)

'길이 끝나는 곳에서 다시 길은 시작되고!'

내 인생이 좌우명처럼 여기는 글귀이다. 흔히 인간의 삶은 늘 선택의 연속이라고 한다. 어느 순간이 되면 선택을 해야 하고, 그 선택에 대한 책임을 오롯이 지는 것. 그게 인생이라 생각한다.

'중상모략'이란 이름으로 구성원들이 함께 책을 쓰는 길을 걷게 되었다. 중상모략은 부정적인 단어지만 우리는 이 부정적인 단어를 역설적으로 사용하기로 결심했다. 근거 없는 말과 속임수가 아닌 공부와 토론을 통해 중론을 모으고 세상을 해석해 보자는 의미를 갖게 되었다.(이 글을 보시는 독자 여러분께선 오해 없으시기 바란다.)

서로 다른 세대를 살고 있고, 다른 경험을 해왔으며, 다른 직종을 다니며 체화한 지식과 해석의 틀로 우리의 토론은 더욱 깊어졌고 상호 간

에 이해와 존중 역시 강화되었다.

한 달에 두 번 모임을 진행하면서 책을 읽고 토론하고, 정치 현상에 대한 의견도 공유하며, 우리네 삶 속에서 일어나는 일들도 공유하는 지식공동체였다. (물론 매번 진지하지는 않다!)

이 책을 쓰며 중상모략의 한 페이지는 정리될 것이다. 하지만 중상모략의 다음 페이지도 열리게 된다. '길이 끝나는 곳에서 다시 길은 시작되고!' 나의 좌우명처럼 또다시 시작되는 길, 중상모략의 새로운 페이지를 두근거리는 마음으로 기다린다.

독자 여러분도 여러분 인생의 새로운 길을 두근거리는 마음으로 새롭게 도전하길 간절한 마음으로 바란다.

이정훈

• (전) 국회의원 보좌관
• (전) 고려대학교 법학연구원

우리가 '중상모략'이라는 이름으로 모인지 어느덧 7년이 되었습니다. 정기적으로 만나 책을 읽고 정치 현안 등에 대해 토론하며 같이 성장해온 우리가 이렇게 책까지 내게 되었습니다.

지금의 정치현실은 한치 앞을 예상하기 어려운 혼돈의 시간입니다. 정치에 대화와 타협이 사라지고, 분열과 대립의 골은 날이 갈수록 심해지기만 합니다. 세대 간 갈등이 극에 달하여 서로를 이해하지 못하고 비난하고 있습니다. 혹자는 오늘의 극단적인 진영 갈등을 두고 '심리적 내전' 수준에 이르렀다고 말하기도 합니다.

저는 나와 다른 상대방의 존재를 인정하는 것. 그것이 정치와 민주주의의 시작이라고 생각합니다. 이에 이 책을 통해 세대별 정치적 성향과 원인, 그리고 그것이 투표를 통해 어떻게 표현되는지를 분석하여 서로가 서로를 이해할 수 있는 디딤돌로 삼고자 합니다.

이 책에서는 우리나라 유권자들을 △산업화 세대, △86세대, △X세대, △M세대, △Z세대 등 총 5가지로 세대를 구분했습니다. 동일한 시

대를 살며 비슷한 경험을 해온 각각의 집단들은 유사한 정치 성향을 나타내기 때문입니다.

　세대별로 차이가 있다고 하여 세대 간 갈등을 정당화하자는 것은 아닙니다. 차이를 알고 다름을 인정하는 것이 서로를 이해하는 출발점이라고 생각합니다. 이 책을 통해 나와 다른 세대의 경험을 알고, 정치적 성향을 이해할 수 있기를 바랍니다.

김효태

\

- 선거·정치 컨설턴트
- 메시지 크리에이터
- 칼럼니스트
- (전) 혁신과 미래연구원 연구위원
- (전) 국회 사무처 정책위원
- (전) 동아시아미래재단 책임연구원
- (전) 데이터정경연구원 객원연구위원
- (전) 대우전자부품(주) 경영기획팀 과장
- 저서: 『2022 대선지형』(2021년 발간, 새로운사람들)/ 『정치, 생필품』(2017년 발간, 모두북스)/ 『을들의 한비동행』(공저. 2015년 발간, 책보세)/ 『선거기획과 실행』(2013년 발간, 새로운사람들)

인간은 자연을 아름답다고 느끼는 이유가 있다고 한다.

불규칙 정도를 나타내는 프랙탈(Fractal) 지수가 있는데, 하얀 종이 같은 완전한 규칙의 상태를 '프랙탈 지수 1'이라고 한다. 그 위에 검정 볼펜으로 낙서를 하기 시작하면 점점 불규칙성이 늘어나면서 프랙탈 지수가 커진다. 낙서가 심해져서 완전히 검정 바탕이 되면 '프랙탈 지수는 2'가 된다.

인간이 아름다움을 느끼는 수준은 프랙탈 지수 1.4 수준이라고 한다.

완전한 규칙도 아니고 완전한 불규칙도 아닌 적당한 불규칙에서 아름다움을 느낀다는 것이다.

숲에 있는 나뭇가지들의 모양은 제각각이다. 하지만 모든 나뭇가지는 위로 갈수록 가늘어지는 규칙이 있고, 나뭇잎의 모양은 달라도 색상은 녹색으로 통일되어 있다. 불규칙 속에서 전체를 아우르는 규칙이 있는 것이다. 그래서 인간은 자연을 아름답다고 느낀다고 한다.

마치 우리 독서 모임 중상모략을 의미하는 것 같다. 동우회도 아니고 크루도 아니다. 멤버들에 대한 규칙은 없지만, 무언가 공통점 있다. 20대도 있으며 40대도 있었고(지금 나는 나이를 먹어 50대가 되었다), 여성과 남성의 성비가 비슷하다가도 한쪽으로 또는 반대쪽으로 쏠리기도 한다.

의무적으로 정한 것은 한 달에 한 번 독서 후 토론하는 것뿐, 다른 한 번은 그냥 만나서 정치 얘기를 나눈다(한 달에 두 번 모임이다). 구속력은 없지만 각자가 의무감을 갖는다. 바빠서 모임의 참여가 어렵더라도 모임이 파하기 10분 전쯤 뒤늦게 나타나서 안부를 나눈다. 모임의 단톡방에서 뜬금없이 민원을 부탁한다. 그리고 좀 지나면 누군가 민원을 해결해 놓았다.

내가 생각해도 참으로 희한한 모임이지만, 유익하다. 재미있다. 만나고 난 후에 헤어지면 아쉽지는 않지만, 그날 만남에서 뭔가 얻어간 것 같다. 그게 우리 독서 모임 '중상모략'의 매력인 것 같다.

책을 만드느라 수고한 동생들에게 감사의 마음을 전한다.

*'시즌 3' 모임 멤버이지만, 책 작업에는 함께하지 못한 두 동생에게도 감사를 드린다. 비록 작업은 함께하지 못했지만 언제나 모임을 함께하며 힘이 되어주었다. 감사하다.

이번 책자 발간을 위해 모여서 논의와 토론을 하며 원고 작업을 함께하는 모습. 각자 바쁜 일정 때문에 공저자 모두가 한 번에 모이기가 쉽지 않았지만, 결국 원고를 완성하여 우리 독서 모임 '중상모략'의 이름으로 책자를 내게 되다.

2023년 송년회 때. '시즌 2' 모임을 마치고 '시즌 3'모임으로 전환하면서 4대 회장(홍수민)을 선출했다. 현재인 '시즌 3' 모임에는 함께 못하지만, 이전 모임의 멤버들과 여전히 교류하며 돈독한 관계를 유지하고 있다.